谨以此书献给路遥先生

及他生活过的黄土地

我渴望投入沉重

路遥年谱

王刚 著

天津出版传媒集团

天津人民出版社

图书在版编目 (CIP) 数据

我渴望投入沉重 : 路遥年谱 / 王刚著 . -- 天津 :
天津人民出版社 , 2020.12
　　ISBN 978-7-201-16621-6

　　Ⅰ . ①我… Ⅱ . ①王… Ⅲ . ①路遥（1949-1992）-
年谱 Ⅳ . ① K825.6

中国版本图书馆 CIP 数据核字 (2020) 第 210699 号

我渴望投入沉重：路遥年谱
WO KEWANG TOURU CHENZHONG LUYAO NIANPU

出　　版	天津人民出版社
出 版 人	刘　庆
地　　址	天津市和平区西康路 35 号康岳大厦
邮政编码	300051
邮购电话	（022）23332469
电子信箱	reader@tjrmcbs.com

责任编辑	冯　磊
装帧设计	今亮后声 HOPESOUND jianlmaiyugu@163.com　王秋萍　胡振宇

印　　刷	北京金特印刷有限责任公司
经　　销	新华书店
开　　本	880 毫米 ×1230 毫米　1/32
印　　张	11.25
字　　数	360 千字
版次印次	2020 年 12 月第 1 版　2020 年 12 月第 1 次印刷
定　　价	68.00 元

序 言

路遥和他的文学时代

1992年11月17日，贫病缠身的路遥病逝了。

这位在20世纪80年代声名鹊起的作家，是那个时代文坛当之无愧的佼佼者。他的作品被广泛传阅、研究至今，他的名字已经成为文坛重镇——陕西文学的标签之一。他短暂的一生硕果累累，但其生前却几乎遭遇了人生中所有的不幸：苦难的童年、饥饿的青少年、不顺利的学业、不顺心的生活、贫病交加……加之个人的英年早逝以及未上山的父母、未成年的女儿……他的一生，比他的作品更加传奇。

当然，一位作家的日常生活不能简单地与其文学活动相关联，但是像路遥这样一生中充满断层、传奇、争议的作家，其文学创作必然与日常生活状态存在着千丝万缕的联系。

作为路遥的清涧老乡，我与路遥之间也曾有过一段特别的缘分。2007年，我在榆林市文联《陕北》杂志编辑部获得了一份"编辑"的差事，单位安排我暂住市文联二楼十一号办公室，一住就是三年。三年中，路遥常常被人谈起。其中当然有特别的缘由。1983年夏秋之际，路遥带着电影《人生》的剧组在榆林选景，选完景后，路遥在榆林小住过一段时间，完成了中篇小说《你怎么也想不到》。当时，路遥就住在市文联二楼十一号办公室。小说《你怎么也想不到》中也留下了一系列颇具榆林地方特色的词汇，

"毛乌素大沙漠""古长城""防护林""治沙"……据路遥生前好友、榆林市群艺馆的朱合作回忆，路遥睡觉打鼾的声音特别大，从市文联大门一进来就能听见路遥的呼噜声。他每天早上九点多起床，十一二点吃饭，然后开始创作，一写就是一整天。《你怎么也想不到》完稿后，路遥便离开了榆林，也离开了他夜以继日工作过的市文联二楼十一号办公室。

我自小就对路遥充满敬意，加之特别的缘分，以特别的方式向这位同乡前辈致敬，就成为我的一个夙愿。2011年春节后，我初步确定了本书的写作构想，开始收集整理与路遥相关的公开与非公开的资料与档案，同时翻阅了大量年谱与传记类书籍，希望以此完成自我训练，为写作《路遥年谱》积蓄力量。

在写作之初，我就给自己定下了非常明确的目标——以编著其生平事迹的方式，尝试理解那个文学语境中的路遥、陕北文化中的路遥，以及人世间最平凡的路遥……我期待《路遥年谱》呈现给读者的是一个更加丰满、真实、多层面、全角度的路遥。可以说，这是我写作《路遥年谱》的初衷。今天，《路遥年谱》即将付梓，我期待这本书能为读者了解这位陕北"大百科全书式"作家提供更多、更新的角度，可以为路遥研究者理解路遥的文学资源、创作态度和文学观念提供更丰富、可靠的资料。

洪子诚的《中国当代文学史》，论述了社会主义形态下文艺由"一体化"格局逐渐向多元化发展的这一过程，但或许是由于该书写作时间较早，作者并未对路遥的两部现实主义代表作品《人生》与《平凡的世界》展开论述，只是在书末的"中国当代文学年表"中列出了作品的发表年代与出处。而作为"重写文学史"的重大研究成果之一，陈思和主编的《中国当代文学史教程》，在第13章第4节专门讨论了路遥的《人生》，对《平凡的世界》的论述却只有寥寥数言。这两部文学史著作可谓经典，但对路遥及其创作的论述却都不约而同着墨甚少。

进入新世纪，一些研究者隐约感觉到，"对路遥的研究可能会重新激活当代文学史研究的一些路径"（杨庆祥语）。基于这一点，从2007年开始，路遥进入了程光炜教授主持的"重返80年代"文学视野，时至今日，程光炜、赵学勇、梁向阳、杨晓帆等人的阶段性成果足以说明，"路遥研究"确实是一个鲜活的、丰富的、广阔的文学世界与历史世界，具有文学与历史的双重研究价值与意义。

今天，我们回望路遥，便会发现现实主义没有过时，现实主义文学也永远不会过时。甚至，正如路遥曾经所言，"我们和缺乏现代主义一样缺乏（真正的）现实主义"。可以说，路遥留给我们的文学遗产是一个独立的、科学的、超前的文学形式，其价值远远超越了文学本身的意义。

身处劣境却不断挑战苦难、自强奋斗，这是路遥留给我们的精神遗产——路遥的人格魅力与其作品体现的时代精神——给予所有卑微人物以勇气和光亮，并让他们知道自己能够走多远。路遥的一生为我们所展示的，也正是这样一种精神追求。这也是路遥逝世多年之后，其作品愈发为无数读者所欢迎的原因之一。

路遥曾在给蔡葵的一封信中谈道："对作家来说，所谓现实，同时也就是未来，也就是历史，因此必须有更具深度的思考，才有可能进入真正有价值的劳动。"阅读路遥，要在大时代中发现他细微的生活。只有发现这些现实的"日常"，我们才能更好地接近作家本身，理解在时代的留白处那个更广阔的"路遥"空间，更加直观地发现这个世界真实的一面。

写作本书的时候，笔者常常惊叹于路遥对这个世界"初恋般的热情"

和他那"宗教般的意志",他如此热爱这个世界,爱着他所热爱的人和事,却又无力对抗这个世界。他是文坛上真正的苦行僧。无数次阅读路遥,沿着路遥曾经踏过的足迹前行,让我有了一次次与路遥跨越时空的交流,这无疑成为我人生中一次非常重要的自我学习、自我审视的过程。

感谢路遥的同学、同事、朋友,在写作本书的过程中,笔者参阅了大量相关资料,如果没有他们的帮助,很可能就失去了这些重要文献。感谢那些热爱路遥的读者和研究路遥的学者们,正是他们使得这本小书有了非同寻常的意义。

最后,我要特别感谢的是为这个"平凡的世界"创下不凡文学成就的路遥。如今,审视路遥留下的这份遗产,我们不难发现,路遥坚守着的现实主义阵地——正是我们民族精神家园中不可缺少的一部分,正如路遥自己所说:"现实主义在文学中的表现,绝不仅仅是一个创作方法问题,而主要应该是一种精神。"路遥用生命恪守的这块精神阵地,使他与他所属的时代保持了一种紧张而良性的关系,而这种关系对今天,乃至未来都意义重大。

本书难免存在错误疏漏之处,恳请读者指正批评。

王刚 于西安

凡　例

一、本年谱记事所用年月，按公历纪年，其他纪年辅之。事迹系日确切的，置于日下；仅知某月某旬，置于某月某旬下；仅知季节或年份的，置于季下或本年内；至于"初春""夏"等节令时间，按事迹前后结合当年时历归入相应的时间位。

二、谱主创作与著述均按写作时间为序，写作时间不详者，按照发表时间为序；一些作品只有年份，无月、日者，均记于本年内；一些没有正式发表或面世的作品（歌剧、诗歌、演讲、书信等），经考证，按照时间顺序均在书中一一说明。

三、本年谱引用谱主及他人的作品、书信以及相关资料，用（ ）随文注出作者与篇名；其他材料说明，以脚注形式交代；重要交游人物，以脚注形式加以介绍，一般交游人物，随文列出其身份、与谱主的关系等信息。

四、本年谱全面、简明地记载了谱主一生所走过的道路，展现了他及他所处时代的文学状况。力求系统、真实、客观、准确、公正地反映谱主一生的主要生活事件、行径轨迹、文学创作事业以及他不平凡的心路历程。从他逝世至2019年期间，有关谱主著作版本及与他相关的研究文论大量出版、发表，这是他"人生"的延续，也是社会对他的认可与怀想。这些也被记录到谱主的"人生"轨迹里。因此，本书在年谱后面，加入了"逝后（1993—2019）"部分。

五、为了给读者、研究工作者提供方便，本年谱将谱主著作中的相关作品与研究、追忆谱主的主要作品也做了交代，部分附有内容提要和必要的写作背景说明，理论则摘录原文的主要论点，以便了解。与谱主有关书信内容与时间也做了简单交代与摘录，以供参考。编纂过程中引用书刊（报）资料较多，未能一一列出，谨向师友、同仁致谢。

六、本年谱对谱主的作品中个别文字，不规范者，在注释中仍保持原貌，以示尊重；由于新资料的发现，本年谱对之前《年谱》及《纪事》有误之处做了订正。

目 录

|| 1949年（己丑）出生

7月2至19日　中华全国文艺工作者代表大会在北京举行，郭沫若、茅盾、周扬分别做主题发言。大会成立了中华全国文学艺术界联合会（简称"文联"）及其所属协会。郭沫若任文联主席，茅盾、周扬任副主席。

7月23日　中华全国文学工作者协会（简称"全国文协"）成立，茅盾任主席，丁玲、柯仲平任副主席。会后，柳青到秦皇岛创作长篇小说《铜墙铁壁》。

9月25日　《文艺报》创刊。

10月1日　中华人民共和国成立。

12月　柳青完成《铜墙铁壁》初稿。

本年　胡采 ①、柳青 ②、杜鹏程 ③、王汶石 ④、魏钢焰 ⑤、李若冰 ⑥ 等一

———————————

①　胡采（1913—2003），原名沈承立，河北蠡县人，当代文学评论家。1938年后历任山西第二战区文化抗敌协会《西线》《西线文艺》主编，延安《大众习作》主编，陕甘宁边区文化协会创作组组长，《群众文艺》主编，西北文联副秘书长，《西北文艺》主编，中国作家协会西安分会专职副主席兼《延河》《小说评论》主编，中国作家协会陕西分会主席，陕西省文联主席等。

②　柳青（1916—1978），原名刘蕴华，陕西省吴堡县人。当代著名小说家，著有《种谷记》《铜墙铁壁》《创业史》。

③　杜鹏程（1921—1991），陕西韩城人，当代作家。1937年参加中华民族解放先锋队，为延安抗大、鲁迅师范学校学员。曾任中国作协西安分会副主席，陕西省文联副主席。代表作有《保卫延安》《在和平的日子里》《历史的脚步声》等。

④　王汶石（1921—1999），山西荣河（今万荣）人，当代作家。1949年后历任《群众文艺》《西北文艺》副主编，中国作协西安分会秘书长、副主席，陕西省文联副主席。著有中篇小说《黑凤》、短篇小说集《风雪之夜》、歌剧《战友》、评论集《亦云集》。

⑤　魏钢焰（1922—1995）曾用名魏开城，祖籍山西繁峙，生于太原。当代诗人、散文家。曾任《延河》副主编。

⑥　李若冰（1926—2005），笔名沙驼铃，陕西泾阳人，当代作家、"石油文学"奠基人之一。著有《在勘探的道路上》《柴达木手记》《旅途集》等散文集。

批来自延安的作家到达西安。他们的创作既在精神上具有相似的品质^①，又在创作上各具特色，可谓"百花齐放"。

本年　柳青33岁，杜鹏程28岁，王汶石28岁，李若冰23岁，贺抒玉^②21

---

① 李继凯在《秦地小说与三秦文化·导言》中曾以"白杨树派"作家方阵，描述这一作家群体，认为他们以"白杨树"精神作为终身的追求目标。"白杨树派"作家阵容的形成，有力促进了陕西当代文学在新中国成立初期的蓬勃发展，为陕西文学重镇的形成奠定了基础，同时也为以路遥、陈忠实、贾平凹、李天芳、程海等为代表的陕西第二代作家的文学创作打下了坚实的文化基础，使陕西文学第一代作家与第二代有了真正的"代际传承"的关系。

② 贺抒玉（1928—2019），原名贺鸿钧，女，陕西米脂人。参加筹备创办《延河》，始任小说组组长。著有延安文艺回忆录《青春的脚印》、短篇小说《女友》《琴姐》，散文集《女友集》《琴姐集》《命运变奏曲》等。

岁，闻频①9岁，曹谷溪②、李天芳③8岁，陈忠实7岁④，邹志安⑤3岁，郑文华⑥生。

12月2日（农历己丑年十月十三日） 出生于陕西省清涧县石咀驿镇王家堡村一个普通的农民家庭，乳名卫儿，后依乳名起名王卫国，路遥是他的笔名。

祖父王再朝，育有三子，老大王玉德，老二王玉宽，老三王玉成，

---

① 闻频（1940— ），河南扶沟人，曾任《延河》月刊诗歌编辑，陕西作家协会专业作家。著有诗集《秋风的歌》《红罂粟》《闻频抒情诗选》。

② 曹谷溪（1941— ），陕西清涧人，诗人。历任《山花》文艺报主编，延安地区文艺创研室副主任，《延安文学》副主编，文联党组成员、常务副主席，《延安文学》主编、编审。与路遥交往甚密。

③ 李天芳（1941— ），女，陕西西安人。与晓雷合著有长篇小说《月亮的环形山》。

④ 陈忠实（1942—2016），陕西灞桥人。当代著名作家，曾任中国作家协会副主席，陕西作家协会主席等，代表作《白鹿原》获茅盾文学奖。

⑤ 邹志安（1946—1993），陕西礼泉人，其作品《哦·小公马》和《支书下台唱大戏》分获第7、8届全国优秀短篇小说奖。

⑥ 郑文华（1949— ），笔名方星，任《延河》杂志社编辑、编审，著有散文、摄影集《作家路遥》《作家陈忠实》，作品《路遥的生与死》获陕西报刊优秀作品奖。

均为农民。1940年，王再朝积极响应陕甘宁边区政府的号召^①，举家"南迁"^②至邻县延川境内距离县城七点五公里的郭家沟。

生父王玉宽，一生勤俭，为人厚道，曾担任过农村基层干部（生产队长）。1947年，王玉宽从延川县返回清涧县老家成亲。生母马芝兰，绥德县田庄乡麻地沟村人，距王家堡约二十五公里。马氏身材高大，从

---

① 抗战时期，陕甘宁边区为了缓解粮食短缺的困难局面，从1938年，特别是1941年开始，发起了大规模的开荒运动，并实行了移民计划，鼓励农民去地广人稀的地方开垦荒地，以应对边区农业劳动力和耕地面积短缺的窘境。为了做好移民工作，陕甘宁边区政府分别于1940年3月、1941年4月、1942年2月、1942年12月、1943年3月颁布了《陕甘宁边区政府优待外来难民和贫民之决定》《优待难民办法》《陕甘宁边区优待移民实施办法》《陕甘宁边区政府关于安置难民的通令》和《陕甘宁边区优待移民难民垦荒条例》等多部政策性法规，制定了富有针对性的移民政策（中共延安市委统战部组编：《延安时期统一战线研究》）。

② "南迁"，陕北人俗称"滚南老山"，就是向榆林南边的延安地区迁移，寻找土地肥沃的村庄安家落户。境内移民是陕甘宁边区移民的三大来源之一，如从地少人多的绥德分区迁入地多人少的陇东、关中、延属、三边分区的移民，1942年约为1483人，1943年约为4961人。从县域看，移民规模最大的当属延安县。如1937年，延安的人口为7703户，33705人，1942年增加到16446户，64292人。全县5年新增8473户，其中8009户是移民，占新增户的91.6%；新增人口31587人，其中29704人是移民，占新增人口的94.3%（陕甘宁边区财政经济史编写编、陕西省档案馆所编：《陕甘宁边区财政经济史料摘编·农业（第2编）》）。

小爱唱民歌小曲，15岁嫁给王玉宽，18岁生路遥，一生勤俭持家，为人善良温和。她先后生育九个孩子，活了五男三女，路遥系长子。分别是：大妹王荷（小名"荷"，1951年生，二十多岁的时候因摔伤于1975年病故）；大弟王卫军（小名叫"刘"，1953年生，1970年参军，1974年转业后分配至陕西省结核病医院，1985年调动至延安地区工商局，1997年病故）；二弟王天云（小名"四锤"，1956年生，1972年到延川大伯家，现生活在延川县）；三弟王天乐（小名"猴蛮"，1959年生，生前为《陕西日报》记者，2007年病故）；二妹王萍（小名"新芳"，1962年生）；三妹王英（小名"新利"，1966年生），四弟王天笑（小名"九娃"，1968年生，2016年病故）。另，据路遥二弟王天云讲，他母亲在1952年曾生养过一个男孩，大约在三岁的时候夭折了。

路遥在王家堡村生活到8岁，于1957年初冬，被生父过继给在延川县生活的大伯王玉德为子。

路遥的养父王玉德，农民，一生忠厚老实，吃苦耐劳，协助父亲主持家道，"南迁"后一直留守在延川；养母李桂英，清涧县赵家沟村人，是一位勤劳、善良、慈祥的农家妇女。

|| 1950年（丙寅）1岁

1月　柳青去共青团中央，写《铜墙铁壁》的第二稿和第三稿，至1951年3月脱稿。

4月10日　延安《群众报》创刊；7月1日改称为《延安报》。

5月10日　陕甘宁边区文协召开创作座谈会。

8月20日　政务院公布《关于划分农村阶级成分的决定》，全国农村全部开始划成分。

9月20日　陕西省首届文学艺术工作者代表大会召开，陕西省文学艺术界联合会正式成立。

9月21日　西北文学艺术工作者代表大会在西安举行。西北文学艺术界联合会成立，柯仲平任主席。

10月5日　西北文学艺术界联合会机关刊物《西北文艺》创刊号出版，成为西北地区文学艺术运动的指导性刊物。该刊出刊28期，于1953年2月停刊。

11月　李若冰由西北文联至中央文学研究所学习。

冬　全国各新解放区开始陆续展开大规模的土地改革运动。

1月2日（农历己丑年十一月十三） 满月。

11月22日（农历庚寅年十月十三） 头晬。[1]

本年 居清涧县王家堡村。清涧县位于榆林市最南端，无定河下游，东濒黄河，西、南两面与延安市子长、延川县接壤，北面与榆林市绥德、子洲县为邻。清涧历史悠久，新石器时期就有先民在这里生息，在军事上具有重要的战略地位，旧时有"全秦要户"之称。

陕北是中华民族的发祥地之一，历史上处于中原农耕民族与北方游牧民族的过渡地带，民族交往频繁，战乱频仍，长期处于边关战事拉锯之地。陕西学者肖云儒在《路遥的意识世界》中认为，陕北地区是"以原生农耕文化为主体，融汇游牧文化驳杂多样性文化因素和文化特征的一种区域性亚文化"。战争的破坏，交通的不便，使陕北逐渐成为封闭和落后的地区，"不发达的生产方式、自给自足的农牧经济，贫困、落后的生活状况，造就了文化的朴素性和保守性"，除个别人口集中的城镇外，其他区域"基本属于大众化、贫民化文化类型，且其传承性大于变异性，自守性大于开放性，保守性大于创新性"。[2] 从生理遗传基因来看，路遥那黑色发亮的肌肤，匈奴式的圆脸与络腮胡须，似乎是延续北方少数民

---

① 从出生开始，直到12岁生日都叫过晬，13岁开始，叫过生日。满一周岁时，过的第一个生日叫头晬。头晬和满月形式基本一样，若第一个晬吃油糕，则直到12虚岁过晬时年年要吃糕，寓意"年年高"。12虚岁时称完晬儿（亦称圆晬儿），民间讲究小孩魂全了，可以安然无恙地生长，因此要解锁，仪式颇为隆重。从13岁开始，也就不太讲究，只是生日时忌食剩饭，家里也不来客人，只有家里人自己吃长饸饹（寓意长命），条件好的家庭还要吃炸油糕。

② 肖云儒：《路遥的意识世界》，《延安文学》，1993年第1期，第73页。

族血脉的标志与特征。

《魂断人生——路遥论》的作者宗元在其著作中说："路遥面孔黝黑，一脸络腮大胡，两耳内各有一缕长毛逸出……路遥自称'北狄后人'，长相颇有匈奴遗风。他饭食简单，厌恶鱼肉……不爱逛名山大川，常去沙漠荒原。"①

路遥生前曾委托陕北同乡冯东旭为他刻治两枚闲章，其中一枚闲章的内容是"北狄后人"，这在一定程度上也反映了路遥对北方民族文化心理上的情感认同。

---

① 宗元：《魂断人生——路遥论》，上海文艺出版社，2000年，第38页。

|| 1951年（辛卯）2岁

1月4日 史铁生^①出生。

3月3日 柳青完成了第二部长篇小说《铜墙铁壁》。

3月26日 林达出生。

4月 柳青应冯文彬、蒋南翔邀请，参加《中国青年报》的创刊工作。后在《中国青年报》任编委和文艺副刊主编。其间，培养了一批青年作者。

春 王汶石作为西北文学界的代表参加了中国人民第一届赴朝慰问团，回国后，创作了四幕歌剧《战友》，深得好评。该剧由《剧本》月刊发表，后由作家出版社出版单行本。

6至8月 文艺界展开对萧也牧《我们夫妇之间》和《海河边上》的

---

① 史铁生（1951—2010），北京人，文学家。1967年毕业于清华附中，1969年去延安地区插队落户，1972年因双腿瘫痪回到北京，在街道工厂工作，后因急性肾损伤回家疗养。1979年后，相继有《我的遥远的清平湾》《命若琴弦》《我与地坛》《务虚笔记》等小说与散文发表。1998年病情转为尿毒症，终至透析。

批评。柳青参加批评电影《我们夫妇之间》座谈会，与会者还有严文井、黄钢、瞿白音、韦君宜、吴祖光等。

9月底　柳青的长篇小说《铜墙铁壁》由人民文学出版社出版。

10至12月　柳青随中国青年作家代表团访问苏联。

本年　居清涧县王家堡村。

王家堡村地处清涧县北端，于南宋嘉定元年（1208）建村，其时居住王姓，故得名，沿用至今。这是一块气候干燥、荒寒且贫瘠的土地。文学评论家赵学勇说："从人文地理学的角度看，陕北高原背依甘宁蒙古沙漠，高耸的秦岭与浊浪滔天的黄河、渭河，阻挡了中原文化向这里的进一步延伸。"[①] 历史上这里受儒家思想影响甚微，是所谓"圣人布道此处偏遗漏"的空白之地。在这里，历史主义的史诗意识、道德主义的生活追求和神秘主义的文化倾向普遍存在。"陕北这块土地上，中华民族的主题文化和次生文化、异质文化形成了我们民族文化的混交林带，构成了一种全息性与流失性相结合的特异色彩。"[②] 陕北的本源文化里既有农耕文化，又有草原的游牧文化，经过发展形成了以秦汉文化为主体，融合北方草原文化等少数民族文化的独特文化个性。文学评论家李继凯说："陕北高原属草原文化过渡地带，人种与文化均呈现出多民族融合的特征，民勤稼穑，俗尚鬼神，民性粗豪，昂扬悠长的信天游，狂跳猛擂的腰鼓，

---

① 赵学勇：《生命从中午消失——路遥的小说世界》，兰州大学出版社，1995年，第16页。

② 吕静：《陕北文化研究》，学林出版社，2004年，第3页。

娱神娱己的秧歌等等，是这一地区民间艺术的代表，其内涵的生命文化精神对陕北作家很有影响。"[1]

20世纪30年代红军长征到达陕北延安并建立了政权，后来又有许多城市的知识青年怀着美好的梦想来到这块革命的圣地，黄土地又一次受到外来影响，形成以黄土文化为根基而又区别于它的"延安文化"。黄土文化在这里是一种兼有农耕文化与牧猎文化的综合文化，具有多元性和对立性的特点，有着"开放与守旧、怯懦与勇敢、畏缩与进取"等对立而统一的文化模式。因而，陕北人的思维方式和情感模式，带有鲜明的游牧民族和汉民族童年期的尚古印迹。由于屡受外来文化的影响，陕北文化又呈现出驳杂性和包容性的特征。

1927年10月，清涧起义爆发，这是西北地区革命武装斗争的第一枪；1936年2月，毛泽东率中央机关来到清涧，在高杰村镇袁家沟村生活、战斗了十九个昼夜，并在此发表了著名的《东征宣言》，写下了著名的辞章——《沁园春·雪》。

面对苍茫壮阔的陕北，作家陈忠实曾写下这样的话："陕北自古就是一块古老神奇的地方，每座山、每道沟、每个村庄，每走一步都有如诗的传说和丰富多彩的民间艺术。挖掘这些深层次的艺术宝藏，无疑是对这块土地最好的回报。"[2] 特定的人文地理条件产生特定的文化果实。

路遥的母亲天生有一副好嗓子，会唱秧歌、道情，是王家堡村里有

---

[1]　李继凯：《秦地小说与三秦文化·导言》，湖南教育出版社，1997年，第20页。

[2]　王世雄、王存峰主编：《题词》，《陕北地名故事》，陕西人民出版社，2002年。

名的民间歌手。本家"五叔"性格开朗、喜欢说"古朝"，路遥童年深受这种原生态音乐和民间文化熏陶，某种意义上说，他们扮演了路遥最早的"艺术老师"。陕北文化就给予了路遥最初的启蒙教育，这对他后来生活与创作的影响是不言而喻的。

年内 大妹王荷出生。因为王荷的出生，路遥被奶奶接去抚育。

‖1952年（壬辰）3岁

3月15日　陕西省文学艺术界联合会主办的月刊《陕西文艺》在西安创刊。

3月16日　贾平凹出生。

3月19日　全国文联发出通知，要求各地文联组织文艺工作者参加"三反""五反"运动，并组织有关创作。

3月　西安市文联主办的《工人文艺》更名为《长安》。该刊1960年9月停刊，1980年1月复刊。1985年1月易名为《文学时代》。1986年1月恢复为《长安》，1989年停刊。

5月23日　全国文联召开纪念毛泽东《在延安文艺座谈会上的讲话》发表十周年文艺座谈会。

9月1日　柳青在长安县挂职，任中共长安县委副书记，主管农业互助合作工作。

11月　《人民文学》11月号刊发了李若冰的《陕西扎记》。

12月底　柳青在长安县王曲区皇甫乡认识《创业史》中梁生宝的生活原型王家斌。二人从此成了朋友。

本年　海波 [①]生于延川县。

本年　居清涧县王家堡村。

路遥从小与苦难相伴。20世纪50年代的陕北，战争硝烟虽然已经散去，但战争带来的创伤一时不能消尽，加上自然环境险恶，人民的生活水平并不乐观，贫困和饥饿的问题普遍存在。路遥曾在具有自传性质的小说《在困难的日子里》说："……而我呢，饥肠辘辘不说，穿着那身寒酸的农民式的破烂衣服，跻身于他们之间，简直像一个叫花子！"路遥扎根在这片贫瘠、苍凉、浑厚的黄土地上，他一生所有的文学创作都围绕着这片土地，陕北期间的生活经验，决定了他日后创作与生活的方向。

路遥在成长时期严重缺乏必要的生活物资，与其说苦难伴随着他一生，不如说对苦难的感受与体验形成了路遥式特有的性格。在路遥身上，除了有不屈不挠的拼搏精神，更多是一种对贫困生活的认识、体验、再认识、再体验，并一步步形成了路遥式的性格与他的文学创作风格。单从某一方面论述路遥式性格的形成会有一定的局限性。少年时的经历或许造成了他心灵上的创伤，这种伤痕对于一个作家来说，就是一种创作的源泉与驱动力。路遥曾在《平凡的世界》借孙少平说出了对苦难的理解："人活着，就得随时苦难。……不论是普通人还是了不起的人，都要在自

---

① 海波（1952— ），生于延川县马家河乡李家河村。毕业于西北大学作家班，曾任延川县剧团编剧、青海省文学期刊《现代人》编辑、西安电影制片厂宣传处干事、短片部总编辑等。著有长篇小说《高原落日》等4部、长篇纪实文学《我所认识的路遥》，曾获"庄重文学奖""冰心散文奖"等。系路遥延川的同乡、同学。

己的一生中经受许多的磨难……"对有着强大智慧的生命来说，一切苦难都是可以战胜的，也是可以转化和超越的。苦难是人重要的财富。李星、李国平等人在《路遥评传》中曾说，路遥早期的苦难大多是环境给予的，后来的苦难是主动向生活索取的。

年内　母亲生了一男孩，大约在三岁时夭折。

|| 1953年（癸巳）4岁

1月11日 《人民日报》转载周扬文章《社会主义现实主义——中国文学前进的道路》。

3月6日 柳青辞去长安县委副书记，保留常委职务，开始定居皇甫，住在常宁宫，专门从事长篇小说《创业史》等文学作品的创作。

夏 杜鹏程九易其稿，完成了《保卫延安》的创作。作品被列入"解放军文艺丛书"，交人民文学出版社出版。

9月 李若冰前往西北石油管理总局酒泉大队，任副大队长，成为新中国第一代石油作家。

9月23日至10月6日 全国文学艺术工作者第二次代表大会在北京召开，出席会议代表共计581人。"文联"定名为"中华全国文学艺术界联合会"，文协改名为"中国作家协会"。出席会议的西北地区代表有柯仲平等50余人。

秋 王汶石深入渭南、咸阳农村体验生活，创作了很多语言朴素生动、富有生活气息的短篇小说，受到广泛好评。

本年 居清涧县王家堡村。

年内 路遥发高烧四十度，第一次濒临死亡。路遥回忆："三岁左右，我发高烧现在看来肯定到了四十度。我年轻无知的父母不可能去看医生，而叫来邻村一个'著名'的巫婆。我只记得曾有一只由光线构成的五颜六色的大公鸡，在我们家土窑洞的墙壁上跑来跑去；后来便什么也没有看见，没有听见，只感到向一种无边无际的黑暗中跌落。令人惊奇的是，当时就想到这里去死——我肯定这样想过，并且理解了什么是死。但是，后来我又奇迹般活了……"（路遥《早晨从中午开始》）经历了一次生与死的较量，路遥奇迹般地活了，"巫婆"更加"著名"了，成了路遥的"保锁"① 人——类似西方的教母。"巫婆"肯定没有想到，她"保锁"的这个小男孩后来成了著名的作家。

---

① "保锁"是陕北的一种乡俗。过去小孩难存活，请巫神、阴阳先生或多子女者，给未满十二周岁的孩子在过晬时穿衣一件，每逢生日时颈项戴"锁儿"（多以红线充代），意可保其长大成人佩戴锁线，称为保锁。路遥出生的年代，陕北缺医少药，医疗条件差，幼儿得病无法医治，夭折的很多，由此民间有保锁的风俗，属于"俗尚鬼神，而信祈祷"。巫婆、神汉自称能下阴间查夜招魂，梦中追捉病者的失魂。若巧遇病好了，就认为其为"灵神神"，主家大加酬谢；若病危或死亡，则认为此人"阳寿尽了"。路遥三四岁时，民间仍保留着"请神医"的习惯。保锁时，要举行仪式，拿出栓缰绳栓在炕头狮或灯柱上，再在灶君前放一碗米，供起神灵的排位，点香梵裱，口里念"众家神灵一声请，家宅六神紧侍应，早受香火晚收灯……"然后念一篇祝文，言明保锁孩子的姓名、保锁原因等。等过了12岁晬（俗称圆晬或完晬），这一天又要举行仪式，和保锁时形式相似。路遥从小就是在这样民风浓郁的环境中一天天长大。

路遥在《早晨从中午开始》中，曾追忆过这些特殊的经历与体验。路遥成长时期的首要要求并不是要多么"优越"的生活，而是简单地"活着"。必须先"活着"，"活着"就意味着要开始劳动，要创造财富。只有"活着"才能"像土地一样奉献"，才能"像牛一样耕耘"。

年内 爷爷王再朝病逝，胞弟"刘"（王卫军）出生。之后，奶奶在王家堡村独居，因弟妹的相继出生，路遥被奶奶抚育的时日较多。

|| 1954年（甲午）5岁

春 柳青开始了《创业史》的写作；最初的设想是写三部。

3月30日 陕西省文教厅、省文学艺术界联合会发出通知，改组陕西省文学艺术界联合会为陕西省文学艺术工作者协会。

6月 杜鹏程长篇小说《保卫延安》由人民文学出版社出版。

10月 西北文学艺术界联合会撤销。中共中央宣传部决定，原大区作家协会均改为大区所在地城市的中国作家协会分会，负责联系原大区各省市的中国作家协会会员，西北作家协会筹委会召开扩大会，研究成立分会事宜。

11月8日 在西安市东木头市公字2号原西北文学艺术界联合会中院的大会议室，中国作家协会西安分会宣告成立，马健翎任分会主席；柳青、郑伯奇、胡采任副主席；秘书长由王汶石、戈壁舟、李古北、余念、杜鹏程五位驻会作家轮流担任，任期一年，首任是王汶石。中国作家协会西安分会成立，标志着陕西省文学队伍的大集结。

冬 柳青完成《创业史》第一部初稿。

本年　居清涧县王家堡村。

路遥出生后的几年，弟弟妹妹一个接一个出生，生活更加窘迫。路遥曾这样回忆自己的童年："童年。不堪回首。贫穷饥饿，且又有一颗敏感自尊的心。无法统一的矛盾，一生下来就面对的现实。记得经常在外面被家境好的孩子们打得鼻青眼肿撤退回家；回家后又被父母打骂一通，理由是为什么去招惹别人的打骂。三四岁你就看清了你在这个世界上的处境，并且明白，你要活下去，就别想指靠别人，一切都得靠自己。"（路遥《早晨从中午开始》）

|| 1955年（乙未）6岁

9月　柳青开始大规模修改《创业史》第一部，着手写第二稿。

11月15日　《人民日报》发表社论《作家、艺术家们，到农村中去》，号召文艺工作者积极迎接农业合作化。

本年　居清涧县王家堡村。

年内　奶奶搬至延川县大伯王玉德处居住。路遥自小跟着奶奶长大，对奶奶有着很深的情感基础，为他后来去延川生活埋下了伏笔。

路遥后来在长篇小说《平凡的世界》中，对孙少平一家三代同堂时瘫在炕头上"老奶奶"形象的刻画，可以感受到家庭温暖的情感力量。《路遥传》作者厚夫说："这种温暖的情感最初是来自于奶奶那里。"

|| 1956年（丙申）7岁

1月26日　中国作家协会西安分会成立创作委员会，柳青、郑伯奇分别担任主任、副主任。

2月18日　陕西省群众艺术馆成立，其主要任务是组织、辅导和指导陕西省群众文化艺术活动，培训农村、厂矿业余文艺骨干，帮助群众加工提高文艺作品质量，从事群众文化的理论研究，活跃群众文化生活。

2月27日至3月6日　中国作家协会第二次理事会通过《中国作家协会一九五六到一九六七年工作纲要》的决议。柳青出席会议，并当选主席团成员。

3月15至30日　全国青年文学创作者会议在北京召开。本月，王汶石短篇小说《风雪之夜》发表在《文学月刊》，后被《人民文学》转载。

4月10日　文学月刊《延河》创刊。发表有王汶石的《少年突击手》、柳青的《王家父子》等。

4月28日　毛泽东在中共中央政治局扩大会议上提出，艺术问题上的"百花齐放"，学术问题上的"百家争鸣"，应该成为我国发展科学，繁荣文学艺术的方针。

5月13日　中国作家协会西安分会召集专业作家制定1956—1962年创作规划。

5月26日　中共中央宣传部部长陆定一向文学界、科学界人士，作了《百花齐放，百家争鸣》的报告。

6月8日　经中共中央政治局会议批准，柯仲平任中国作家协会西安分会主席，马健翎任副主席。

6月30日　全国人大一届三次会议通过并公布了《高级农业生产合作社示范章程》，总结了农业合作化运动由初级阶段向高级阶段发展的经验，指出合作化运动应向着高级形式发展。

6月　贺敬之的《回延安》刊于《延河》1956年第6期。

8月4日　中国作家协会西安分会邀请从北京来西北参观的冯至、钟敬文、张恨水、朱光潜等作家、学者与西安文艺界及刊物编辑座谈。

8月　延川中学建立，招收3个初中班，招生180人，因本县达到录取分数线的考生只有115名，于是从绥德考区调拨65名，曹谷溪就是其中的一名。

9月　王蒙的小说《组织部新来的年轻人》（后更名为《组织部来了个年轻人》）发表于《人民文学》1956年第9期。

本年　居清涧县王家堡村。

年内　路遥与村上的一群大孩子在山上砍柴，身体失去重心，从山顶的一个悬崖上滑落，跌到山脚下深沟里的一个草窝里，两边是深不可测的"山水窑"。路遥保住了性命，又一次与死神擦肩而过。

路遥后来在《早晨从中午开始》中曾这样回忆第二次死亡体验："第

二次是五岁或六岁时，那时我已经开始了农村孩子的第一堂主课——劳动。我们那地方最缺柴烧，因此我的主要作业就是上山砍柴，并且小小年纪就出手不凡……我恰好跌落在一个草窝里，而两面就是深不可测的山水窖。"这是路遥幼年时第二次体验死亡。路遥母亲马芝兰曾对清涧籍作家朱合作这样说："我家路遥七八岁上就会砍柴了。砍的柴捆成捆，撂在硷畔上，撂下美美一撂。俊得人贵贱不能烧。"可见，路遥从小就能干一些自己力所能及的事情。

年内　胞弟四锤（王天云）出生。

|| 1957年（丁酉）8岁

1月 《延河》1957年第一期刊发了张贤亮的诗歌《大风歌》。

本月 陕西省群众艺术馆成立编辑组，编辑出版《群众艺术》。1960年《群众艺术》停刊。

2月14日 元宵节夜，《延河》请有关单位和作者联欢。

2月 《延河》1957年第2期发表了王愚的评论文章《让我们感受时代的精神》。

3月 柳青《创业史》第一部第二稿完成。

4月25日 陕西省社会科学院和陕西省社会科学学会联合主办的《人文杂志》在西安创刊。

4月27日 中共中央发出《关于整风运动的指示》。

7月24日 《延河》编辑部召开座谈会，批判张贤亮的《大风歌》，柯仲平、郑伯奇、胡采、王汶石等人到会发言。

7月 《收获》杂志在上海创刊。

8月8日 中共中央发布《关于向全体农村人口进行一次大规模的社会主义教育的指示》。

8月28日　西安文学界集会，声讨"丁玲、陈企霞反党集团"。柳青、郑伯奇等人到会发言。

8月　杜鹏程的中篇小说《在和平的日子里》发表于《延河》8月号。

春　被家人送到王家堡小学上学。

12月　移居至延川县郭家沟村，开始与养父母一起生活。

上学不到一年的路遥，由于家境贫困，学业被迫中断。弟妹们相继出生，家庭维持十分艰难。

大爹（大伯父）王玉德没有儿女，大妈李桂英生下的孩子存不住。任何人在没有自己的孩子时，都可以得到一个法定的继承者。路遥的伯父母也不例外。过继的儿子虽不是亲生的，但也是在相近的社会环境中教育出来的，生活方式不致太远。从这方面讲，路遥及大弟"刘"、二弟"四锤"自是最可能担任儿子的人物了。

陕北人有"长子不顶门"的讲究，王玉德本想过继刚出生不久的"四锤"。从领养角度来讲，过继的儿子年龄要小，这样便于养育。路遥父母坚持要把卫儿送去给老大"顶门"，目的是要让路遥在延川上学。

关于路遥过继"顶门"的事，路遥母亲晚年回忆："我哥（路遥大爹王玉德——引者注）心好，可跟前一直没有个男孩。养是养了三个，月子里就没有了。我家人多，家里又穷。路遥九岁（虚岁）时，我就有了四个娃娃了，一满抚养不了。头几年，路遥的奶奶去了他大伯家。后来，他大伯想要个小子，我们就把路遥给了他。咱农村有个讲究，亲兄弟之间，要顶门一般都是老大顶哩。把路遥给了人以后，我心里可后悔结实了。我家路遥从小可精哩。"（朱合作《在王家堡路遥家中》）

路遥回忆："家里十来口人，没有吃的，没有穿的，只有一床被子，完全是叫花子状态。我七岁（周岁——引者注）的时候，家里没有办法养活我，父亲带我一路讨饭，讨到伯父家里，把我给了伯父。"（路遥《答中央广播电视大学问》）

步行去延川的路，成为路遥一生中最难忘的一件往事，直至他去世前的一个月，他仍清晰地回忆起三十多年前的那一幕往事："我小时把罪受尽了。九岁（虚岁——引者注）那年，因我家穷，弟妹又多，父亲便把我领到延川的伯父家。我和我父亲走到清涧城时，正是早晨，那时我早就饿了，父亲便用一毛钱给我买了一碗油茶，我抓住碗头也没抬就喝光了，再抬头看父亲，我父亲还站在我眼前。于是，我就对父亲说：'爸，你咋不喝？'我父亲说：'我不想喝。'其实，并不是父亲不想喝。我知道父亲的口袋里再连一分钱也掏不出来了。唉……"（航宇《路遥在最后的日子》）

到了大爹家，路遥的父亲住了两天后，在一个清晨悄悄地走了。多年以后，路遥在《答中央广播电视大学问》时，才真实地流露出他当时的感受："那天，他跟我说，他要上集去，下午就回来，明天咱们再一起回老家去。我知道，他是要悄悄溜走。我一早起来，趁家里人都不知道，我躲在村里一棵老树背后，眼看着我父亲，踏着朦胧的晨雾，夹个包袱，像小偷似的从村子里溜出来，过了大河，上了公路，走了。这时候，我有两种选择：一是大喊一声冲下去，死活要跟我父亲回去——我那时才七岁，离家乡几百里路到了这样一个完全陌生的地方。我想起了家乡掏过野鸽蛋的树林，想起砍过柴的山坡，我特别伤心，觉得父亲把我出卖了……但我咬着牙忍住了。因为，我想到我已到了上学的年龄，而回家后，父亲没法供我上学。尽管泪水唰唰地流下来，但我咬着牙，没跟父亲走……"

过继者有一定的义务，当然也有一定的权利。路遥从清涧到延川大爹家，他的义务是要成为大爹的"儿子"，要为大爹大妈养老送终；他的权利就是要有饭吃，要在延川上学。到延川大爹家后，不但有饭吃，还能上学，对于一个正处于渴望成长阶段的少年路遥来说，这一切他太需要了！

当时，路遥的奶奶也在大爹家生活，路遥能很快适应养父母家的生活，奶奶起了至关重要的作用。路遥胞弟王天乐生前接受采访时曾说："尽管养母非常喜欢这个侄儿，时不时给卫儿用仅有的粮食做点可口的饭菜，但他还是感到有些孤寂，好在奶奶也住在伯父家里，使他的心里感到一丝慰藉，每天晚上，他总是搂着奶奶睡觉。在养母的眼里小路遥又懂事又听话。"

路遥生前好友曹谷溪先生在一篇访谈中谈道："伯父母没有生养，他们把路遥视为亲生儿子，宁愿自己不吃，也不能让路遥饿着；宁愿自己受冷，也要路遥有穿戴；不管自己要承受多大的困难，也要供路遥进城上学……"（曹谷溪《关于路遥的谈话》）

|| 1958年（戊戌）9岁

1月 《延河》重组编委会，由柯仲平、柳青、郑伯奇、杜鹏程、王汶石、戈壁舟、魏钢焰、王丕祥、安旗、贺鸿钧、胡采十一人组成新的编委会。胡采任主编。

3月13日 中国作家协会西安分会与市文联召集文艺界作家、评论家、编辑和业余作者，召开座谈会，柳青、郑伯奇、杜鹏程等人与会发言。

3月 《延河》1958年第3期发表了茹志鹃的处女作小说《百合花》。

4月 《延河》1958年第4期发表了柳青短篇小说《咬透铁锹》，后出版单行本时，改名为《狠透铁》。

5月14日 中国作家协会西安分会创办歌颂"大跃进"生活的诗歌墙报《街头诗窗》。

7月27日 中国作家协会西安分会召集西安地区作家、文艺理论工作者、青年作家，座谈关于作家与群众结合、普及与提高结合、革命现实主义与革命浪漫主义相结合的问题。中国作家协会副主席邵荃麟出席会议并讲话。

8月21日 《延河》召开扩大的编委会，明确提出刊物要以面对陕西群众，反映本地区生活斗争为中心，以发表小说、特写为主，作品要求短小精悍、通俗易懂。会上，杜鹏程提出二分之一的编辑人员应经常下到生活中去，在深入生活、组织稿件的同时，兼顾发行工作。此后，这一建议被作为一项工作制度确立下来，《延河》编辑人员每年都有一段时间，需要深入实际生活的工作。

8月 由陕西省委宣传部编的《陕西新民歌三百首》由东方文艺出版社出版。

9月20日 新延安大学成立，校址在延安市的杨家岭。

10月1日 中共延安县委机关报《延安县报》创刊。1960年10月停刊。

10月8日 陕西省和西安市文化部门举行支持工农业生产动员誓师大会，号召文艺工作者，深入工地、田间、兵营，为工农兵服务。同时，在劳动中本验生活，改造自己。

本年 杜鹏程至苏联和东欧等国访问，创作《大跃进的消息在国外——国外旅行散记》《访童布罗夫斯卡》《我看见了列宁》等散文，发表小说《一个平常的女人》《铁路工地的深夜》《夜走灵官峡》《延安人》和《第一天》。

同年 王汶石的短篇小说集《风雪之夜》由中国青年出版社出版。

同年 根据毛泽东在1957年提出的"使受教育者在德育、智育、体育几方面都得到发展"的教育方针，延川县中小学教育开始出现偏重政治思想教育，忽视文化课教学的趋势。

同年 延川县开展"教育革命"，学校师生投入"大跃进"运动，参加农业生产劳动，课堂教学时间受到干扰，对教材采取"砍、补、换、并"。

同年 《中华人民共和国户口登记条例》制定出台，户籍管理制度产生，限制农村和城市间的人口流动。特别是农村户口和城市户口迥然有别，限制农村人口流入城市是实现农村"支配结构"的重要环节。这个制度的出台与发展，逐渐产生了一个农村与城市之间的"交叉地带"，这为日后走上文学创作道路的路遥提供了创作的源泉与现实反思。在当代文学史上，路遥较早意识并提出了"交叉地带"这个词，也是较早地围绕此题材进行创作的作家。路遥在《关于〈人生〉和阎纲的通信》中说："农村和城镇的'交叉地带'，丰富多彩，矛盾冲突很有特色，很有意义，值得去表现。"

本年　居延川县郭家沟村。

延川历史悠久，有许多先民在这里留下了文明的足迹，传说黄河乾坤湾曾是伏羲氏演绎八卦的地方，禹村曾是史前治水英雄大禹暂住过的地方。春秋时期，延川是戎狄频繁活动的区域，重耳母又是翟（西戎八国之一，今陕北北部地区）之狐氏女，所以此地也是重耳的母邦之地。重耳早年为躲避仇人追杀，"重耳遂奔狄。狄，其母国也。"重耳从延川一带渡河到子长县重耳川一代避难。

陕北有"文出两川，武看三边"的说法，这"两川"其中的一川就是指的延川。县志记载，唐文宗大和元年（827），本科状元为延川籍士子李郃。这也是陕北古代唯一的"文状元"。

春　插入郭家沟村大队的马家店四年制小学上一年级。

报名时，大爹①、大妈找到老师刘正安。刘老师考了路遥几个笔画多

---

①　陕北清涧一带称伯母为"大妈"，称伯父为"大爹"。

的字，会认，也能写对，又出了两道算术题，路遥傻眼了。刘老师解释说，加法就是添上，减法就是去掉，路遥理解了。刘老师破例让路遥成为插班生，直接上第二学期的课。（贺智利《黄土地的儿子——路遥论》）

给路遥注册学籍时，刘老师说"王卫儿"是个小名，得起个官名。于是大爹王玉德便央求刘老师给路遥起了官名："王卫国"——寓意将来保家卫国。

当时延川县实行的是初小四年、高小两年制。小学使用全国统编教材，初小开设语文、算术、体育、唱歌、美术、劳动。从1957年开始，延川县农村小学高小增设农业常识课。

8月 升入马家店小学二年级。

||1959年（己亥）10岁

3月20日　中国作家协会西安分会召开座谈会，讨论培养青年作者的问题。

4月　《创业史》第一部以《稻地风波》为题开始在《延河》1959年第4期连载。8月，改题为《创业史》，至11月号，全部连载完。时年，柳青43岁。

5月　《延河》编辑部编的"延河文学丛书"《短篇小说选》由东方文艺出版社出版，杜鹏程的《记一位年青的朋友》、王汶石的《新结识的伙伴》、茹志鹃的《百合花》等收入其中。

5至6月　柳青到陕北躲病。其间对《咬透铁锹》进行了两次重大的修改。

同月　延川中学始设高中班，成为完全中学，有在校学生950名，编16个教学班，其中高中班1个。曹谷溪继续在延川中学完成高中学业，于1962年毕业。

9月　柳青在皇甫村再次修改《咬透铁锹》，扩展到五万多字，更名为《狠透铁》。

10月　人民文学出版社出版"建国十年来优秀创作"。计长篇小说15种，中篇小说5种，短篇小说集9种，剧本11种，儿童文学5种，诗集13种，散文集5种。其中，柳青的《铜墙铁壁》被列入其中并再版。

11月　中共中央宣传部召开全国宣传文化工作会议，柳青、柯仲平、胡采、杜鹏程和王汶石等人赴京参会。

同月　柳青小说集《狠透铁》由陕西东风文艺出版社作为单行本出版。印刷之前，柳青反复叮咛编辑，无论如何不能省略掉《狠透铁》书名下的"一九五七年纪事"这几个字。

同月　《创业史》第一部在《收获》杂志1959年第6期发表。

本年　中国作家协会西安分会开展反对右倾机会主义运动。

同年　王丕祥开始担任《延河》主编，贺鸿钧、王绳武任副主编，至1966年停刊。

同年　延川县教改的中心任务是贯彻"教育必须为无产阶级政治服务，必须同生产劳动相结合"的方针。从此，本县中小学师生参加生产劳动的活动增多。

同年　陈忠实初中毕业于西安市第16中学。

同年　杜鹏程创作了大量散文、杂感和短论，如《天安门》《回忆在波兰度过的日子》《略论话剧〈保卫延安〉》《谈〈风雪夜〉——给王汶石同志的一封信》《培养工人中的业余作者》等；发表了短篇小说《严峻而光辉的里程》，调查报告《沙漠中的革命》。庐山会议后，杜开始承受政治压力。

春　在马家店小学上二年级。

8月　升入马家店小学三年级。

"在读小学期间，路遥最怕上美术课，由于没有画画用的纸和水彩笔，束手无策，只能呆呆地坐着，看着同学们画画。有时，也找个借口离开教室。后来，老师给他纸，借同学画笔快速画完。轮到上音乐课，路遥就很高兴。他不仅和同学在同一起跑线上，而且还占优势。他嗓门大，胆子大，学得快，常常受到老师的夸奖。少年时候的路遥最喜欢信天游，或苍凉、或悲怨、或缠绵、或高亢，这些婉转动听的歌，悄悄地培育着少年路遥心里的文学种子，使之在以后的岁月中，得以健全地发芽、抽枝、开花、结果，升华为路遥作品的诗魂与风骨。"（贺智利《黄土地的儿子——路遥论》）

有人把陕北民歌比作一件远古的器物，它带着泥土的痕迹、爱情的痕迹、山和水的痕迹，也带着人类童年时期的痕迹。在陕北的陕北人或走出陕北的陕北人，每每唱着陕北民歌就想起到了陕北这块厚土，想起了儿时的一些事情。因此，儿时喜欢唱陕北民歌的路遥，在他后来的主要作品中多处提到或引用了陕北民歌，在表达出陕北人热爱故土的同时，也表达出了陕北文化的发展变迁史。古希腊哲学家德谟克利特曾说：具有一个好灵魂的故乡，就是整个世界。可以说，路遥的成长与陕北浓厚的民间文化气息和丰沃的文化土壤是分不开的。关于陕北文化，作家贾平凹曾这样论述："陕北，山原为黄土堆积，大块结构，起伏连绵，给人以粗狂、古朴之感觉。这一点，单从山川河流所致而产生的风土人情、又以此折射反映出的山曲民歌来看，陕北民歌的旋律起伏不大而舒缓悠远。……于是，势必产生了以路遥为代表的陕北作家特色……"[1]

---

[1]　贾平凹：《平凹文论集》，青海人民出版社1985年版，第133—134页。

路遥出生于农村，在农村生活并读完小学，农村中的娱乐方式是民歌和故事，长时期生活于农村的路遥耳濡目染，必然会受到民间故事、民歌乃至民间是非观念的影响，而这些都对他的创作产生了一定的影响。

||1960年（庚子）11岁

3月9日　中国作家协会西安分会召开"陕西十年来的文学工作经验"工作会。

3月11日　中国作家协会西安分会组织陕西19位业余作者学习毛泽东文艺思想。《延河》组织西北国棉一厂和咸阳陵昭村的80多位工农业余作者学习《在延安文艺座谈会上的讲话》以及关于"双百"方针的论述。

4月　《延河》从1960年4期始开辟"新人集"专栏，提供新作者写新人新事新作品。

5月　《创业史》（第一部）由中国青年出版社出版。

6月24日至26日　社会主义各国共产党和工人党代表会议在布加勒斯特举行。会上，苏共对中共发动突然袭击，中共代表团作了针锋相对的斗争。

7月22日至8月13日　第三届全国文学艺术界代表大会在北京举行。柳青、柯仲平、胡采、杜鹏程、王汶石、李若冰等陕西文艺界代表出席会议。柳青在会上发言《谈谈生活和创作的态度》，柯仲平当选中国作家协会副主席，杜鹏程当选中国作家协会理事。

8月19日 中国作家协会西安分会讨论检查《延河》。

8月31日 中共陕西省委决定除《思想战线》《陕西日报》和《西安日报》外，其他报刊自9月1日起，停刊检查。《延河》可继续出刊，但需要同时进行全面检查。

8月 为了达到机关党委提出的"机关干部到1965年达到大学文化水平"的要求，中国作家协会西安分会决定业务干部学习中国文学史一年（1960年8月至1961年8月）。

10月 柳青的《创业史》第二部第一章开始在《延河》10月号连载。

12月19日 《延河》编辑部召开小说座谈会。

本年 杜鹏程创作小说《瀚海新歌》《年轻的工程师》，创作谈《日记摘录》《学习毛泽东思想》等，出版散文集《速写集》。

春 在马家店小学上三年级。

延川县教改以"大办农业，大办粮食"为中心，让中小学生大量参加农业劳动。延川县的伯父母想把路遥培养成一把劳动的好手，不想让路遥多上学。伯父母打算等路遥小学毕业，就从土地里培养这个养子，希望他成为他们的接班人。

8月 升入马家店小学四年级。

物质的贫困、亲情的缺失使年幼的路遥格外敏感，自尊心格外地强，从而形成了他内向忧郁的性格、倔强刚毅的气质，塑造了他吃苦耐劳、自强不息的奋斗品格。同村伙伴刘凤梅[①]回忆："小时候路遥聪颖而淘气，常常和一些比自己大好几岁的男孩子打架，总不认输。"（刘凤梅《铭刻在黄土地上的哀思——缅怀路遥兄弟》）

路遥操着清涧口音，本村的孩子貌称他为"外路脑子"（方言，指外地人），甚至有大男孩公开骂他"为儿货"（方言，同"顶门"）等，路遥被各种恶俗的言语攻击。路遥无法控制住情感，总和这些男孩打到一起。厚夫在《路遥传》中说："有一次，路遥并把一个男孩的头打破，直到大人们走过时，才把他们拉开。这次打架，给郭家沟村的孩子们上了一课，这个'外路脑子'心'残火'（方言，指厉害）着哩。这次打架，也让卫儿打出名声，村里小孩再也不敢公开欺负他了。"

12月1日（农历庚子年十月十三） 圆晬日。路遥12虚岁，正值国家困难时期，所以圆晬的形式也比较简单。12虚岁开锁，路遥的养父母须赠"保锁人"一套衣服及一些钱币，至此保锁结束。此后，13虚岁、25虚岁、37虚岁、49虚岁……为"本命年"，民间讲究腰系红带，这一年避免在丧事上见棺材、去世的人。

---

① 刘凤梅（1947— ），女，陕西省延川县人，路遥同乡。中国作家协会会员，编审。出版有小说集《春夜静悄悄》《月是故乡明》，长篇小说《大地》，长篇传记文学《走近李焕政》《平民书记》《三秦赤子》，报告文学集《高原，星光灿烂》《守望黄土地》《黄土魂》。与他人合著有《谢子长》《陕甘宁边区革命史》等。

|| 1961年（辛丑）12岁

1月16日 《延河》改为文艺刊物，仍以文学为主，增加音乐、美术、戏剧等内容。

同月 柳青《创业史》第二部第二、三章在《延河》1961年第1期连载。

2月28日 《延河》召开座谈会，讨论短篇小说中人物塑造的问题。后杜鹏程题为《关于情节》的会议发言发表于《延河》4—5月合刊。

4月4日 中国作家协会西安分会召开座谈会，讨论"双百"方针。

4月12日 苏联宇航员加加林乘坐东方1号飞船完成有史以来的首次太空飞行，使人类实现了千百年来登天旅行的梦想。路遥后来创作的小说《人生》主人公名字高加林就是根据加加林而来。

5月24日 中国作家协会西安分会主席、诗人柯仲平落户长安县搞创作。

5月 柳青《创业史》第二部第四、五章在《延河》4—5月合刊连载。

7月10日 中国作家协会西安分会再次召开座谈会，讨论"双百"方针。

10月 柳青《创业史》第二部第六、七章在《延河》10月号连载。

11月13日 中国作家协会西安分会召开"写中间人物"座谈会，胡采主持会议。

同年　杜鹏程出版小说集《年轻的朋友》。

同年　陈忠实与同学组织文学社"摸门小组",创办文学墙报《新芽》。

春　在马家店小学上四年级。

7月　在郭家沟村小学读完了四年制的初小,以优异的成绩考入延川县的城关小学读高小。

8月　升入在延川县城关小学五年级。

据路遥同学、作家海波回忆:"高小部共两个年级四个班,具体的学生数我记不确切,但不会超过一百八十名。这些学生又能分为两种:一是县级机关、事业、企业的干部职工子女和城关大队农民的子女;二是城关公社四十个村子里农民的子女。前者在家里吃饭、住宿,为走读生;后者在学校里住宿、上灶,为住校生。住校生的数字我也记不确切,但可以肯定不会超过二十人。因为只有一个男生宿舍,一条土炕最多能睡十个人,而女生比男生更少。由此可以得出这样一个结论:那时农村小孩能上高小的人也很少,具体到路遥他们这一级,平均两个村子才有一个上高小的孩子。"(海波《我所认识的路遥》)

延川县城关小学位于县城的堂坡上,四年级以下全是县城干部和城镇市民子弟,穿戴用具远非农村学生可比。五、六年级经过全县统考,招收城关公社范围内的部分农村学生。住校、上灶,要交小米、白面、杂面,家庭困难的学生,交不起米面,就在家里蒸一些菜叶加麸糠的干粮,带到学校里热一下吃,这类学生被称为"半灶生"。路遥即为半灶生。

1959至1961年期间,是国家经济生活困难的三年,土地贫瘠的陕北农村,人民更是食不果腹,衣不遮体。路遥在饥饿的残酷折磨中发奋学习。

上高小时，作为"半灶生"，他每天把家里蒸成菜叶加麦糠的干粮放在伙房里加热，开饭钟一响，必须尽快赶到笼前，抢先取出干粮，否则，别的学生一旦动手，他的干粮便会散成一团，只能用筷子往碗里拨拉。

那个年代，路遥挣扎在饥饿与死亡之间。从他后来的文学作品中，我们始终可以看到曾经与饥饿、死神奋力抗争的人身上那种超强的毅力。路遥曾谈到这段生活："我的《在困难的日子里》，写了一九六一的饥饿状态，这必须要你自己体验过什么叫'饥饿'……你必须要自己有这种亲身体验，或者是在困难的时候获得珍贵东西的心情把他移植过来才能写得真切，写得和别人不一样。"（路遥《答中央广播电视大学问》）

那个时期，大妈几乎每逢集就进城，她常常挎个篮子，篮子里不是红薯、洋芋，就是南瓜、水果之类的东西，她把这些东西拿到集市上卖了，换上几毛钱，赶紧跑到城关小学送给儿子，她晓得路遥用钱处多。每过节令，大妈总是用自己舍不得吃的荞面包成饺子拿到县城熟人家里煮熟，叫来儿子吃。因为怕儿子受累，耽误学习，她有时在"半灶生"回家取干粮的前一天，就步行约五公里路把用糠菜蒸成的"干粮"送到儿子手里。（厚夫《路遥传》）

11月20日（农历辛丑年十月十三） 圆完晬（12虚岁）以后的第一个生日。

按照清涧的乡俗，生日当天忌食捞饭和饺子。这一年为路遥的本命年，一般家庭过生日在前一天下午吃一顿长面或饸饹，生日早上吃一顿好饭即可。

|| 1962年（壬寅）13岁

1月　《江姐》(《红岩》选载）在《延河》1962年第1期刊登。

3月2日　周恩来总理在广州召开的科学工作会议和戏剧创作会议上做《关于知识分子问题的报告》。这一报告精辟地阐述了党的知识分子政策，批判了1957年以后出现的"左"的倾向，重申了中国知识分子绝大多数已是劳动人民一部分的观点。

4月19日　中国作家协会西安分会举行纪念毛泽东《在延安文艺座谈会上的讲话》发表20周年报告会，柳青在会上发言并提出要进"三个学校"，即生活的学校、政治的学校和艺术的学校。

4月30日　中共中央批转中宣部定稿的《关于当前文学艺术工作若干问题的意见（草案）》（简称"文艺八条"），由文化部党组、文联党组下令全国有关单位贯彻执行。

5月22日　首届电影"百花奖"授奖仪式在北京举行。

5月23日　毛泽东同志《在延安文艺座谈会上的讲话》发表20周年，各省市文艺界都举行了纪念会、报告会或座谈会。全国主要刊物都发表了社论。

6月1日　中共陕西省委发出《关于讨论和执行中央批转文化部党组和全国文联党组〈关于当前文学艺术工作若干问题的意见〉(草案)的通知》，要求全省各级党委、党组，进一步贯彻"双百"方针，调整文艺工作方面的各种关系，正确地贯彻执行党的知识分子政策，调动一切可以调动的积极因素，进一步繁荣和发展社会主义文学艺术事业。

7月28日至8月4日　李建彤①的长篇小说《刘志丹》部分章节在《工人日报》连载。

8月2至16日　中国作家协会在大连召开农村题材短篇小说创作座谈会。邵荃麟在会上发表讲话，强调要重视对中间状态人物的描写。

9月24至27日　中国共产党第八届中央委员会第十次全体会议在北京举行。毛泽东在会上发出了"千万不要忘记阶级斗争"的号召。同时，会议还批判了小说《刘志丹》，毛泽东提出"利用小说反党，这是一大发明"。

11月　中国作家协会西安分会召开西安地区部分业余作者座谈会，解决业余作者阅读和创作的问题，会上柳青、王汶石、魏钢焰、王宗元、余念等人作了辅导发言。

本年　中共陕西省委宣传部部署召开中国作家协会、美协、音协和剧协行政十七级以上党员干部大会，批判柯仲平的长诗《刘志丹》。

同年　杜鹏程完成《太平年》初稿，其中涉及贺龙元帅，在"文化

---

①　李建彤（1919—2005），曾用名韩玉芝，笔名秋心、秋茵，中国共产党先烈、中国工农红军高级将领、西北红军和西北革命根据地主要创建人之一刘志丹的弟媳，著有小说《刘志丹》。

大革命"中成为"重大问题",手稿被抄。直到1980年,杜鹏程才开始重新修改此稿。

同年　王汶石参加第二次亚非作家会议,回国后被任为中国联络委员会委员。

同年　陈忠实高中毕业,成为回乡知青,在西蒋村初级小学当民办教师。

同年　延川县教学改革委员会成立,各公社成立教改领导小组,以缩短学制,提高教学质量为宗旨,进行教学改革。在课堂教学中采用少而精、启发式、学以致用的原则。因连年自然灾害,延川县23所小学停办,2426名学生辍学。

同年　延川县委油印曹谷溪诗习作100余首,其中有些诗作被《群众文艺》刊载。

春　在延川县城关小学读五年级。

"在城关小学时,路遥是全校出名的调皮学生。主要表现在两个方面,一是爱给同学起绰号,二是喜欢编顺口溜调侃人。编出的顺口溜事出有由来,夸张无止境,能笑得人'肚子疼'。这可能是他最早的'创作'尝试。"(海波《我所认识的路遥》)

秋　升入延川县城关小学六年级。

"(路遥)十二三岁这一年,因为一件小事,路遥与养母闹了别扭,养母骂了他几句,他赌气跑了,并扬言要回清涧老家。天黑了,仍然不见路遥回来,养母急了,赶忙外出寻找。在村子的不远处,养母发现路遥独坐在一块圆形的石盘上，手里抓一把小石头，往河里仍，嘴里还数着数。养母问：'你不是要回清涧去吗？怎么坐在这里！'路遥噘起小嘴，半嗔半恼地说：'我从来就没有那种坏毛病！'"（贺智利《黄土地的儿子——路遥论》）

||1963年（癸卯）14岁

3月24至30日　中国作家协会西安分会和《陕西日报》联合召开报告文学座谈会，胡采、杜鹏程、魏钢焰、李若冰等参会。魏钢焰传达北京召开的报告文学座谈会情况。会后，20余位作家和业余作者赴农村采访。

5月24日　铜川矿务局职工业余创作座谈会召开，中国作家协会西安分会和《延河》编辑部派人参会。

6月　严家炎的论文《关于梁生宝》发表在《文学评论》1963年第3期。针对严家炎的文章，柳青在《延河》1963年第8期发表《提出几个问题来讨论》。

8月10日　西安文学界召开声援越南人民反对美帝侵略大会，柯仲平主持会议。

9月2日　文化部发出（63）文出密字第1394号通知：人民文学出版社出版的小说《保卫延安》（杜鹏程著）应立即停售和停止借阅。

6月至10月　杜鹏程、魏钢焰、李若冰等作家参加中共陕西省委农村社会主义教育工作团临潼行者公社社教试点工作。

12月18至20日　《创业史》责任编辑王维玲①到皇甫村与柳青长谈。

本年　杜鹏程在《延河》四月号发表散文《海与焰火》，七月号发表报告文学《英雄的三年——记洵阳县长沙人民公社党委书记陈忠根同志》，下半年到陕西南部农村参加"社教"。

本年　延川县学校锐减62所，并将20所公办初级小学转为民办，并推行"两种劳动制度，两种教育制度"的办学方针。教学教改内容增加了"阶级斗争，生产斗争，科学实验"实践活动。中学教育实行三三制，初中三年，高中三年。

春　在延川县城关小学读六年级。

"到了1963年春，家里穷得实在没办法，为了不中断儿子的学业，大妈拄着打狗棍跑到延长县一带的村庄讨饭，再把讨来的食物卖掉，换成零钱供孩子上学——因为延长县在延川西南方向，那里没有儿子的熟人，他丢不起人。当然，讨饭是青黄不接时陕北农村人的普遍行为。"（厚夫《路遥传》）

7月　高小毕业。大伯把上山的劳动工具放在路遥的面前，无可奈何地说："中学就别上了，回来受苦吧！"路遥明白家中的光景，更理解伯父的心情，但生性好强的路遥则要求进一次考场，他要向村人证明即便不上中学，也不是因为没有能力。结果，在全县一千多名考生录取一百

---

① 　王维玲（1932—2019），历任中国青年出版社科长、主任、编委、副总编辑，著有《话说红岩》《岁月传真》等。王维玲作为《创业史》的责任编辑，后又发现了路遥的《人生》等作品，对路遥的创作影响较大。

名左右的严酷竞争中，路遥金榜题名。消息传来，在郭家沟引起了不大不小的震动。此时，路遥被更加强烈的求学欲望鼓荡着。

夏　自1957年后第一次回到清涧。路遥曾与央视版《平凡的世界》电视剧导演潘欣欣谈起过此事："初小毕业，夏收前放假我才第一次回家。回王家堡，进了门妈见了我也没说啥，农村人不会表达个啥感情，我也屁股没沾炕沿就到村里找那几年没见的小朋友们去了。快吃饭的时候才回来，进门就问：妈，吃啥？妈说给我包了饺子。我挺奇怪，麦子还没收哪来的面粉包饺子？农村娃都知道这。妈说，我试着用杂面包的。说着引我到灶台边，她掀开大锅盖让我看，全是蒸气，妈吹吹蒸气，用大勺一搅才发现，哪有啥饺子，早成了一锅面菜糊糊。妈傻了眼，一下子趴到灶台上大哭起来……"（潘欣欣《忆路遥》）

9月　进入延川中学①初中1966级乙班。

在大队书记刘俊宽等人的热情帮助下，路遥背着借来的二斗黑豆向学校报到。谁知当天下午路遥又返回了村，哭着对刘俊宽说："学校已经不收我了！"刘俊宽曾在县上工作过几年，与中学校长杜永福熟悉，于是拔腿就到延川中学，找到杜校长，将路遥的情况做了介绍，并希望能给予照顾。杜校长也十分爱才，当即召开了会议进行研究，破例将路遥收进学校。路遥这才走进了延川中学的大门。

---

①　延川中学坐落在县城的南山坡上，校舍非常简陋，几排古老的平房与窑洞分别作为教室与宿舍。66级乙班的班主任是刚毕业于西北大学数学系的常有润老师，语文老师是毕业于陕西师范大学中文系的程国祥。从1962年开始，延川县重新实行校长责任制。校长主持校委会，下设教导处、总务处，教导处下设教研组，同时建有学生会组织。

后来，路遥曾在《在困难的日子里》中描写到相似的场景，而其中一段心理描写或可看作路遥当年心里的写照。小说中马建强带着父老乡亲们的一片厚爱，背着"百家姓粮"进城上学的时候，他首先想到的是感谢"我的亲爱的父老乡亲们……我猛然间深切地懂得了：正是靠着这种伟大的友爱，生活在如此贫瘠土地上的人们，才一代一代延绵到了现在……正是这贫困的土地和土地一样贫困的父老乡亲们，已经教给了我负重的耐力和殉难的品格——因而我又觉得自己在精神上是富有的"。（路遥《在困难的日子里》）

|| 1964年（甲辰）15岁

1月　浩然的长篇小说《艳阳天》在1964年《收获》第1期发表，后由作家出版社出版。

3月30日　中国作家协会西安分会、《延河》编辑部召开业余作者座谈会，召集西安市及附近地区工矿铁路业余作者传达中央对文艺工作的意见，讨论如何更好地执行文艺为工农兵、为社会主义事业服务的方向，进一步壮大工业战线业余作者队伍。

5月　《毛主席语录》出版。

7月2日　中宣部召开文联和文化部负责人会议，贯穿毛泽东在《中央宣传部关于全国文联和所属各协会整风情况报告》的草稿上所做的第二个批示，文联开始"整风运动"。

8月至9月　中国作家协会西安分会召开座谈会，讨论当时在全国展开争论的周谷城的美学观点及批判电影《北国江南》《早春二月》等。柯仲平主持会议，柳青、郑伯奇、王汶石、杜鹏程等作家，《延河》编辑，以及陕西高校青年教师、青年作者等出席会议。

10月20日　柯仲平逝世，终年62岁。

11月13至16日　中国作家协会西安分会连续召开座谈会，批判"写中间人物"的文学主张。

12月4至5日　韩森寨、郭家滩俱乐部召开座谈会，工人业余作者批判"写中间人物"的文学主张，《延河》部分编辑参加会议。

12月14日　《文学评论》第6期发表批判周谷城"时代精神汇合论"的文章。

12月28日　中国作家协会西安分会再次召开批判"写中间人物"文学主张的会议。

本年　文化部发出（64）文群密字291号补充通知，要求"就地燃毁"《保卫延安》一书，杜鹏程遭受巨大政治压力。全年仅在《延河》2月号发表短诗《致巴拿马》。

本年　在延川中学就读初中。

路遥所在的班级是尖子班，班上的同学大多是县城干部与职工子弟，在鲜明的对比中，一种强烈的自卑感与屈辱感撞击着他的心灵。最为可怕的还是来自饥饿的压迫，学校饭菜分为甲、乙、丙三个等级，他自然只能吃丙级饭，黑窝头、稀饭、酸菜①。他交不起每月五六元的伙食费，五分钱的清水煮萝卜对路遥来说也是一种奢侈的享受。因为贫困，经常面临断炊的危机，他饿得头昏眼花，好心的同学总是帮着路遥。有时班

---

① 延川与清涧的饮食习俗大致一样，所谓的酸菜在陕北地区极为普遍，就是蔬菜咸制，一般多以白菜、萝卜、胡萝卜、茄子、豆角、辣椒、芫荽、韭菜和大葱等作为原料。一般在秋季腌制，一直吃到第二年春夏之际。

主任看不下去，会把自己的饭票给路遥一些。这些关心与援助，使路遥敏感的神经陷于孤独与忧郁之中，同时也更激发了路遥超越对手的倔强与渴望，以此来捍卫自己的人格与尊严。这些帮助使他倍感温暖，又使他感到孤独。

路遥在《早晨从中午开始》中回忆：“中学时期一月只能吃十几斤粗粮，整个童年吃过的好饭几乎能一顿不落记起来。”

|| 1965年（乙巳）16岁

1月4日至7日　苏联作家代表团弗缅科、克绍科夫、艾德林来访，王汶石陪同，柳青接见。

2月23日　周扬召集文艺界相关人士，布置贯彻"二十三条"。提出写批判文章不要"打空炮""乱扣帽子"，要防止"片面性和绝对化"。

2月25日　《延河》召开编委会，柳青在会上发言，认为只要方向对，就是社会主义的；有缺点错误，不要紧张。《延河》是社会主义的刊物。

2月26至27日　中国作家协会西安分会召开专业创作会议，胡采主持，李若冰、柳青等出席并发言。

3月2至4日　《延河》召集西安地区业余作者三十余人，召开座谈会，讨论开展业余创作，歌颂伟大时代，歌颂新英雄人物。

4月30日　《延河》编辑部派人参加榆林地区召开的业余作者座谈会。

5月下旬　柳青到延安，开始中断一年多的《创业史》第二部的写作。

10月18日　柳青完成《创业史》第二部上卷初稿。同日，中国作家协会西安分会副主席马健翎逝世。

11月10日　姚文元的署名文章《评新编历史剧〈海瑞罢官〉》在上海

《文汇报》发表。11月29日《北京日报》《解放军报》予以转载，11月30日《人民日报》加"编者按"转载。12月5日《陕西日报》转载。

12月12日　邓拓署名"向阳生"，在《北京日报》《前线》发表的文章《从〈海瑞罢官〉谈到道德继承论》。

11月29日至12月17日　全国业余文学创作积极分子大会在京召开。周扬做了题为《高举毛泽东思想红旗，做又会劳动又会创作的文艺战士》的报告。陕西省业余作家代表团赴京参会，曹谷溪为代表团成员之一。

本年　继续在延川中学就读初中。

路遥生前好友海波曾这样描述路遥在延川中学时期的学习生活："到延川中学后，这种自发的创作冲动得到了鼓励。路遥的作文常常得到语文老师的表扬，有一次，他写了一篇作文，题为《在五星红旗下想到的》，学校领导在全校学生面前朗读了一遍，从此使他文名大振，成了全校的'明星'。还有一次，他根据小说《红岩》创作并编排了一幕话剧，利用活动时间在教室前演出，引来全校学生观看。"（海波《我所认识的路遥》）

整个初中三年，是路遥人生中最困难最难熬的一段时期。面对贫穷、饥饿、歧视，路遥没有消沉，而是选择了抗争与奋起。路遥不仅在精神上维护着自己的尊严和价值，还以实际行动证明自己作为人的本质力量。路遥忍受饥饿也要争取学习上的好成绩，中学期间，路遥一直是好学、上进的好学生，还表现出对于文学和政治强烈的兴趣。县城唯一的图书馆成了路遥经常光顾的地方，他在那里不仅阅读了《三国演义》《水浒传》等古典名著，更饱读了《钢铁是怎样炼成的》《青年近卫军》《铁流》等大量苏联翻译小说。

除了图书以外，看电影是路遥当时最奢侈的一个梦想。厚夫在《路遥传》中说："那时，看场电影绝对是一种高级的精神享受。整个延川县城只有一个露天电影院，一张电影票一毛钱……能看电影的大都是县城里的干部子女。在电影是大众精神享受与文化消费的当时，一部电影中的人物往往是人们议论的话题。县里每放映一部电影，就很快成为城里孩子议论的焦点。这些城里孩子往往把许多农村孩子也吸引过去了，这是好胜心极强的王卫国所无法接受的。他也尝试着通过'爬下水沟'的方法来观看电影，但是都没有得逞。"多年以后的1991年6月10日，路遥在演讲中还回忆起自己当年为看电影"爬下水沟"的一幕。

||1966年（丙午）17岁

1月9日 《人民日报》刊载《欧阳海之歌》节选，加"编者按"："这是一本好小说。它是近年来我国文学工作者进一步革命化，贯彻执行毛泽东文艺路线所取得的成果之一。"

1月27日至2月5日 中国作家协会西安分会召开陕西地区工农业余青年作者学习会，传达贯彻全国青年业余文学创作积极分子大会精神。柳青、魏钢焰、胡采等人出席会议并做报告。

2月3日 中共中央书记处书记、中央文化革命五人小组组长彭真在北京召集文化革命小组会议。会后拟定了《文化革命五人小组关于当前学术讨论的汇报提纲》，即《二月提纲》。

2月5日 《延河》召开扩大编委会，讨论培养作者，面向农村。

2月27日 《人民日报》发表社论《用毛泽东思想武装起来，作无产阶级的革命文艺战士》。

2月29日 《人民日报》发表社论《文艺工作者，到农村去锻炼！》，同时发表新华社通讯，介绍全国各省市自治区文艺工作者到农村、厂矿和连队参加三大革命运动的情况。

2月　林彪和江青发表《部队文艺工作座谈纪要》，提出"文艺黑线专政"论。全盘否定新中国成立以来党领导文艺的伟大成就。1979年5月，中央正式通知撤销《纪要》。

3月23日　柳青在《陕西日报》发表《革命理想和革命意志的化身》。

4月18日　《解放军报》发表社论《高举毛泽东思想伟大旗帜，积极参加社会主义"文化大革命"》，号召批判"文艺黑线"。

4月　《文艺报》发表文章《"写中间人物"论反映了哪个阶级的政治要求》。

5月8日　《解放军报》发表文章《向反党反社会主义的黑线开火》，随后《人民日报》转载该文。

5月10日　姚文元在《解放日报》《文汇报》发表署名文章《评"三家村"——〈燕山夜话〉〈三家村札记〉的反动本质》。

5月11日　中国作家协会西安分会举行声讨邓拓集会，表示要"高举毛泽东思想伟大红旗，变笔杆为枪杆，向邓拓开火，搞掉黑线，捣毁'三家村'黑店"。

5月14日　中共延川县委决定成立"文化大革命"办公室。

5月16日　中共中央发出《五·一六》通知。

5月中旬　延川县"文化大革命"拉开序幕。

5月25日　中共中央延川县委员会发表了《关于开展"文化大革命"的通知》。

5月28日　中共中央"文化革命"小组成立，"无产阶级文化大革命"正式开始。

5月　中国作家协会西安分会"文化革命领导小组"成立，分会正常业务活动停止，投入运动；李若冰被任命为组长，负责领导中国作家协会西安分会"文化大革命"。

6月1日　《人民日报》发表社论《横扫一切牛鬼蛇神》。

6月15日　中共延川县委决定派出两个工作组，分别进驻延川中学、永坪中学发动"文化大革命"运动。

6月18日　延川县副县长马存李率工作组进驻延川中学，县委宣传部干部白益生率工作组进驻永平中学，领导"文化大革命"运动，历时两个月。

7月1日　《红旗》重新发表毛泽东同志的《在延安文艺座谈会上的讲话》，在编者按中，提出所谓"文艺黑线"，公开点名周扬。

7月12日　为了集中力量检查刊物，中共陕西省委决定自1966年8月起《延河》停止出刊。

7月18日　延川中学初中班放假，高中班和全体教师留校继续开展"文化大革命"运动。21日起，延川县举办中小学教师集训会。10月9日结束，历时83天。会议期间，参加集训的中小学教师、县文化单位及学生代表共计达813人。（《延川县志·"文化大革命"纪略》）

8月上旬　延川中学成立"红卫兵"组织。

8月5日　毛泽东发表《炮打司令部——我的一张大字报》。

8月1日至12日　中共八届十一中全会在北京举行。会上通过了《关于无产阶级"文化大革命"的决定》，即"十六条"。

8月18日　毛泽东首次接见红卫兵。"文化大革命"全面发动，大串连开始。截至年底，毛泽东同志共八次接见来自全国各地的1300万红卫兵和其他群众。

8月 毛泽东在中央政治局常委扩大会上谈话，要求保护姚雪垠，称赞其《李自成（第一部）》写得不错。

9月16日 国务院农业检查组来延川检查工作。

10月 延川县组织起100个（2000人）毛泽东思想文艺宣传队，深入城镇和农村广泛开展宣传活动。

11月28日 江青召开文艺界大会并发表讲话，否定新中国成立后十七年的文艺工作，点名陆定一、周扬、林默涵、彭真等人为"反革命修正主义分子"。

本年 陕西省群众艺术馆改名为"陕西省文化馆"。

同年 柳青、杜鹏程等人在"文化大革命"中开始受到冲击，"靠边站"。

6月 初中部毕业，参加中专考试，被陕西省石油化工学校①录取。

此时，"文化大革命"刚刚开始，路遥和他的同学们一起返回了延川中学。由于路遥平时总是积极参加各种活动，加上文采出色，他很快成为班内"文革"小组成员。对于这场运动，路遥是热爱的，和全国许多青年一样投入到了这场史无前例的运动之中。此时，路遥的组织才能和领导才能得以突显，他带头写大字报，揭发当权派，写了许多派性文章。

"文革"之前，后来很多成为作家的人在中学学习阶段就已经显露出对于文学的爱好和写作的才情。陶正回忆说："上中学的时候，就喜欢

① 陕西省石油化工学校创建于1951年，前身是西北石油专科学校，1963年为西安石油学院中专部。从1951年到1965年，学校毕业生由石油部向全国各石油单位统一分配。该校现为陕西省教育厅直属的全日制国家级重点中等职业学校。

文学。命题作文一挥而就，应时应景的墙报稿节日诗更是信手拈来。"（陶
正《自由的土地》）

11月上旬 随延川中学红卫兵徒步到北京串联。

1966年10月，延川中学10名学生（7男3女）组成首批"红卫兵长征
队"，自绣了一面红旗，徒步去北京串联。据路遥在城关小学、延川中学
同级同学吴江所言，路遥在他们之后（1966年10月），沿着相同的路线去
了北京。吴江所走的路线为"延川县城→延水关（延川县境内的黄河渡口）
→永和（山西省）→交口→太原→石家庄（河北）→北京"。（安本实《路
遥的初期文艺活动——以"延川时代"为中心》）

11月10日 串联到北京，与同学一起接受了毛泽东主席的检阅。

路遥初中同学梁世祥回忆："当时每一个班是五个人，我们班里派了
王卫国我们五个人到北京，我们是第七次毛主席接见，毛主席在城楼上
呢，底下是车，汽车拉上红卫兵往过走，当时毛主席还讲了一句话，就
是人民万岁，人们都觉得很激动，王卫国（路遥）提议就说，咱脱离黑
字红卫兵，成立一个红四造反联军。"

据1966年11月12日《人民日报》的《毛主席第七次检阅二百多万文
化革命大军》报道，10日上午10点，毛泽东是在天安门城楼上接见革命
师生和红卫兵，下午3点，被接见的革命师生和红卫兵乘着辆卡车经过天
安门广场接受毛主席检阅。11日，有150万革命师生和红卫兵，排列在横
穿天安门广场的东西长达二十六里的长道上，下午2点30分，毛泽东坐在
敞篷车上，在《东方红》乐曲声中，缓缓行驶接见。由此可知，路遥被
接见的准确时间应该是11月10日下午。

初冬 从北京串联返回延川。

在万丈豪情的革命鼓舞下，路遥成为狂热的红卫兵的一分子，自觉地投入到斗争中。海波回忆："路遥最初的自命题写作是一份'宣言'。他刚从外地串连回来，独自成立了一个红卫兵组织，名为'横空出世誓卫东战斗队'，'宣言'就是为此而写。写得很长，用了两整张白纸；写得'气势磅礴'，看了让人亢奋。其中的两句话最为抢眼：'大旗挥舞冲天笑，赤遍环球是我家'——他很欣赏这两句话，一度将'冲天笑'作为自己的化名。"（海波《我所认识的路遥》）后来，他又据此分别给三个胞弟起了官名——二弟叫王天云，三弟叫王天乐，四弟叫王天笑。

冬　从北京串联回来不久，由于出众的组织能力，路遥成为他所在的班级——延川中学初中1966级乙班的红卫兵组织"井冈山"的领导者。他以"王天笑"的名字，在延川县各机关的墙壁上张贴着充满革命豪情的大字报，他的文学才能得到了最早的施展与发挥。同学吴江回忆："延川中学教师、学生分裂成两大派别，路遥率领的'井冈山'成为'红四野'的骨干力量。"路遥初中同学刘明升回忆："路遥就是我们'红四野'[1]的军长。那时候路遥十七八岁，我很清楚地记得，文章标题就叫个《秀延河畔，烽烟滚滚》，他写的那些文章——像那一篇文章的话，那时候整个震动了全县。"

---

① 延川中学"红色造反派第四野战军"简称"红四野"。

||1967年（丁未）18岁

1月1日 《人民日报》发表社论《把无产阶级"文化大革命"进行到底》。

同日 姚文元在《红旗》杂志发表文章《评反革命两面派周扬》。

2月17日 《关于文艺团体无产阶级"文化大革命"的决定》发布。

2月19日 中共中央发出《关于中学无产阶级"文化大革命"的意见》。

3月6日 延川县文教局召开中小学教师平反会，为1966年教师集训会上错批错斗的70名文教工作者彻底平反。

3月10日 《人民日报》转载《红旗》杂志社论《论革命的"三结合"》。

4月 中国作家协会西安分会红色造反队编的《文学战地》创刊，出刊56期后改为报纸形式。第1期刊发《柳青在无产阶级"文化大革命"中干了些什么》《柳青的"哲学"》等文章。

5月25至28日 《人民日报》相继发表了毛泽东关于文学艺术的五个文件：《看了新编历史剧〈逼上梁山〉后给延安平剧院的信》（1944）、《应当重视〈武训传〉的讨论》（1951）、《关于〈红楼梦〉研究问题的信》（1954）、《1963年、1964年关于文学艺术问题的两个批示》。

5月 中央"文化革命"小组成立文艺组。江青任组长，戚本禹、姚文元任副组长。

5至6月　北京、上海举行集会，纪念毛泽东同志《在延安文艺座谈会上的讲话》发表二十五周年。其间《智取威虎山》等"八个革命样板戏"在首都舞台上演。5月31日，《人民日报》就此会演以《革命文艺的优秀样板》为题发表社论。6月18日，再次报道会演情况，并号召"把革命样板戏推向全国去。"

7月17日　《人民日报》发表长篇报道《中央直属文艺系统革命派高举毛泽东思想的革命批判旗帜，联合起来向文艺黑线总后台及其代理人发起总攻》。

7月18日　中国作家协会西安分会红色造反队成立了"革命委员会"筹备小组。

7月　中国作家协会西安分会以选举的方式成立"斗批改委员会"。

8月5日　天安门广场召开了百万人的批判大会。

8月　中国作家协会西安分会红色造反队组织的联合调查组，在中共长安县委调查十五天后，完成调查报告《柳青在长安的十四年》。

9月　杜鹏程进"黑帮队"。

10月14日　中共中央、国务院、中央军委、"中央文革"小组联合发出《关于大、中、小学校复课闹革命的通知》。

10月22日　教育部在关于复课闹革命情况的材料中，将毕业生分配作为亟待解决的首要问题，指出毕业生不分配出去，新的学生进不来，而今年毕业和招生人数又比往年多一倍以上，这不仅涉及教师和校舍问题，还需要解决这些学生是一批毕业出去，还是分批毕业的问题。

11月6日　《沿着十月革命开辟的道路前进》在《人民日报》发表。

5月14日　发动群众"拦车"，阻止安塞县造反派抓延川县委副书记霍学礼回县批斗。

"延川县造反派内部有'放车派'与'拦车派'两派。王卫国是'拦车'派，拦住安塞县造反派不让抓人。王卫国冲锋在先，他发动群众'拦车'，最后迫使安塞县造反派没有得逞。在他这派红卫兵组织的人们看来，王卫国'大智大勇、敢作敢为'，于是推举他为本阵营的学生领袖。"另一派是由延川中学高六六级、高六七级等红卫兵组织联合成立的"延川革命造反派总司令部"（简称"红总司"），司令员由高六六级娄新文担任。（厚夫《路遥传》）

本年　在武斗当中，路遥与"红四野"的其他负责人共同商议：决不搞对谁都"造反有理"，对县里的好干部要一保到底！这是他造反的底线。在他的带领下，"红四野"骨干分子对延川县委书记张史杰采取"农管"，实则将张史杰辗转送至延长老家。因此，"红四野"派被视为了"保皇派"。

|| 1968年（戊申）19岁

5月23日　于会泳在上海《文汇报》发表《让文艺舞台永远成为宣传毛泽东思想的阵地》一文。文章第一次公开提出和阐释了"三突出"口号："在所有人物中突出正面人物来，在正面人物中突出主要英雄人物来，在主要人物中突出最主要的中心人物来。"

5月25日　中央"文革"小组发出《转发毛主席关于〈北京新华印刷厂军管会发动群众开展对敌斗争的经验〉的批示的通知》。

6月2日　中共中央发出《关于1967年大专院校毕业生分配问题的通知》，决定1967年大专院校毕业生推迟到1968年6月开始进行分配。

6月12日　中央要求宣传毛泽东形象时避免形式主义。

7月　中共中央发表了"七·三""七·二四"公告之后，经过解放军驻延安支"左"部队周旋，延川县两派群众组织相继解散武装队，交回武器，武斗风终于停止。（《延川县志·大事记》）

7月28日　"工人、解放军毛泽东思想宣传队"进驻清华大学，此后"工宣队"相继进入其他单位。

9月　陕西省革命委员会政工组、文化组成立。

10月　工人毛泽东思想宣传队第40队进驻中国作家协会西安分会，中国作家协会西安分会的"文化大革命"进入第三个时期。

11月4日　延川中学召开应届毕业生"上山下乡"大会，路遥家在农村，为返乡知青。（《陕西省延川中学校志·大事志》）

11月22日　延川县革命委员会干部下放劳动。

11月　陕西省举行学习革命样板戏调演大会。

12月22日　《人民日报》文章引述了毛泽东指示："知识青年到农村去，接受贫下中农的再教育，很有必要。"随即在全国开展了知识青年"上山下乡"活动。此后到1978年，有近2000万知青"上山下乡"。

12月底　北京学生郭路生（诗人食指）在奔赴山西汾阳杏花村插队的列车上写下这样一首诗：

"这是四点零八分的北京，/一片手的海洋翻动；/这是四点零八分的北京，/一声雄伟的汽笛长鸣。/北京车站高大的建筑，/突然一阵剧烈的抖动。/我双眼吃惊地望着窗外，/不知发生了什么事情。/……"（食指《这是四点零八分的北京》）

12月　26814名北京知识青年带着行李箱、铺盖卷，插队落户到延安地区除吴起、子长的县区，1600个生产大队。北京市地方志编纂委员会编辑的《劳动志》记载："从1969年开始，一共有27211名北京知青分为4个批次来到陕北高原的1600多个大队，插队落户，从事各种各样的农业生产劳动。"

同年　陕西省文化馆改名"陕西省工农兵艺术馆"。

同年　延川县文化馆油印刊物《革命文化》创刊。

夏　路遥与"红四野"成员"流亡"到西安。大部队租住西安市东郊韩森寨的东方红旅馆，路遥与"红四野"的核心人员在西门内的勤俭旅馆租住。

9月15日　被推任为"延川县革命委员会副主任"。

延川县革命委员会成立大会在县城举行，大会通过了给毛泽东主席的致敬信和《延川县革命委员会通告》。县革命委员会成立后下设办事组、政工组、生产组、政法组4个办事机构。军代表马志亭任县革命委员会主任兼党的核心领导小组组长。路遥作为群众代表，被推任为"延川县革命委员会副主任"。当时设副主任九人。

路遥写完《平凡的世界》曾与同事晓雷聊天的时候说想写"文化大革命"，书名就叫《十年》，写一百万字，把上至中央的斗争与下至基层群众的斗争，把城市的斗争和农村的斗争，穿插交织起来，写出自己对"文化大革命"的独特判断和剖析。（晓雷《故人长绝——路遥离去的时刻》）

冬　路遥回到刘家圪崂大队参加打坝修水利。

年底　延川县革委会在县城井滩广场隆重举行"延川县知识青年上山下乡欢送会"，欢送"老三届"学生到农村接受贫下中农再教育。路遥作为革委会副主任，带头下乡，回到刘家圪崂大队，打坝修水利。回到农村的路遥被编入农田基建队，从事强度极大的打坝劳动。知识青年上山下乡，是特殊时期的一条特殊的道路。

|| 1969年（己酉）20岁

1月23日　北京1300多名知识青年来延川县插队落户。^①延川来的知识青年主要来自清华大学附属中学初高中及清华园中学毕业的青年学生。其中有史铁生、林达、林虹、陶正、孙立哲、刑仪等人。

史铁生回忆："我当年插队的地方，延川，是路遥的故乡。我下乡，

---

①　在延安插队的北京知青被分配到各个县的生产大队劳动，闲暇时间读书成为主要的业余生活，这在一定程度上改变了路遥生活的文化环境。图书多是知青们从北京带来后互相借阅。这些散落民间的大量书籍正好给知青们提供了充分阅读的机会。在时代发生巨变之时，知青们失去了求学进入科班训练走上文学之路的机会，却在这个自由的土地上获得了另外一种文学才能形成的空间。知青王晓建回忆："在延安读什么都没人干涉，从《中国通史简编》到《斯大林时代》，从柳青的《创业史》到《西游记》《儒林外史》等，可以达到'雪夜闭门读禁书'的至乐境界。"路遥的成长除了自身的天赋外，自然离不开与知青的交往。这些北京来的知青多数是清华、人大附中的高中生，有的比路遥大好几岁，路遥听说他们谁读书多，有见识，就去请教，彻夜长谈。后来证明，与北京知青的交往，对路遥的成长影响很大。

他回乡，都是知识青年，那时我在村里喂牛，难得到处去走，无缘见到他，我的一些同学见过他，惊讶且叹服地说那可真正是个才子，说他的诗、文都做得好，说他而且年轻，有思想有抱负，说他未来不可限量，后来我在《山花》上见他的作品，暗自赞叹，那时我既未做文学梦，也未及去想未来，浑浑噩噩，但我从小喜欢诗、文，便十分地美慕他，十分的美慕很可能就接近着嫉妒。"（史铁生《悼路遥》）

3月　延川县革命委员会组织知识青年代表、贫下中农代表和县、社干部20多人的知识青年安置工作汇报团赴京汇报工作，3月29日返回。

7至9月　文化部及文联工作人员到"五七"干校及部队农场参加劳动。

8月20日　陕西省革命委员会政工组直属文化、新闻系统首届活学活用毛泽东思想积极分子大会开幕。

9月30日　《红旗（第十期）》发表文章，提出"学习革命样板戏，保卫革命样板戏"的口号。

9月　延川县清队工作全面展开。（《延川县志·"文化大革命"纪略》）

12月27日　陕西省革委会宣布，原文化局、中国作家协会、剧协、音协、美协等单位的领导和干部下放农村、工厂、"五七"干校及部队农场劳动改造。

本年　曹谷溪被调到延川县革命委员会政工组通讯组工作，开始是通讯组的干事，后被任命为组长。

春　返乡，回到郭家沟养父母家中。

知识青年开始下乡——家在城里的插队，家在农村的返乡。路遥作为农村知识青年被安排回到原生产队，随后与其他返乡青年学生一同被组织在农田基建队中，成了一名农民，住在郭家沟养父母家中。路遥没有想到他倾注了满腔热血的政治运动，突然向他露出了残酷的一面，他有一种被戏弄的感觉。路遥从梦境中醒来，怀着难以言说的痛苦，回到了养育他的郭家沟。家乡的父老乡亲没有鄙视和冷落这位失意的青年，用温暖的手接纳了心灵受到创伤的路遥。这段时间是路遥人生的一个低谷阶段。他开始对这场"运动"进行痛苦的反思。在这次运动中，有宝贵青春的荒废，有美好理想的破灭，也有生活信心的动摇。

路遥返回郭家沟时，生产队正在打坝，返乡学生都被组织在农田基建队中。打坝最重最累的活儿就是挖土，陕北的冬天，地冻得像铁壳一样，镢头下去往往只能挖个白印，挖不了几下，震的人虎口流血。同村刘凤梅回忆："路遥每天都坚持在半崖上挖土，很卖力。那是一项极其艰辛的劳作，但是歇息的时候却是十分愉快的，在一起谈文学、谈历史，谈人生、谈时政，常常从远古谈到现实生活，从国际谈到国内。大多数时候是路遥讲，我们听。他的博闻强识，让我们大为钦佩。"（刘凤梅《铭刻在黄土地上的哀思》）

养父王玉德在郭家沟是有口皆碑的好人，经常"说大事，了小事"，在村里威望极高。路遥回村后，村里人怎能让他长期干重体力活？刘家圪崂大队领导们思前想后，想到一个让路遥到县城拉大粪记全勤的办法。这份工作就是去挖县城里公厕的大粪，用畜力车拉到村里。这一幕就是路遥后来在小说《人生》中高加林干过的工作。路遥就像小说中的高加林一样，忍受大粪臭味的熏烤，但只要有时间，他就会到县文化馆阅览室里翻阅报纸，以此了解一下国际国内的形势。拉大粪时间不长，又进入马家店小学担任民办教师。为了能在几个大队联办的马家店小学担任民办教师，王玉德费了不少周折。路遥回村以后，大家看到从事纯体力劳动对于路遥来说不是长久之计。关键的时候，王玉德的拜识①们顶着压力，不怕承担政治风险，决定让路遥到马家店小学担任民办教师。没过多久，又顺利地加入了中国共产党。

《延川县志·人物志》记载："1969年返乡劳动，同年11月加入共产党。曾任过一年半民办教师，后在县宣传队担任编创员。"

夏 诗作《我老汉走着就想跑》发表在学校墙报，后收入诗集《延安山花》。

暑期，县上集中全体教师开会，组织者要求每个公社出一期墙报。路遥的诗《我老汉走着就想跑》发表在学校的墙报。这首诗并没有打动别人的心，却打动了他自己的心。之后，路遥拜访了曹谷溪。与曹谷溪相识后，《我老汉走着就想跑》经曹谷溪抄写在延川县张家河公社新胜古大队村口的黑板报发表。路遥与曹谷溪的结识，对他的人生产生了很大的影响和改变。

10月6日 提交入党申请书。

路遥在"中国百货公司陕西省延川县公司"字样的稿纸上，写了一份入党申请书。路遥生前同事张艳茜曾在其著作《平凡世界里的路遥》中收录了路遥的入党申请书：

我叫王卫国。现年20岁。家庭出身：贫农。本人出身：学生。

---

① 男子厚交，设立香案，跪拜天地，按年龄称兄道弟，称为"拈香"；女子结拜俗称拜干姊妹。

073

原籍：清涧县石咀驿镇王家堡村。现住延川城关公社郭家沟村。

9岁（虚岁）到延川为大爹过继。从小在家玩耍。

9—13岁在马家店小学初小上学（郝振富、刘凤梅可证明）。

13—20岁在延川中学上学（薛延清可证明）。现任延川县革委会副主任。

11月16日　在延川县城关公社刘家圪崂大队加入中国共产党。由村主任郭庭俊和村教师马文瑞介绍，加入了中国共产党。入党意味着基层党组织对他政治上的肯定，竭力为他创造条件，提供政治上的拓展空间。

冬　路遥想参军，由村里到公社很顺利，但是到了县里在政审时被打下来了。原因是有人告发路遥，说他与"武斗"时一件人命案子有关，有人还想告他进监狱。这样，他的参军梦就此破灭了。

海波回忆：有一次，路遥穿着破棉袄，头上扎着一条旧羊肚子手巾，急匆匆地赶到他的村子里找他。路遥找到他时，告诉说出大事了，倒霉了——有人诬告自己与武斗时一宗大案有关。王卫国简略地说明情况后，从怀里掏出一份材料郑重地交给海波，并告诉海波：如果自己被抓了，要海波想办法把这份材料递到延安地区军事管制小组。他家是外来户，在延川没有亲戚，只有一些朋友，所以只能靠朋友了。看到海波紧张的样子，王卫国安慰说："我肯定没事，如果真的有事，写这些能起什么作用？"王卫国告别海波后，又一次折回来，要走那份材料。他自言自语地说："我就不信他们能把假的说成真的！"（海波《我所认识的路遥》）

|| 1970年（庚戌）21岁

1月　中国作家协会西安分会撤销。柳青、杜鹏程等人进入干校，参加劳动改造。

2月25日　延川县革委会召开"一打三反"誓师动员大会，号召全县人民"尽快掀起大检举、大清理、大批判高潮，打一场打击现行反革命破坏活动和反贪污盗窃、投机倒把、铺张浪费的人民战争"。

3月25日　组织"贫下中农毛泽东思想宣传队"（简称"贫宣队"）、"工人阶级毛泽东思想宣传队"（简称"工宣队"）进驻商业、教育、卫生单位。（《延川县志·大事记》）

3月　延安地区插队知识青年工作座谈会在北京召开，会议提出了加强知青工作领导的九条措施。

4月　柳青几次犯病，被抢救。到9月，共抢救十余次。

5月　中共中央转发国家计委军代表《关于进一步做好知识青年下乡工作的报告》，要求各级领导加强对下乡知识青年工作的指导，认真总结安置下乡知识青年的好经验，认真解决知识青年生产、生活方面的实际问题，对破坏知识青年上山下乡运动的阶级敌人坚决给予打击。

6月1日　陕西省革委会文化局及文化局领导小组正式成立。局机关设办事组、政工组、文艺组、出版组。

6月17日　陕西省文化局召开座谈会议，讨论安排普及样板戏工作。

6月27日　中共中央批转《北京大学、清华大学关于招生（试点）的请示报告》。

8月　延川县革命委员会政工组成立文教局革命领导小组。

8月23日至9月6日　中共九届二中全会召开，随后开展了"批修整风"运动。

10月15日　国务院向各地发出电报：1970年高等学校招生工作，按中央批转的北京大学、清华大学报告提出的意见进行。高等学校开始招生试点，用"群众推荐、领导批准和学校复审"的办法，从工农兵中选拔学生，当年招收工农兵学员42万人。

10月　为纪念抗美援朝二十周年，《英雄儿女》《打击侵略者》等五部复映影片，受到群众热烈欢迎。

本月　延川县文教局成立"业余毛泽东思想宣传队"。

2月　延川县革委会向路遥宣布：奉上级指示，令他停职反省，交代"文化大革命"中的问题。经公检法军事管制组复查，延川县"武斗中致命案"与王卫国无关，此案了结，就此免除了路遥的一场冤狱之灾。（曹谷溪《在苦难的烈炎中涅槃——关于路遥与申易的回忆》）

3月　结束一年多的民办教师工作，参加县革命委员会"农村通讯员"培训，后被借调到城关公社"贫下中农毛泽东思想宣传队"，进驻延川县百货公司进行路线教育。

与路遥一同进驻的还有位叫林虹（化名）的女知青。在这期间，两人关系密切起来，慢慢发展成了恋爱关系。有一段时间，林虹返回插队的楼河村里办事，她和路遥就鸿雁传书。一个多月，林虹给路遥写了8封长信，平均4天一封，那些缠缠绵绵的情书给了路遥爱情的滋养。那时，路遥铁了心，一生只爱这个"林妹妹"。林虹在某方面"改造"了路遥，改造的结果在某些方面影响了路遥的一生：路遥喜欢在下雪天沿着河床散步，据说这是他们相识时的情境；路遥喜欢唱《三套车》和《拖拉机手之歌》，据说这是他们相恋时唱过的歌曲；路遥喜欢穿大红衣服，据说这是那女子的专爱……（海波《我所认识的路遥》）

关于这段初恋，路遥曾和作家高建群谈到此事："在一个多雪的冬天，文艺队排练完节目后，他怎么陪着她回她的小屋。'踏着吱吱呀呀的积雪，我的手不经意地碰了一下她的手，我有些胆怯，怕她责怪我，谁知，她反而用手，紧紧地抓住了我的手'。"（高建群《扶路遥上山》）

多年以后，路遥与同事晓雷说，他想写一部20万字的长篇小说，题目就叫《生命树》，写他的家乡黄土沟壑里的一棵老槐树，树下发生着几对青年男女的膨胀着的幸福和浓缩着的苦难，那是黄土高原上的亚当和夏娃的历史，凝聚着数千年的中国文化沉淀和亿万斯年的黄土堆积……这也是路遥对早夭的妹妹和初恋的祭奠。（晓雷《故人长绝——路遥离去的时刻》）

夏　延川县革委会党校组织人参观榆林地区学大寨先进县吴堡县，党校校长白光明与老师黄殿武，借口路遥能做记录，就带上他到吴堡参观。路遥在吴堡县黄河铁桥上步行，联想到"车过南京桥"；在榆林城边钻进沙柳丛，产生《塞上柳》的灵感。于是，他在榆林招待所里一气呵成，

创作了诗歌《车过南京桥》和《塞上柳》。（厚夫《路遥传》）

年底　进入文教局成立的"延川县业余毛泽东思想宣传队"搞编剧；与陶正合作创作了歌剧《蟠龙坝》。

本年　据路遥回忆，在他20岁左右的时候，记不清在什么情况下，很可能在故乡寂静的山间小路上行走的时候，或者在小县城河边面对悠悠流水静思默想的时候，他曾经有过一个念头："这一生如果要写一本自己感动规模最大的书，或者干一生中最重要的一件事，那一定是在四十岁之前。我的心不由为此而战栗。这也许是命运之神的暗示。"

年底　调入县革命委员会通讯组参加培训。曹谷溪非常赏识路遥的才气，说服了当时延川县的政工组组长与城关公社的领导，以培训"农村通讯员"的形式，将路遥调入县革命委员会通讯组培训一年时间。

||1971年（辛亥）22岁

2月19日　全国计划会议结束。会议确定1971年计划招收固定工144—155万人。招工对象包括经过劳动锻炼两年以上的上山下乡知识青年，由贫下中农推荐招收一部分。

4月28日　贾平凹被推荐到西北大学上学。

4月　延川县"业余毛泽东思想宣传队"改称为"毛泽东思想文艺宣传队"。

7月14日　国务院发出《关于内迁职工家属安置问题的有关规定》。

8月30日　西安市文化局举办西安市工农兵文艺创作学习班。

夏　柳青开始写《建议改变陕北的土地经营方针》。

9月13日　林彪及其妻子叶群、儿子林立果等人在出逃过程中于蒙古人民共和国坠机身亡。

10月　全国开始"批林整风"运动。

12月6日　中共延川县委派出首批毛泽东思想宣传队，334名干部和农村积极分子分别进驻51个大队和3个居民点，整顿农村基层组织（时称路线教育），为期4个月。（《延川县志·大事记》）

春 将招工指标让与林虹，后与林虹感情遇挫。

国家开始在知青中招工、招干、招生、征兵。路遥与林虹都去报名参加招工，根据招工条件，指标有限，两人只能走一个，林虹因为体检不合格，县上决定把路遥送去铜川二号信箱当工人。最后，路遥把自己当工人的指标让给林虹，又通过几个朋友周旋，事情成功了。正式招工通知下来后，林虹按捺不住兴奋，把自己招工的事情告诉路遥。路遥一连说了几个"好"："招上了，这次工作地点好，工种好。"

林虹当上工人的第一个月，工资全部寄给了路遥，让他买香烟抽。第二个月又寄去一条"宝城"牌纸烟。不知什么原因，慢慢地由一月一封信减少到三月一封信，再后来一封信也没有了。此事对路遥感情伤害很大。苦恼中的路遥，屋漏又遇连阴雨，浑身长出许多疮，折磨得他两个月不能行走。后来，一封来自内蒙古要与路遥断交的信刺痛了他的心。林虹当了工人后对路遥的爱"举棋不定"，便写信给内蒙古插队的女友征求意见，那位女友不经林虹同意，便代写了断交信寄给路遥。那次，路遥哭了，哭得肝胆俱裂。之后，林虹便与一位支工的解放军开始了恋情。（阳坡《路遥在恋爱的日子里》）

史铁生曾在文章中说："我们这些插过队的人总好念叨那些插队的日子，不是因为别的，只是因为我们最好的年华是在插队中度过的。谁会忘记自己十七八岁、二十出头的时候呢？谁会不记得自己的初恋，或者头一遭被异性搅乱了心的时候呢？于是，你不仅记住了那个姑娘或是那个小伙子，也记住了那个地方，那段生活。"（史铁生《插队的故事》）

晚春 首次以"路遥"为笔名发表作品，该作品《车过南京桥》刊载于延川县文化馆白军民主编的油印小报《革命文化》。

路遥拿着一首《车过南京桥》的诗找到延川县文化馆准备投稿，从西北大学中文系分配到延川县永坪中学任教的诗人闻频，由于文艺创作成绩突出，被县里抽到"县业余毛泽东思想宣传队"搞创作。他见证了"路遥"笔名的诞生。闻频看了《车过南京桥》的诗歌，他被路遥的才情打动了，连声夸赞写得好。这首诗作者署名"缨依红"。闻频说："笔名，一般要求独特，好念，好记……你另想个别的名字怎样？"男青年说："好。"他接过诗稿，略加思索后断然写下"路遥"二字。闻频说："好！这个名字好！路遥知马力。""路遥"这个笔名从此就诞生了。

《车过南京桥》在延川县文化馆白军民主编的油印小报《革命文化》[①]上发表了。发表后，陕西省工农兵艺术馆主办的《群众艺术》转载了这首诗。遗憾的是，这首诗并没有被路遥生前亲自选定的《路遥文集》收入。但它是路遥自觉文学创作的开始。从1971年起，路遥确定目标，他在劳动之余要从事创作文学。时至今日，路遥的同龄人中，在文学领域，出现了贾平凹、韩少功、张承志、梁晓声、史铁生、叶辛、铁凝、王安忆、张抗抗、阿城、残雪、方方、池莉、李锐、张炜等数十位知名作家，他们都是在"文革"时期自觉进入文学创作，并成为一直活跃在新时期文坛的作家。

4月 应延川中学学生梁宝林邀请，创作了一首《迎五一》的诗朗诵，开头是这样写的："火红的五月啊，来了！来了！从东海之滨到长城脚下，

---

① 1972年《群众艺术》复刊更名为《工农兵文艺》，改为月刊。1973年，《工农兵文艺》改名《群众艺术》内部发行，1975年《群众艺术》在省内发行。1980年《群众艺术》恢复全国发行，1984年1月13日更名为《百花》。

从黑龙江边到喜马拉雅，多少颗红心在一起跳动，多少双眼睛在眺望着宝塔……"

5月 进入县"毛泽东思想文艺宣传队"，从事文艺创作工作。

一年的"农村通讯员"期满以后，在曹谷溪帮助下，路遥以"路线教育积极分子"的身份，进入县"毛泽东思想文艺宣传队"，从事文艺创作工作。当时县通讯组的正式成员包括曹谷溪、刘维华、石焕南。通讯组的主要任务是向报纸和广播站提供新闻稿件。

6月 在"毛泽东思想文艺宣传队"跟随曹谷溪学采访、照相。

在此期间，路遥的文学天赋得到了很好的展示和发挥。曹谷溪要去黄河畔采风，带了路遥。他背一个海鸥照相机，路遥背一个黄挎包上面写着"红军不怕远征难"，两个人骑一辆破旧的自行车，没铃，没闸，没后车架。一个骑车握把，一个坐前梁。那是一次十分富有浪漫色彩的活动。他们站在黄河畔的石崖上，背倚山石嶙峋的山峰，俯望滔滔不息的黄河，对人生和未来充满自信和向往。谷溪让路遥在一块石崖上站定，自己对好了焦距，把照相机放在对面一块石头上，自己快步走到路遥跟前，相机一闪，自动拍摄了一张二人合照。这张充满笑容的合照，是路遥一生当中非常难得的一张，既记录了当时瞬间的生活画面，又见证了俩人的友谊。"文革"时期，青年男女均以穿军装，戴军帽，穿胶鞋为美，路遥也不例外。从路遥留下的照片资料来看，路遥服装多以军装为主，这也印证了那个"崇武"时代的特征。

7月　陪同来延川采访"赤脚医生孙立哲"的李小巴 ①。

当年延川流行一句顺口溜：抽烟要抽大前门，找朋友要找北京人儿。"北京知青"的到来，路遥的人生向度：恋爱、婚姻及其家庭走向，从此与北京知青紧密地联系在一起。据作家李小巴说，路遥曾表示，"北京知青来了不久，我心里就有种预感，我女朋友就在她们中间。"当时，李小巴听了十分诧异，"几乎认为这是一个不量力的陕北后生在口吐狂言"。

本月　与林达相识。林达是清华附中的北京知青，在延川关庄公社任妇联主任，后调到通讯组。当林达知道林虹和路遥分手后，就主动写信安慰路遥，并劝他振作起来去干一番大事业。在这封信的最后，林达还写了一句意味深长的话："请问我能否与你合作？"为了给这对青年男女提供机会，曹谷溪专门把只有自己才能进入的照相暗室，提供给路遥与林达。就这样，路遥与林达在一间"照相暗室"里，正式开始了他们的恋爱。不久，林达就写了一篇通讯发表在《陕西日报》。

当时，曹谷溪热衷于文学创作，创作活动也成了通讯组的业务。曹谷溪不但"指点"路遥创作，还在生活、感情方面给予他实实在在的支持和鼓励，其中包括修复失恋留下的创伤和重新恋爱。

---

① 李小巴（1937— ），笔名李知，山东郓城人。1956年毕业于石油部工业计划经济学校计划系。历任西北地质局、陕西省地质局地质勘探队干部。1956年开始发表作品，1982年加入中国作家协会，文学创作一级。著有小说集《戈壁红柳》，中篇小说《峰巅》《正是早晨》，另外发表《他永远活着》《论小说创作中的一种背弃趋向》《论小说的潜内容及其匮乏》等诗歌、小说、评论文章数十篇。中篇小说《啊，故土》获1983年《当代》中篇小说奖。

8月13日 在《延安通讯》^①上发表诗歌《老汉走着就想跑》。随后，写信告诉刘凤梅："我的第一首诗在《延安通讯》发表了，你可以看看。"

9月28日 在《延安通讯》上发表诗歌《塞上柳》。

9月 参与编辑诗集《工农兵定弦我唱歌》。

延安群众性的诗歌运动高涨，在此背景下，时任延川县革命委员会、宣传组副组长的曹谷溪组织白军民、路遥等人，共同编辑诗集《工农兵定弦我唱歌》。其间，路遥还创作过几首歌词中，如《清格朗朗流水幸福渠里来》，后收入《革命歌曲》。

10月5日 在部队当兵的樊俊成^②给路遥写了一封长信，与路遥谈"林彪事件"。之后一个月，樊俊成收到路遥的回信，路遥在信中表达了自己对"九·一三事件"的看法和见解。（樊俊成《追思与路遥相处的日子》）

冬 刘凤梅回忆："但这一时期，由于一些别的原因，路遥思想压力很大，心境很不好，这年冬天，我回到家，见他穿一身白衣服，腰上还勒着白腰带。在陕北，是没有人冬天穿白衣服的，遂不解地问：'为什么这身打扮？'他说：'我在为自己戴孝。'我见他情绪十分不好，便说了一些开导的话，他说：'放心，生活不会打倒我，除非心脏停止跳动。'"（刘凤梅《铭刻在黄土地上的哀思》）路遥的"戴孝"行为是与自己的过去告

---

① 1950年7月1日《延安报》创刊，1958年10月1日改刊为《延安日报》，1961年3月9日恢复为《延安报》，1967年停刊。停刊期间，先后出版了《红色电讯》《今日延安》《农业学大寨》和《延安通讯》等非正式报刊。1979年4月10日复刊，叶剑英亲笔题写了报名"延安报"。

② 樊俊成，延安文管所研究员、延安民俗文化研究会副会长，路遥延川同乡。

别，这场"青春游戏"该结束了。

本年　路遥与林达相恋，林达专门去了林虹工作的城市，林虹已做了军代表的妻子。她与林虹躺在一张床上，同盖一床被子，她把自己与路遥相爱的事告诉了林虹，林虹听后哭了。

林达离开林虹工作的城市，又回到父母寓居的福建宁德地区[①]，向母亲报告了她与路遥的相爱，征询母亲的意见。母亲要她讲讲路遥是怎样一个人，她滔滔不绝地讲着路遥的才华、勤奋、刻苦、毅力……末了，母亲问林达："你讲的都是路遥的优点，路遥有什么缺点呢？"林达一时语塞。母亲说："你不知道他的所有缺点，就说明你并不很了解他，你们的事缓一缓为好。你先得冷静下来，拉开距离之后看看。从某种意义上说，只有当你愿意接受和包容他的全部缺点，那个人才能成为你的生活伴侣……"林达遵从了母亲的意见。探亲回来后，她果然与路遥拉开距离，好久不再进那个冲洗照片的暗室。

旧梦刚刚过去，新梦刚刚开始。那段时间，路遥痛哭流涕地对谷溪说："林达不和我好了……"在谷溪面前，这是他第二次流泪，像一个受伤的孩子。谷溪说："事情不会这么简单，林达不是会突然变卦的人。"于是，谷溪又找来林达，说："你妈的话很好，但并不是不同意你谈。我对路遥说了，路遥也同意你妈的话。那你以后就继续了解路遥，爱情的大厦也要建立在坚实的地基上，不能是空中楼阁……"谷溪的一番话，挽救了路遥和林达的爱情。林达表示愿意继续了解路遥。

---

①　林达父母原在全国侨办工作，父亲是归国华侨，曾任廖承志秘书。"文革"开始后，林达父亲被打成"走资派"后下放到福建老家。

||1972年（壬子）23岁

1月5日　陕西省群众艺术馆召开革命故事创作座谈会，来自全省各地市的51名故事作者和故事员总结交流了创作经验并进行示范讲述。

2月　陕西省各高等院校开始进行第一批工农兵学员的招生工作。招生办法是：自愿报名，群众推荐，领导批准，学校复审。

3月11日　陕西省文艺创作调演大会开幕，4月14日大会闭幕。

春　柳青完成《建议改变陕北的土地经营方针》

5月　浩然的长篇小说《金光大道》出版。

同月　柳青得到"解放"，随后，带着定稿的《建议改变陕北的土地经营方针》到了北京，征求一些老同志的意见。

8月14日　高玉宝在《解放军报》发表文章《文艺创作不能凭空编造假人假事》。

8月　陕西师范大学实行从"有实践经验的工农兵"中选拔学生的招生办法。路遥同乡刘凤梅被推选上了陕西师范大学政教系，其上大学期间经常与路遥通信。

9月　曹谷溪创办延川县县级文艺小报《山花》。[①]

11月6日　陕西省创立文艺创作研究室，陆续调入原中国作家协会西安分会被下放劳动的干部、作家和编辑。

本年　陈忠实担任毛西公社卫生院院长，在《西安日报》发表作品《配合问题》《雨中》等。

1月23日　写作《促拍满路花新镇》。其中结尾两句："路远任重，无意去争风。李白桃再红，总要凋零，不及雪里青松。"

2月14日　与林达一同回到郭家沟看望养父养母。

2月15日　与林达一同到刘家沟看曹谷溪。

曹谷溪找大队把知青住过的窑洞收拾打扫了两孔，安顿他们分别住下，这一住就是八天。按照民间的习俗，陕北人正月出行一般家人鸣炮送行，忌单日出门、双日回家，路遥和林达都属于知识青年，也就不讲究传统习俗。到了曹谷溪家中，他一日三餐给路遥、林达大碗吃肉，大

---

① 《山花》杂志与路遥创作关系甚密，其在延川创作的诗歌、散文、小说等首发阵地均是《山花》，包括其早期创作的诗歌《车过南京桥》《塞上柳》《我老汉走着就想跑》《当年"八路"延安来》《走进刘家峡》《电焊工》《歌儿伴着车轮飞》《老汉一辈子爱唱歌》等，叙事诗《桦树皮书包》，短篇小说《基石》《伏胜红旗》等。史铁生曾在路遥身后回忆，其初次见到路遥作品便是在《山花》。

碗喝酒，吃羊肉圪坨^①。

2月23日　与林达、曹谷溪一同回到延川县城。

春　回清涧老家给生病的母亲输血。

5月　参与组建延川县工农兵文艺创作组。

路遥与曹谷溪、军民、闻频等人组建业余文艺创作小团体——延川县工农兵文艺创作组。曹谷溪主编的诗集《工农兵定弦我唱歌（修订本）》共收录52首诗歌，交付于延川县印刷厂进行铅字印刷，更名为《延安山花》，以延川县革命委员会政工组的名义内部发行，共116页，刊诗52首。

《延安山花》收录的路遥作品包括：《南湖的船——纪念中国共产党诞生五十周年》《车过南京桥》、《灯》（路遥与曹谷溪共同创作）、《走进刘家峡》、《电焊工》、《老汉走着就想跑》、《当年"八路"延安来》（路遥与曹谷溪共同创作）、《塞上柳》。路遥曾这样评价《延安山花》："可以说这是'文化大革命'后期中国大陆上第一本有泥土气息文学价值的诗歌集子，不能不引起社会广泛的注意。"（路遥《土地的寻觅》）

本月　与曹谷溪、闻频、陶正等共同编辑精选的41首诗歌，以《延安山花》为名，由陕西人民出版社出版。其中，收录路遥诗歌六首，非陕北题材的《南湖的船——纪念中国共产党诞生五十周年》《车过南京桥》没有被收入。

---

①　陕北圪坨是用荞面制作的，属于陕北的一种富饭，离不开羊肉汤，汤里有什么好配料都可放，如黄花、木耳、豆腐、栗子等。圪坨煮熟，干盛半碗，浇羊肉汤，称之为"羊腥圪坨"。吃剩的，下一顿炒熟吃更香，俗云"圪坨热三遍，拿肉都不换"。陕北民歌里有"荞面圪坨羊腥汤，死死活活紧跟上。"荞面性凉，羊肉性热，二者同吃，是最佳的饮食搭档。陕北民歌里常用比喻男女忠贞不渝的爱情。

8月2日　《陕西日报》刊登延安地区革委会文教局、陕西省工农兵艺术馆联合调查组的调查报告《〈山花〉是怎样开的？——诗集〈延安山花〉诞生记》，此文中对作者点名表扬的只有路遥："城关公社刘家圪崂大队创作员王路遥同志，一年中创作诗歌五十余首，其中有六首在报刊上发表。据不完全统计，全县一年来共创作诗歌两千余首。这些革命诗歌，运用黑板报、墙头诗、诗传单、唱秧歌、朗诵会等各种形式直接与广大群众见面，有力地配合了三大革命运动。"路遥的名字在《陕西日报》出现，使他再次成为延川县的"名人"。

8月20日　七场歌剧《第九支队》完稿，该剧本由闻频执笔。

9月1日　诗歌《老汉一辈子爱唱歌》刊登于"延川县工农兵文艺宣传队"的文艺铅印报纸《山花》创刊号。

10月1日　与闻频共同创作的大型歌剧《第九支队》在延川县演出。

同日　与曹谷溪共同创作的诗歌《赞歌唱给毛主席》刊于《山花》第3期。

秋　与张兴祥、陶正一起被调到延川文艺宣传队当创作员。

当时延川文艺宣传队的创作员属于脱产搞创作，路遥每月工资18元。其间，路遥创作了很多诗歌，同时，他并不停留在一种文学形式的探索上，开始尝试写叙事诗、散文与小说。

11月1日　叙事诗《桦树皮书包》发表于《山花》第5期。

12月16日　短篇小说《优胜红旗》刊于延川《山花》第7期。

本年　陕西省工农兵艺术馆编辑的《山丹丹花开》由陕西人民出版社出版，收入路遥的三首诗作：《车过南京桥》《塞上柳》以及《当年的"小八路"回延安》（与曹谷溪合作）。选本同时还收入梅绍静的《庄严的时刻在今天》、肖重声的《军代表》等作品。

|| 1973年（癸丑）24岁

3月10日 邓小平复出主持工作，在他的努力下，国务院批准了《关于高等学校1973年招生工作的意见》，对两年前开始实行的采取推荐和选拔工农兵上大学的规定进行了修订，增加了"文化考试"的内容，试图恢复用知识选拔人才的制度。

5月 文艺刊物《朝霞》在上海创刊。

6月8日 周恩来总理陪同越南总理范文同来西安和延安访问。6月9日晚，一行人观看了延安举办的文艺晚会。6月10日上午10时，周总理陪同外宾登上飞机，离开延安。

6月 延川县发布了全国各大学招生的消息。

7月 《陕西文艺》创刊号出版，主要任职人员均为原《延河》人员。

8月 贾平凹与大学同学冯有源合作的故事《一双袜子》刊登在1973年8月号的《群众艺术》，责任编辑是费秉勋。这是贾平凹真正的处女作，从《一双袜子》开始，他一直沿用贾平凹这个笔名。

夏 柳青修改《铜墙铁壁》。

9月13日 陕西省文化局在西安召开全省第二次革命故事经验交流会。

本年　杜鹏程从干校调入陕西文艺研究室，但创作依然受限。

本年　陈忠实担任毛西公社革委会副主任，编写村史《灞河怒潮》，在《陕西文艺》发表第一篇短篇小说《接班以后》。

1月16日　诗歌《老锻工》刊于《山花》第9期。

2月20至28日　受邀参加陕西省小说、"三史"（家史、村史、厂史）和连环画业余作者创作座谈会，会上第一次见到柳青。

2月27日下午，柳青讲话。这是柳青"文革"以来第一次在公开场合发表讲话。讲话内容后刊于1979年《延河》第6期上，题为《在陕西省出版局召开的业余作者创作座谈会上的讲话》。这是一次座谈会，也是一次改稿会，会议持续了一周。胡采、杜鹏程、王汶石、李若冰等人多次到会做了辅导讲话。陈忠实也受邀参会。

2月　给刘凤梅去信索要高考资料，准备考大学。刘凤梅给路遥邮寄了一摞学习资料。

5月23日　短篇小说《基石》刊登于《山花》第15期。

6月　在延川县参加了延川县文教局招生办公室组织的大专院校学员选拔"文化考察"考试。

7月3日　向刘家圪崂大队递上了《入学申请书》。（张艳茜《平凡世界里的路遥》）

大队党支部：

为了更好地为革命事业做出贡献，更好地为人民服务，提高自己的政治思想和理论水平，提高专业知识，做又红又专的革命战士，特向组织申请报考入学。

如果党让我入学，就决心在学校为革命努力奋发学习，争取优异成绩；如果党让我继续留在农村，就一定安心扎根农村，为彻底改变这里的面貌而不懈地奋斗。作为党的一员，我把自己的一切都交给了亲爱的党，在留与走的问题上，党怎样安排，我就按党的安排办，而且要办好。

附自传一份。

王路遥

1973.7.3

7月5日　延川县刘家圪崂大队党支部、"革委会"召开会议，讨论路遥报考入学问题。（张艳茜《平凡世界里的路遥》）

1973年7月5日晚上，我刘家圪崂大队全体社员讨论了王路遥同志报考入学问题。大家在讨论中一致认为：

王路遥同志返乡以来，认真刻苦地读马列的书，学习毛主席的著作，虚心接受贫下中农再教育，努力为贫下中农服务。在两个阶级两条路线斗争中，能坚决贯彻执行毛主席的革命路线和政策，敢于和阶级敌人做斗争。热爱集体，爱护公共财产，能和贫下中农打成一片，团结一致，共同前进！勇于自我批评在劳动中能吃苦，不怕苦，不怕累，从不叫苦，锻炼的很好。

所以全体社员一致推荐王路遥报考大学。大队支部、革委会根据全体动员的讨论意见，研究决定推荐王路遥同志参加报考。

刘家圪崂大队党支部革委会

1973.7.5

7月10日　延川县城关公社与刘家圪崂大队在路遥的《高等学校选拔学生登记表》上签署了同意的意见，并盖上了大红公章。（张艳茜《平凡世界里的路遥》）

路遥在《高等学校选拔学生登记表》的"你对上大学的认识和态度"一栏里写道：

社会主义大学，是培养无产阶级又红又专的人才的学校。工农兵上大学是国家的需要，革命的需要。是毛主席无产阶级革命教育路线的胜利。如果革命事业和党需要自己上大学，就决心在学校努力学习，刻苦钻研，为我们的国家争气，为我们党的事业努力奋斗，争取政治思想和事业知识双丰收，报答党和毛主席的关怀。

如果党需要自己继续留在农村，就安心农村、扎根山区。为改变这里的面貌而苦干、实干一辈子。

一切听从党的安排。

另外，在"本人志愿学习的学校和专业"一栏里写下：

1. 北京大学哲学系
2. 西北大学中文系

3. 陕西师范大学中文系

同月　短篇小说《优胜红旗》发表于《陕西文艺》^①创刊号。

7月16日　短篇小说《代理队长》刊于《山花》第15期。

7月24至25日　在延川县延川中学参加大学入学考试。

本次考试考生近1000多名，北京知青占了很大的比例。按照规定，试卷不署名，只写编号。路遥试卷编号为"133"。

考试试卷由延川县革命委员会文教局安排审阅。路遥的语文政治试卷所写的批判文章标题是《我从实践中获得了真知——批判刘少奇一类骗子散布的"天才论"》。这篇批判文章提供的"靶子"同样是一封信，以写给"远方的朋友"的书信体结构作为撰写批判文章的"靶子"。文章中，虽然充满了当时常用的大批判术语，而且引经据典摘录毛主席语录，但行文中，路遥主要叙述的是自他返乡后，致力于文学创作初始阶段的过程。

在理化试卷的卷面上，路遥写下了这样的一段话："本人由于职业和工作的关系，7年未能复习化学，只在考试前翻阅了一下书，这样容易的题都做不出，实感内疚，如果复习时间放长一点的话，还可以做出的……"

路遥"干部档案袋"中的"1973年高等院校招生文化考查成绩登记表"，记录了这次考试的成绩：语政83分；数学22分；理化30分；平均45分。

8月1日　被选送北京师范大学与陕西师范大学，未果。

----

① 《陕西文艺》，即《延河》在"文革"期间的改刊版，是以发表文学作品为主的综合性文艺刊物。创刊号还同期刊发了陈忠实的散文《水库情深》。

时年，北京师范大学中文系和陕西师范大学中文系均在延川招生。延川县文教局的工作人员把路遥发表的作品呈上，北京师范大学的招生老师开始十分满意，可是提到审查简历时却直摇头，因为造反派在当时是个大忌。陕西师范大学中文系招生人员了解到情况后，也坚决不要，说："我们学校是培养教师的，路遥应该上综合大学。就这样，北京师范大学和陕西师范大学均公开拒绝录取路遥。因为路遥上学的问题，林达直接向县委反映，时任县革委会主任的申易①给予路遥大力的支持和扶植。之后，申易找他的堂弟申沛昌，详细介绍了路遥情况，希望延安大学能收下路遥。

8月20日 被延安大学录取。

经延安地区革命委员会高等院校招生办公室研究，在路遥的《高等学校选拔学生登记表》上盖上了红印章并签署"同意上延安大学"。路遥被推荐到延安大学中文系学习，走出了他人生中非常关键的一步。为此，延川县委和政府花了很大力气，尤其是时任县委书记的申易。延川县文教局长领着招办干部，带上一叠《山花》杂志，与延安大学招生的同志恳谈，延安大学也有顾虑。后来延川县委书记申易三次乘专车出入延安大学。最终，延安大学中文系的申沛昌向中文系主要领导郭玉宝和学校领导张逊斌作了报告，建议录取路遥到中文系上学。这样，路遥才被录取到延安大学中文系。

---

① 申易（1923—2011），陕西榆林人，曾任中共延安地委委员、地区纪律检查委员会书记。在任延川县委书记期间，申易非常重视知青工作，当时，从延川县知青中涌现出了一批先进代表，如赤脚医生孙立哲等人。1973年，申易力荐路遥进入延安大学中文系学习。

9月1日　《前程多辉煌》（歌词）刊于《山花》第21期。

9月5日　陕西省文化局召开文艺创作座谈会，地（市）县专业和业余作者150余人出席了会议。省委常委、省革委会副主任章泽到会讲话，鱼讯做了报告。

9月7日　进入延安大学中文系学习。

路遥大学同学王志强回忆："1973年8月，我们接到延安大学的录取通知书，通知要求新生于9月下旬某日报到。然而不几天，学校又发来电报，说中文系有紧急任务，要我们提前于9月1日报到。那时我们都急切地按时报了到，领到的'紧急任务'便是诗集《延安颂》的编辑工作。当时省上要求延大中文系出版歌颂延安的诗集，我们中73级全班同学参加了选编工作。王路遥同学比我们迟报到一个星期。"（王志强《路遥的大学生活》）

路遥的另一位同学白正明回忆："他穿着一身半新不旧的灰的长制服，挎着一个当时北京知青普遍用的黄帆布背包，脚上是一双浅蓝色球鞋，留着青年运动发型；他脸刮得青亮青亮（全脸胡），单眼皮下两只深邃的眼睛，鼻子不大不小，厚嘴唇角带着丝丝的微笑。这就是我第一次见到的王路遥同学。"（白正明《路遥的大学生活》）

当时，申沛昌是延安大学中文系老师。路遥进校不久，就全身心地投入到学习中，他钻进阅览室，将新中国成立以来几乎全部的重要文学杂志，从创刊号一直翻阅到"文革"开始后的终刊号，阅读完这些杂志，实际上也就等于检阅了一九四九年以后中国文学的基本面貌、主要成就及其代表性作品。路遥曾说："50年代末60年代初，是中国当代文学的鼎盛期，出了不少好的作品，我要回到那个时期，和作家分享那酸甜苦辣、

喜怒哀乐。"（白正明《路遥的大学生活》）

路遥上学期间，林达为此付出了巨大的努力。她当时每月挣38元钱，除了自己的伙食和必不可少的零花钱外，大部分无私地支援给了她的恋人。林达当时在延川县委通讯组工作，是曹谷溪手下的一位"笔杆子"，属于人才，无论在领导还是群众中都有很好的口碑，以她的才气和表现，上大学是完全有可能的。

大学里，路遥的生活是很简朴的，一身灰的卡服是他的礼服，吃"老三样"（白、黄、玉米发糕）加一碗开水冲菜汤是他很喜欢的美味佳肴。路遥的养母李桂英老人说："儿子上大学前靠家里，上大学后靠的是林达，林达是北京人，家里境况好，在经济上给了儿子很多接济，就连背到学校里去的被子和褥子，都是林达给准备的。"

10月 开始参与诗歌集《延安颂》①的编辑工作。

据路遥的大学同学王志强回忆："我们中73级全班同学参加了选编工作。王路遥同学比我们迟报道了一个星期，后来我们知道他在录取'政审'上有争议。到校后，他迅速和我们一起进入校图书馆和资料室，搜集有关歌颂延安和毛主席的诗歌、诗词。路遥翻阅资料很投入，且速度快，质量高。在讨论定稿的过程中，他的见解独到，选篇准确，在我们搜集到的千余首诗作中，他推荐的曹谷溪《撅头歌》顺利入选，随之他受到老师的关注。"（王志强《路遥的大学生活》）

---

① 《〈延安颂〉后记》中曾对该诗集内容做过简要概括："诗集分两组，一组是通过一些重大历史事件歌颂毛主席在延安领导中国革命的光辉实践；一组着重从继承和发扬革命传统的角度，歌颂毛主席的无产阶级革命路线，歌颂延安精神。"

11月30日　《人民日报》第4版《繁荣群众革命文艺创作　占领农村思想文化阵地》一文中提到了延川的文艺创作：

据新华社西安一九七三年十一月二十九日电　陕西省延川县积极开展群众业余文艺创作活动。现在，全县十五个公社都有了业余创作小组。近两年来，业余文艺作者们在各级党组织的领导下，积极地配合中心工作，创作了六千多件诗歌、新秧歌词、小说、报告文学、革命故事、歌剧、歌曲和美术作品等各种类型的文艺作品。其中，有一百多件已在地方报纸和省内外文艺刊物上发表。去年，陕西人民出版社还专门出版了这个县工农兵作者的诗集《延安山花》，受到读者的欢迎。

延川县各级党组织在领导群众业余文艺创作活动中，十分重视对业余作者进行毛主席革命文艺路线的教育，使他们自觉地投入到三大革命运动中去，运用各种文艺形式塑造工农兵英雄形象，牢固地占领农村的文艺阵地。有一段时间，业余作者们发现有的坏人利用秧歌词宣扬封、资、修毒素来腐蚀群众，他们就纷纷拿起笔来，大力创作革命的文艺作品，同阶级敌人展开针锋相对的斗争。

在各级党组织的领导下，这个县的业余文艺作者紧密结合三大革命运动实际，开展文艺创作活动。

延川县采用开经验交流会、带徒弟等办法为农村培养了大批文艺创作骨干。县里还办了不定期出版的小报《山花》，为业余作者提供了发表作品的园地。全县群众业余文艺创作的繁荣，不仅活跃了群众的文化生活，对深入开展批林整风和农业学大寨运动也起了推动作用。

11月　诗歌《歌儿伴着车轮飞》（与曹谷溪合作）发表于《陕西文艺》1973年11月号（总第3期）。同期还发表了陈忠实的《接班以后》、邹志安的《流水欢歌》，这是两人在《陕西文艺》发表的第一篇小说。

　　本月　延安大学中文系七三级进行了班干部的正式选举，路遥全票当选为班长。

　　12月　参加延安大学"庆祝元旦文艺晚会"。学校举行"庆祝元旦文艺晚会"，要求各个班级都要出演节目。路遥"延大"同学王志强回忆：延大当年只设有中文、数学、物理、化学四个系，四个系各招了一个班。学校下达演出任务，各班迅速行动准备节目。中文系是学校当时唯一的文科班。接到任务后，先找到一首女声独唱的歌谱——《毛主席当年在延安》（刘成章作词，王健民作曲），很适应当时的政治形势。王广彦用钢版刻印出来，然而女同学却没人敢承担独唱演出，张子刚承担了《回延安》的男声独唱，但演出时间太短。情急之下，时任班长的路遥毅然决定："自己创作歌曲，全班同学集体演唱。"于是他找来白正明和许卫卫两位同学，开始创作。经过半周的艰苦创作，朗诵词和歌词写了出来——组歌《我们生活在杨家岭》。征求同学意见后，路遥拿上底稿，找他认识的作曲家丁永光谱了曲。"组歌"共分四部分，分别谱了四首曲。第一部分：《我们生活在杨家岭》；第二部分：《抗大的旗帜永鲜红》；第三部分：《延水朗朗星满天》；第四部分：《青春的火焰多灿烂》。"组歌"的最后署名是"延大中文系集体作词，丁永光作曲"；时间是"一九七三年十二月"。实际上"组歌"由路遥执笔主创。（王志强《我们生活在杨家岭》）

　　本月　歌曲《清格朗朗流水幸福渠里来》收入由人民文学出版社出

版的《革命歌曲选（第六集）》。该曲由路遥作词、朱加农作曲，歌词全文如下：

清格朗朗（的）流水（哎呀）幸福渠里来，渠水欢腾浪花开。哟。喝一口渠水心里甜哟，激情（哟）滚滚（哟）满胸怀。

清格朗朗（的）流水（哎呀）幸福渠里来，渠水欢腾浪花开。哟。幸福不忘引水人哟，毛主席的恩情（哟）传万代！毛主席的恩情传万代。

当年大生产，红旗迎风摆，毛主席挥镢头和我们把渠开。镢头劈开千重山，幸福渠水哟滚滚来，滚滚来。

幸福渠水来，红花遍地开，延安精神谱新篇，处处有大寨。幸福渠水流不断，毛主席的光辉照心怀，毛主席的光辉照心怀，照心怀。

本年　就读延安大学中文系。大学恢复招生不久，校园里的纪律比较宽松：允许抽烟，允许打瞌睡，允许学生因为觉得老师讲得不怎么样而离课。所以有时候，上课铃响了，同学们纷纷去上课，路遥就猫着腰，怀揣着书从教室楼下一晃一晃地走出校门，或许是钻到杨家岭哪个理想的旮旯，或许是到校门前菜地埂下的延河滩，一直看书到开饭前返回。有时候，老师在讲台上正讲着课，他趴在桌上漫不经心地听着听着，就会发出熟睡的鼾声。讲义发下来，同桌给他放进抽屉，他不仅不整理不阅读，急用时，抓出来捏成一团就跑进厕所……（王志强《路遥的大学生活》）

|| 1974年（甲寅）25岁

1月10日　陈忠实到延安市南泥湾"五七"干校报到，以毛西公社革委会副主任的身份到延安南泥湾学习锻炼，为该校第八期学员。6月底学习结束，陈忠实在南泥湾五七干校桃宝峪写成短篇小说《高家兄弟》，刊发于《陕西文艺》1974年第5期（9月出刊）。（邢小利《陈忠实集外集·陈忠实年谱初编》）

1月18日　毛泽东批发中共中央1974年1号文件，转发了由江青主持选编的《林彪与孔孟之道》（材料之一），全国开始了"批林批孔"运动。

1月24至25日　江青等人未经中央允许，在北京召开驻京部队和中直机关、国家机关的"批林批孔"动员大会。

5月18日　中共中央发出《关于批林批孔运动几个政策问题的通知》。

6月　西北大学中文系写作教研室编的《陕西文学新作选》由陕西人民出版社出版。

7月9日　陕西省文艺创作研究室李若冰在礼泉县烽火大队蹲点并兼任中共礼泉县委副书记职务。

8月　北京插队知青习近平在文安驿公社梁家河大队建成本县第一口沼气池。

9月　《理想之歌》由人民文学出版社出版。《理想之歌》全诗共4节，540行，3758个字。四位作者全是1972年入北大中文系的"工农兵学员"：陶正（陕北延川县插队知青）、高红十（陕北延安南泥湾插队知青）、张祥茂（内蒙古丰镇县插队知青）、于卓（黑龙江生产建设兵团支边知青）。

10月22日　北京市慰问知识青年代表团来延安慰问。

2月10日　《今日毛乌素》刊于延川《山花》第27期。

2月　主编班级油印诗集《烈火熊熊》出版。《烈火熊熊》收录了全班同学的43首诗，其中包括路遥与张子刚、许卫卫、白正明三人合作的230多行的诗歌《烈火熊熊》及路遥的诗歌《爆破手》。（王志强《路遥的大学生活》）

3月　《延安山花》由陕西人民出版社增订再版。增订再版的《延安山花》增加了新诗九首，其中署名为路遥的《老汉一辈子爱唱歌》是九首中的一首。增订本的《延安山花》共收录路遥作品七首（含与曹谷溪合作创作的两首）。《延安山花》经重新装帧设计，放开开本，还增加了彩色插页，并通过香港三联书店向国外发行。《延安山花》包括第一版，先后进行过三次印刷，国内发行28.8万册。日本学者安本实来延安搜集有关路遥的研究资料时，曾对曹谷溪说："他最早知道曹谷溪与路遥的名字是1974年，那时的日本，除了能看到几个样板戏剧本以外，还能看到的就是诗集《延安山花》。"

春　应上级安排，与大学同学徐来见到延川打前站联系，辅导农村学习中央文件。

6月8日 《工农兵奋勇打先锋》（歌词）刊于《山花》第31期。

6月 在西安西大街的省文化局招待所，参加陕西省文化局召开的文学创作座谈会。柳青、陈忠实等参会。

"我和路遥都是与会代表。会议在西安市西大街省文化局招待所举行，代表们也都住在招待所的几排平房和处于后院的唯一的一座二层楼房里。一日晚上，经陕西省音乐家协会的常曾刚介绍，认识了路遥。第一次见面，竟向我谈了许多有关他自己的创作构想，还极力向我推荐他刚刚读罢并非常倾心的一部名为《红字》的长篇小说，说它'很深刻，非常动人'，建议我一定要读一读。"（党永庵《我记忆中的路遥》）

7月 与金谷合写的长篇政治抒情诗《红卫兵之歌》，发表于《陕西文艺》1974年第4期。

全诗分为六节，包括鹰击长空、洪流滚滚、峥嵘岁月、阳光灿烂、红旗在前、青春似火，长达580行，该诗为红卫兵高唱赞歌，其气魄可与名重一时的《理想之歌》相媲美。

8月16日 由路遥作词、张秦祥作曲的一版《清格朗朗流水幸福渠里来》收入由西安市碑林区文化馆编的《碑林新歌选·1》。

9月 散文《银花灿灿》刊于1974年《陕西文艺》第5期。

10月下旬 赴西安参加《陕西文艺》编辑部召集的创作座谈会，开始接触柳青、杜鹏程、王汶石等作家。也是在这次座谈会上，路遥结识了在西安仪表厂工作的陕北籍青年诗人申晓，结识了曾在黄陵插队后参军入伍的北京知青叶咏梅，还结识了正在陕西师范大学中文系上学的青年作家白描，以及正在秦岭深处一家工厂的青年诗人叶延滨。

12月中旬 到铜川三里洞煤矿学工半个月，元旦前返校。

冬 到《陕西文艺》编辑部协助小说组看稿。当时的《陕西文艺》编辑部以"工农兵掺沙子"的名义，将一些有培养前途的青年作者借调到编辑部，一方面参与编辑工作，另一方面接受文学的基本训练与熏陶，培养提高青年作者的写作水平。

文艺评论家肖云儒回忆："我下放在秦岭深处的汉中，当时还在延安大学就读的路遥，作为《陕西文艺》的实习生，翻过崇山峻岭来组稿。在三天时间里看了我的一部长篇初稿《居娣》，要选摘几章给杂志。说这几年里没有人写长篇，杂志刚办，挺需要。我说我是不能发表文章之人，写这部东西只是多年苍白乏味生活的一种自娱，从来没有想到要发表它。他为此说了很多仗义的话，很是激愤。我当时想，他到底还年轻，又写诗，才有这样可爱的纯真。后来才知道，二十刚出头的路遥已经见过大的风雨，为我说的许多话其实是他自己在坎坷中的人生体味，便生出几分敬重。"
（肖云儒《路遥记忆》）

本年 就读延安大学中文系。路遥在大二期间，多次邀请省内有影响的作家与诗人给全班做报告，以提高同学们的写作水平。在那个知识匮乏的特殊年代里，延安大学中文系七三级同学在班长路遥的精心组织下，享受着属于他们的文学盛宴。

‖1975年（乙卯）26岁

1月8至10日　中共十届二中全会召开。会议讨论了四届人大的准备工作，选举邓小平为中共中央副主席、政治局常委。

1月21日　陕西省革委会文教办批复省文化局，同意出版发行《群众艺术》。

5月16日　陕西省第三次革命故事创作调研会在延安举行。

7月　毛泽东同志在两次谈话中谈到"百花齐放都没有了"，认为"党的文艺政策应该调整一下，一年、两年、三年逐步扩大文艺节目。缺少诗歌，缺少小说，缺少散文，缺少文艺评论"。

9月　贾平凹于西北大学中文系毕业。大学三年，他在各类报刊发表纯文学作品25篇。经过有关文艺部门的竭力争取，经过出版社编辑邢良俊等人的努力疏通，贾平凹没有回到他的商洛山区，留在了西安市，分配到陕西人民出版社文艺部工作，职务是助理编辑。时年23岁，每月工资39.5元。（孙见喜《鬼才贾平凹》）

12月　《红旗》杂志发表文章《教育革命的方向不容篡改》，署名"清华大学、北京大学大学批判组"。从此，全国展开"反击右倾翻案风"运动。

本年　陈忠实被任命为公社副书记，发表短篇小说《公社书记》、特写《铁锁——农村生活速写》。

同年　曹谷溪被调到延安地区委员会通讯组而离开延川。

2月12日　林达与好友邢仪①、吴伯梅在延川路遥养父母家过年。

邢仪回忆："1975年大年初二，我和吴伯梅来这里过年，路遥、林达和我们坐在炕上玩扑克，老人忙前忙后，为我们摆了一炕席的吃食，满窑都是我们四个人的笑闹声，那时这个家里多有生气、多开心啊……"

2月　散文《灯火闪闪》刊于1975年《陕西文艺》第1期。

5月　主编的革命诗集《延安颂》完稿。

夏　赴《榆林报》报社，进行写作实习。

"中文系组织我班教学实习，分两个组，任课老师带领多数同学南下宝鸡秦川机床厂，路遥与同学张子刚等7人小组北上榆林报社，进行写作实习。他一边采写稿件，一边参加社会活动，他还组成7人男声小合唱团，在榆林参加演出；其间，去吴堡采访，主编了《吴堡新民歌选》。"（王志强《同窗轶事祭路遥》）

7月13日　与赴榆林实习的同学合影留念。

7月　去延安革命纪念馆与刘凤梅见面。此时，刘凤梅从陕西师范大学毕业，分配回延安革命纪念馆工作。

8月　与林达赴福建。"路遥利用暑假同林达一起去了一趟林达的老家

---

① 邢仪（1951—　），生于北京，1969年延安插队。邢仪在离开陕北的数十年间，曾多次回陕北写生，1997年专程为已故作家路遥的母亲画像。

福建。他在回校前给我写了一封长信，细说了他在沿途的所见所闻、所思所想，以及他所感受到的人心民意和国家面临的形势、未来发展的走向。通篇是用文学家的激情，写的是政治家关注的事情。"（申沛昌《十五年后忆路遥》）

10月1日 以实习生身份参加《陕西文艺》编辑部举行的国庆会餐。李若冰到会，与青年作者恳谈："你们要努力，陕西文学的繁荣最终还得靠新一代主力军。我们的刊物既要出作品，又要出人才，将来你们都要接陕西文学的班。"

10月 散文《不冻结的土地》刊于1975年《陕西文艺》第5期。

11月12至23日 参加陕西省文艺创作研究室在陕西省文化局招待所召开的全省短篇小说创作座谈会。会议期间，组织统一改稿。王汶石、陈忠实、李小巴等人分别作报告。据参会的王蓬回忆："后来成为'陕军'主力的作家几乎都参加了那次会议。陈忠实、路遥、贾平凹、邹志安、京夫、李凤杰、晓雷等有上百人。""路遥当时正在延安大学读书，工农兵大学生开门办学，到《陕西文艺》编辑部当见习编辑。我因为已经读过他写的《优胜红旗》，知道他，况且他现在又当编辑，在我心中有种神圣感。"（王蓬《初识路遥》）

清涧籍作家朱合作回忆："1975年11月中旬省上召开了一次短篇小说创作座谈会。会议已经开始好几天了，当时在延安大学中文系上学的路遥，不知因为什么原因竟还没有来。在那时人们的心目中，在全省的文学作者队伍中，数一数二的就是陈忠实和路遥。因此路遥的迟到，自然要引起人们的注意。……后来路遥终于来了。于是，我便跑去看路遥。路遥站在楼道里，身上穿着一件黄大衣。我问他为什么没有穿棉袄，他说他没棉袄。那时候，像我们这种人，大都是只有棉袄，没有大衣，可路遥却是只有大衣没棉袄，有一点特别。因此，多少年后，我都能回忆起那个穿着黄大衣，站在楼道里的路遥来。"（朱合作《本色路遥》）

12月 回到学校不久接到《陕西文艺》董墨（董得理）的信件，说陕北的吴堡县被树为学大寨先进县，《陕西文艺》将派他和作家李小巴（李知）一起去吴堡采访，他们想约路遥一起去，因为路遥之前和延安大学中文系同学到吴堡搜集过民歌。路遥当即回信，说在吴堡见。在吴堡会面以后便进行了深入的采访。董墨和李小巴建议路遥，把吴堡川口的历史与现状结合起来写一篇散文。短短两天时间，路遥就拿出了初稿，董墨和李小巴提出了一些修改意见。第二天下午，路遥就拿出了修改稿，他们看了十分满意。二人回到西安后，分别写了一些段落，连同路遥写的那部分，组合成一篇三万多字的访问式散文《吴堡行》，刊登在《陕西文艺》1976年第1期上。后来，这篇散文被北京外文出版社译成英文，刊载在英文版的《中国文学》上。

董墨回忆："他对稿件的鉴赏能力比有些正式编辑还要强，对一篇稿子的优缺点往往会一针见血地指出。编辑部让他到关中和陕北去组稿，四年后，他还根据自己在各地的见闻，写了几篇散文。"（董墨《灿烂而短促地闪耀——痛悼路遥》）

本年 在《陕西文艺》编辑部担任见习编辑。《陕西文艺》编辑部为文学新人的成长和发展付出了巨大的心血，此举既为刊物版面服务，又为陕西文学新人的培养创造了良好的机制。

"路遥在编辑部实习期间，最作难的是星期天，没地方吃饭。招待所有食堂，但饭菜贵，又不合他口味。我们局机关食堂还可以，饭菜也不算太贵，另外，我经常有些误餐补助。所以，每到星期天，我就叫他到我局里来吃饭，一般都是一人一个菜，两个馒头，再加一块粗粮发糕。有一次，我的细粮饭票用完了，买了四块发糕。路遥吃了几口说：'怎么还甜甜的，比老家的发糕好吃。'我说：'好什么？是人家放了些糖精，你肚子饿了，吃什么都是香的。'"（王作人《难忘路遥》）

||1976年（丙辰）27岁

1月8日　周恩来逝世。

1月　《诗刊》《人民文学》复刊。

3月下旬　《舞蹈》《人民戏剧》《美术》《人民电影》《人民音乐》相继复刊。

4月5日　天安门爆发"四五"运动，群众自发在天安门写下大量怀念周恩来的诗歌。

7月6日　朱德逝世。

9月9日　毛泽东逝世。

10月6日　"四人帮"被粉碎。

本年　陈忠实发表小说《无畏》。^① 小说《接班以后》被改编成电影《渭水新歌》，于1977年在全国放映。

1月　周恩来逝世后，路遥作为班长，组织全班捐款，扯黑布做黑纱，

---

① "四人帮"被打倒后，陈忠实曾因此小说接受审查。

每个同学都戴纱三天。

2月 散文《吴堡行》刊于1976年《陕西文艺》第1期。

本月 《延安颂》由陕西人民出版社出版。

4月 短篇小说《父子俩》刊于1976年《陕西文艺》第2期。

初夏 经过认真准备，用了四节课的时间，给同学做了题为《浅谈散文创作》的讲座。

"写作材料的积累就像做豆腐一样，富人家里的黑豆一瓮一瓮，满满当当，豆腐做出一锅又一锅；穷人家里的黑豆一升一升地量，空空荡荡，豆腐只做一锅豆子倒没了，就又要出去找……"据同学王志强回忆，路遥讲座时，在黑板上画了一架飞机和几门大炮，用几门大炮从不同角度同时射向一架飞机的形象比喻，阐述"形散而神不散"的散文创作特点。（王志强《路遥的大学生活》）

5月29日 在延川县关庄公社张家河大队二队，参加北京知青丁爱笛与延川姑娘张海娥的婚礼。

陈幼民回忆："我跑去凑热闹，又见到了路遥，还有他的夫人——北京知青林达。那一次因为是办喜事，还可能是到了他的地面上，要尽地主之谊，路遥热情地接待了我。他兴致颇高，谈笑风生，麻利地指派别人干这干那，自告奋勇地写对联，虽然我对他的毛笔字不敢恭维，但也知趣地不扫他的兴。这是我见到路遥最高兴的一次。"（陈幼民《忆路遥》）

7月17日 照毕业留念照。

7月 在毕业生登记和鉴定表"自我思想总结"一栏总结了三年来的工作学习：

三年来，自己对各项政治运动和教育革命的态度是积极的，通过积极参加各项政治运动、教育革命和开门办学，进一步改造自己的主观世界，使自己这个出身好，但少年时期受过修正主义教育路线影响的人，又紧紧地投靠了人民的怀抱，一步步明白了自己肩负着阶级的重担，力争从思想上和行动上和旧的传统观念和习惯势力进行决裂，为共产主义大目标尽力作战。在正确的思想认识指导下，自己专业学习的态度也基本上是端正的，也是刻苦的。三年收获不少，但也深感不足，主要是对自己的主观世界的改造还抓得不够紧。有决心在今后的生活上进步。认真攻读马列、毛主席著作，不断改造自己的主观世界，做旧事物无情的掘墓人，做新事物勇敢的开拓者，跟着党和毛主席，永远革命，永远前进。

8月2日　毕业时，延安大学中文系党总支在路遥的毕业档案里写下鉴定，其中一条认为其"生活较散漫"。

8月　大学毕业。因为文学成绩突出，学校准备安排路遥留校任教；后被陕西省文艺创作研究室抽调到《陕西文艺》编辑部，担任文学编辑。

9月8日　应延川县"知青办"之邀主编《山花朵朵》。

9月10日　接到《陕西文艺》编辑部电话立即从延川返回到西安。

9月13日　陕西省革委会教育局正式给陕西省文化局发去《关于延安大学应届毕业生王路遥同志分配问题的复函》，同意分配路遥到省文艺创作研究室工作。

9月中下旬　路遥正式进入陕西省文艺创作研究室的《陕西文艺》编辑部工作，担任小说组初审编辑。当时的《陕西文艺》编辑部仍在东木头市172号。

10月 "四人帮"被粉碎的消息正式公布时，路遥正在延安组稿，恰遇已调回咸阳的闻频。他与闻频赶到延安城东关的曹谷溪家里，向曹谷溪报告这一特大喜讯。他敲开曹谷溪的家门，激动地叉开两臂，有力地举过头顶，挥动着拳头吼叫着："谷溪，人民胜利了，人民胜利了……"情绪激动的曹谷溪拿出一瓶白酒，与这两位"老战友"一同庆贺。平日里路遥不大喝酒，但那天晚上与曹谷溪和闻频却喝干了一瓶酒。（厚夫《路遥传》）

12月30日 给海波写信，问及海波近况。

||1977年（丁巳）28岁

1月 《陕西文艺》改为月刊。本年度共出了12期，其中10月、11月为合刊。

4月5日 陕西省群众艺术馆召开"工业学大庆"音乐、曲艺、故事创作座谈会，107名工农兵业余文艺作者和部分专业作者参加了会议。会后组织了"工业学大庆"音乐会。

5月18日 《人民日报》发表《评"三突出"》一文。

6月 柳青的长篇小说《创业史》第二部（上卷）由中国青年出版社出版；同月，贾平凹的第一本著作《兵娃》由中国少年儿童出版社出版。

7月 中国共产党第十届中央委员会第三次全体会议在京举行，会议通过《关于王洪文、张春桥、江青、姚文元反党集团的决议》。

同月 柳青由北京返回西安，仍住在长安县韦曲干休所里，继续修改《创业史》第二部下卷。

同月 《延河》月刊恢复刊名，王玉祥仍担任主编，至1984年。

8月 中国共产党第十一次全国代表大会在京举行。会后，十一届中央委员会举行第一次全体会议，选举华国锋为中央委员会主席，叶剑英、邓小平、李先念、汪东兴为中央委员会副主席。

9月13日　杜鹏程在《陕西日报》发表《难忘的关怀——回忆毛主席接见知识分子的一次盛会》。《人民文学》九月号也同期发表该文。

10月31日　陕西省委召开的全省文艺创作会议在西安开幕。会议历时13天，约1300人出席开幕式，其中会议代表572名。柳青为本次会议代表，但因病未能参会，抱病学习会议文件、简报后，完成《对文艺创作的几点看法》一文。该文后刊于《延河》第12期，同期刊出的文章还有王汶石的《继续努力写好英雄》、杜鹏程的《漫谈深入群众》和李若冰的《作家战士》。

10月　柳青下肢严重浮肿，又一次住进第四军医大学第一附属医院。

同月　《延河》10、11月合刊刊出杜鹏程的小说《历史的脚步声》、邹志安的小说《杨柳青》，陈忠实的散文《雹灾之后》等。

11月20日　《人民日报》邀请文艺界人士召开座谈会，批判"文艺黑线专政"论。

11月　《人民文学》发表刘心武的短篇小说《班主任》。

同月　《人民文学》编辑部在京召开短篇小说创作座谈会。

12月28日　《人民文学》邀请在京文学工作者召开座谈会，批判"文艺黑线专政"论。

12月2日　《延河》编辑部邀请作家、文艺工作者举行文艺工作者座谈会，愤怒批判"文艺黑线专政"论，到会的有胡采、王汶石、杜鹏程、常增刚、李若冰、畅广元、董乃斌、费秉勋、程海、邹志安、王晓新等。会议由《延河》负责人王丕祥主持。

12月14日　贾平凹完成短篇小说《满月儿》。

12月 杜鹏程修订整理了中短篇小说集《光辉的里程》，由人民文学出版社重版，其中包含短篇小说集《年青的朋友》（1962年出版）、中篇小说《在和平的日子里》（1958年出版两辑）。其中《年青的朋友》收入《工地之夜》《夜走灵官峡》《第一天》《延安人》等十一篇短篇小说。

1月 与曹谷溪合作创作《难忘的24小时——追忆周总理1973年在延安》，刊于《陕西文艺》1977年第1期。这篇纪实散文深情地回忆了周总理1973年6月回延安的情景，散文发表后，引来诸多赞誉。

3月 参加中国作家协会西安分会召开的省短篇小说座谈会，陈忠实、贾平凹、王蓬、京夫、莫伸、李凤杰、徐岳、邹志安、王晓新等人也到会座谈。

4月6日 给海波复信，谈到自己工作很忙，创作暂时被中断。"你在那里还觉得不错，那就行了，反正到什么山上唱什么歌。不过，还是要自己严要求自己，不要虚度光阴，只要努力，什么都会好起来的。人可以亏人，土地不会亏人，有白享的福，没有白受的苦。希望你能写封长信告诉我农村目前的真实情况。"

8月30日 给海波复信。希望海波写一点反映农村生活的文章，而不是赶时势，要研究生活，反映生活本质，然后得出结论。"揪出'四人帮'人心大快，首先是认识到这是思想上解放了人民，你在农村时间长，请朴朴实实地写一点反映农村生活的文章，这对你是有好处的，不要赶时势，胡凑一篇，以'繁荣文艺创作'。要研究生活，反映生活的本质，以前关于创作上的一些框框完全可以打破，从研究生活起，然后得出结论。"

11月11日 于西安完成《不会作诗的人》。

12月4日 给海波写信。

12月16日 省故事调讲会在汉中召开，去汉中组稿，与王蓬畅谈。

据王蓬回忆："路遥那时已大学毕业，正式调进了已经恢复的《延河》编辑部，来汉中组稿，在会上找我。我与路遥已经见过面，有过交往，就很自然地接触较多。

也就是那次，路遥对我说，上次去省城开会，他见我穿着打补丁的裤子，再一看模样就知道是从农村来的，就有种天然的同情和好感，就本能地想帮一把。他说他家在比陕南农村更贫穷更严酷的陕北农村，曾经连我那种带补丁的裤子也穿不上，饿饭更是常有的事。

尽管他没有讲更详尽的情景，我顿时感到拉近了距离，有了一种天然相通的东西。我对他支持帮助我作品上《延河》有了种透彻的理解。只有经历过苦难的人才富于同情心。善良和宽厚绝对不是谁想有就能有的，那绝对是一个人血缘环境、生活经历形成的，融进骨髓里的东西。"（王蓬《初识路遥》）

|| 1978年（戊午）29岁

1月 莫伸的小说《窗口》发表。后获中国作家协会1978年度全国优秀短篇小说奖。

2月至3月 《延河》连载《创业史》第二部下卷第14至17章。

2月 《延河》刊出《迎接百花争艳的春天》，《延河》《群众艺术》编辑部召开座谈会讨论毛泽东给陈毅同志谈诗的一封信。

3月 贾平凹的小说《满月儿》刊登于《上海文艺》1978年第3期。这是他在礼泉县写社史时积累的素材，两个主人公就是烽火大队农技站的一对姐妹。

3月28日至4月5日 《延河》编辑部召开诗歌创作座谈会，胡采发言，王汶石、杜鹏程、李若冰、西北大学付庚生、陕西师范大学李玉岐做了专题发言。

4月30日 中国作家协会西安分会恢复成立，筹备小组由柳青、胡采、王汶石、李若冰、王玉祥组成，胡采任组长。

4月 文化部举行万人大会，为"文革"期间遭受迫害的文艺工作者平反。

5月1日 《延河》编辑部邀请部分专业作家和业余作者50多人，分别就文学创作如何反映社会主义新时期的西安分会生活，繁荣社会主义文艺创作等问题进行了讨论。

5月6日　柳青由西安动身去北京治病。

5月11日　《光明日报》发表文章《实践是检验真理的唯一标准》，经《人民日报》转载，全国展开关于真理标准问题的讨论。

5月　柳青小说《狼透铁——一九五七年纪事》由陕西人民出版社重版发行。

5月27日至6月5日　中国文学艺术界联合会第三届全国委员会第三次（扩大）会议在京举行。会议宣布中国文学艺术界联合会、中国作家协会等恢复工作，《文艺报》复刊。乌兰夫代表中央到会讲话，会议由张光年、冯牧主持，茅盾致开幕词，郭沫若发表书面发言，周扬、巴金、夏衍等出席大会并讲话。

6月13日　下午五时二十分，柳青在北京逝世，终年62岁，在北京、西安先后举行追悼会。

7月15日　《文艺报》正式复刊。

7月　陈忠实申请调动到西安市郊区文化馆工作。

8月11日　《文汇报》发表卢新华的短篇小说《伤痕》。

8月19日　中共中央转发共青团十大筹备委员会《关于红卫兵问题的请示报告》。文件下达后，学校中的"红卫兵"组织即行撤销。

9月　《文艺报》召开会议讨论《班主任》《伤痕》等短篇小说。

9月16日至23日　《延河》编辑部召开文艺评论工作者座谈会，展开有关《伤痕》题材、人物以及悲剧问题的讨论。《延河》负责人王丕祥主持，胡采、王汶石、杜鹏程与会发言。

10月20日　中国作家协会西安分会举行会议通过发展新会员。

10月26日 党的十一届三中全会在北京召开。

10月 《延河》十月号开始连载柳青的《创业史》(第二部·下卷)遗稿，至1979年3月号结束。

同月 陈忠实调入西安市郊区文化馆工作，任副馆长。同时，在《西安晚报》发表报告文学《忠诚》。

11月15日 北京市委决定为"天安门事件"平反。

11月17日 中共陕西省委宣传部向各地印发中央宣传部《关于调整党的文艺政策，繁荣社会主义文艺的若干意见(草案)》，要求认真组织全体文艺工作者学习、讨论和试行。

11月19日 《人民日报》发表张光年的文章《驳"文艺黑线"论》一文。

12月5日 《文艺报》《文学评论》在京召开座谈会，突出要重新评价作品和作者，为错批作品、作者平反，其中包括杜鹏程及其长篇小说《保卫延安》。

12月9日 中共陕西省委决定为胡采、柯仲平、马健翎、石鲁等人平反，并决定恢复柯仲平"革命烈士"称号，将其骨灰移回烈士陵园。

12月18至22日 党的十一届三中全会在京举行，提出"解放思想，实事求是，团结一致向前看"的方针。

12月20日 胡采任中国作家协会西安分会主席，郑伯奇、王汶石、杜鹏程、傅庚生任副主席，李若冰任副主席兼秘书长；王玉祥任《延河》杂志主编。

12月25日 中国作家协会西安分会、《延河》编辑部举行座谈会，为杜鹏程及其长篇小说《保卫延安》平反。

12月 陈忠实在《延河》发表短篇小说《南北寨》。

同月 杜鹏程的中篇小说《在和平的日子里》由陕西人民出版社出版。

本年　文联各协会成立专案复查小组，对1957年至1958年间被错划为"右派"的文艺工作者给予重新评价。

1月25日　与林达在延川举行了婚礼。路遥的婚房设在延川县委宣传部林达的办公室，一张双人床，两床新被子，就是他们所有的新婚家当。

路遥在《平凡的世界》中这样描述爱情："没有爱情，人的生活就不堪设想，爱情啊！它使荒芜变为繁荣，平庸变为伟大，使死去的复活，活着的闪闪发光。即便爱情是不尽的煎熬，不尽的折磨，像冰霜般严厉，烈火般烤灼，但爱情对心理和身体健康的男女永远是那样的自然；同时又永远让我们感到新奇、神秘和不可思议……"

林达的好友邢仪回忆："林达是我的中学同学，一同来陕北插队的北京知青。路遥是本地回乡青年，后来因为《人生》《平凡的世界》等小说著名。他们恋爱有六七年的时间了。林达路遥终于结婚了，这一天是1978年元月25号。由于路遥在县里的知名度，轰动了上百人来送礼。那几天，布置洞房的，筹备婚宴的，出出进进，真个忙乎。婚礼约定在晚六点举行，人们陆陆续续来了，宣传部的贺陛站在门口招呼着。路遥来了，林达拖了半小时才到，她穿着件紫红色的棉袄罩衫，翻出浅色的内衣领子，李彦、孟霞陪在左右。文化馆的张仁钟担任司仪，两位新人坐在事先布置好的讲台前。先由县文化教育局长赵如彬给两位新人佩戴红花。贺陛代表宣传部讲话，李世旺（海波——引者注）代表来宾发言，最后是路遥代表林达讲话。有人提议：路遥唱歌林达作诗。路遥穿着件略肥大的新蓝布制服，头发是刚刚理的，有些土气，但精神焕发。林达和路遥站在一起，显得脸色苍白，他们坐在众人面前挺不自在。简单走了这么几个过场，便开始进入宴席，新郎新娘给各桌斟酒，一个小时以后有人开始走了。经多方筹备，多日操办的婚礼就这么没有悬念地结束了。"（邢仪：《知青·陕北速写集》）

本月 短篇小说《不会作诗的人》刊于《延河》1978年第1期。

2月 柳青的《创业史》（第二部）开始在《延河》连载，路遥担任责任编辑。

路遥曾问过柳青，你是一个陕北人，为什么却把创作放在关中平原？柳青说："原因非常复杂，我这辈子也许写不成陕北了，这个担子你应该挑起来。对陕北，要写几部大书，是前人没有写过的书。从黄帝陵到延安，再到李自成故里和成吉思汗墓，只要一天的时间就够了，这么伟大的一块土地没有陕北自己人写出两三部陕北题材的伟大作品，是不好给历史交代的。"

3月15至25日 参加《延河》召开的短篇小说创作座谈会。

这次会议是《延河》复刊后召开的首次短篇小说创作座谈会。与会人员有胡采、王汶石、杜鹏程、余念、贺抒玉、董得理、路遥、陈忠实、贾平凹、王蓬、京夫、莫伸、李凤杰、徐岳、邹志安、王晓新等专业作家、评论家及骨干作者。3月20日，柳青躺在病床上，做了一次题为《生活是创作的基础》的录音讲话。《延河》1978年第5期刊出短篇小说座谈会会议纪要《探讨当前文艺创作中的几个问题》、柳青的《生活是创作的基础》。

6月 为悼念柳青，写作《柳青的遗产》一文。在中国当代老一辈作家当中，杰出的现实主义作家柳青无疑对路遥的小说创作有着重要的影响。他们都出生在陕北这块辽阔的黄土高原，成名于西安，对文学的执着追求，使他们之间结下了不解之缘。路遥把柳青称为"我的文学教父"。

在路遥心目中，柳青是他在做人和创作上的可见、可触、可亲、可爱的楷模，是他的精神导师。路遥曾在《柳青的遗产》一文中写道："对于今天的作家来说，我们大家不一定都能采取柳青当年一模一样的方式，但已故作家这种顽强而非凡的追求，却是我们每一个人都应该尊敬和学习的。"路遥曾多次提到，在其阅读的中外文学名著中，翻阅《创业史》的次数是最多的，从中不难看出路遥对《创业史》的重视。

9月　完成小说《惊心动魄的一幕》初稿于西安。《惊心动魄的一幕》是路遥的中篇小说处女作，写的是在"文革""武斗"期间，被造反派"关押"的县委书记马延雄，为了避免两派大规模"武斗"而勇敢献身的故事，它是路遥有在"文革""武斗"时的亲身经历和生死体验，写起来得心应手。这篇小说没有迎合当时"伤痕文学"的抒情路子，而是"着眼点就是想塑造一个非正常时期具有崇高献身精神的人"。这说明路遥对文艺政策走向的认识和基本判断，不能不说他具有思维的前瞻性。

12月18日　参加袁银波的婚礼。据袁银波回忆："省中国作家协会当时几乎所有的人都来了，就连平时极少在这种场合露面的路遥也不例外。"（袁银波《相识在〈延河〉编辑部》）袁银波因是十平方米的陋室作新房，屋子里一贫如洗，感到很是没有面子，路遥安慰他："不能和人家比，咱农村娃，在城里安个家，可真是不容易！"

冬　煤气中毒。后被编辑部同事及时发现并抢救，才幸免于难。路遥晚上写东西睡得太晚，天快亮时觉得头晕，想爬起来，竟不由自主地滚到床下。人虽然爬到门口，却无力站起来开门，也喊不出声来，就那么晕了过去。大家后来仔细检查，原来是这间斗室的烟囱铁锈堵了炉子，导致中毒。

|| 1979年（己未）30岁

1月5日 中共陕西省委决定，为优秀长篇小说《保卫延安》及作者杜鹏程平反，恢复名誉。中国作家协会西安分会、《延河》编辑部于15日联合召集座谈会，宣布省委决定，为作家杜鹏程平反、恢复名誉。中国作家协会西安分会负责人胡采作了《为〈保卫延安〉平反昭雪》的讲话。杜鹏程作了《为战士歌唱，为英雄树碑》的发言。

1月25日 作家、戏剧家郑伯奇（1895—1979）病逝。

1月29日 中共中央做出《关于地主、富农分子摘帽问题和地、富子女成分问题的决定》。决定指出，除极少数坚持反动立场至今还没有改造好的以外，凡是多年来遵守法令，老实劳动，不做坏事的地、富、反、坏分子，经过群众评审，县委批准，一律摘掉帽子，给予人民公社社员待遇。

1月 安徽省凤阳县梨园公社小岗生产队18名农民将集体耕地承包到户，开始了"大包干"。中国农村经济体制由此开始新的变革。

同月 《收获》《民间文学》《电影艺术》《电影创作》《大众电影》《曲艺》先后复刊。

同月 由延安地区文艺创作研究室编印的内部交流文艺刊物《山丹丹》创刊。

2月1日 柳青的《建议改变陕北的土地经营方针》，在《人民日报》发表。

2月6至13日 人民文学出版社召开中长篇小说创作座谈会，会议讨论了党工作重心转移后，小说创作的种种问题，例如文艺与生活的问题、悲剧问题、歌颂与暴露问题、"两结合"创作方法问题等。茅盾、周扬、陈荒煤、冯牧、严文井等出席会议并讲话。

2月 周扬在《人民日报》发表《关于社会主义时期的文学艺术问题》一文。同月，《海瑞罢官》重新上演。

3月26日 1987年全国优秀短篇小说奖颁奖大会在京举行。陕西有两篇获奖作品，一篇是贾平凹的《满月儿》，另一篇是莫伸的《窗口》。这是全国首届优秀短篇小说奖，为鲁迅文学奖前身。

4月 文学刊物《花城》在广州创刊。同月，《读书》杂志发表《读书无禁区》一文，署名李洪林。随即《读书》杂志声名大噪，被认为是知识分子刊物。

5月7日 周扬在《人民日报》发表文章《三次伟大的思想解放运动——在中国社会科学院召开的纪念五四运动六十周年学术讨论会上的报告》，提出："本世纪以来，中国人民经历了三次伟大的思想解放运动：'五四'运动是第一次，延安整风运动是第二次，目前正在进行的思想解放运动是第三次。"

5月24至29日 《延河》编辑部召集了小说、诗歌作者六十余人，讨论党的十一届三中全会以来的形式和有关文艺理论和创作的一些问题。

5月29日至6月8日 "社会主义文学创作方法学术讨论会"在西安举行,着重讨论"革命现实主义和革命的浪漫主义相结合"的创作方法。

6月3日 陈忠实的短篇小说《信任》发表于《陕西日报》,随即先后被《人民文学》《青年文学》转载,并获得1979年全国优秀短篇小说奖。

6月 《花城》(双月刊)创刊,该杂志由广东花城出版社主办。

7月 人民文学出版社主办的大型文学期刊《当代》在北京创刊。本月,柳青的《创业史》第二部(下卷)由中国青年出版社出版;蒋子龙的短篇小说《乔厂长上任记》发表在《人民文学》第七期。

10月10日 中国作家协会西安分会举办了首期读书会,至12月25日结束,吸收会员,提倡以自觉读书为主,兼顾创作,以达到提高创作水平、出人才、出作品的目的,参加者有陈忠实、京夫、王蓬等10人。

10月30日至11月16日 中国文学艺术工作者第四次全国代表大会在北京举行,邓小平代表中共中央、国务院向大会致辞:"新时期我国文艺工作的任务是要提高全民族的科学文化水平,发展高尚的丰富多彩的文化生活,建设高度的社会主义精神文明"。茅盾致开幕词,周扬做了题为《继往开来,繁荣社会主义新时期文艺》的报告。会议还肯定了新中国成立后前十七年的文艺路线和文艺成就。杜鹏程出席会议并当选文联委员。

10月 李建彤的长篇小说《刘志丹》由工人出版社出版。

11月 中国作家协会第三次会员代表大会在北京举行。杜鹏程被选为中国作家协会理事。

12月 周克芹的长篇小说《许茂和他的女儿们》发表在《红岩》杂志第2期,后获得第一届茅盾文学奖。

本年 《延河》杂志以新的面目出现并开展了一系列活动,对现实主义的研讨和对当时文学形式的分析，给作家带来了有益的启示。

本年 曹谷溪从延安报社调入地区创作研究室，开始编办《延安文学》；闻频从咸阳国棉一厂调到《延河》编辑部任诗歌编辑，与路遥成为同事；贾平凹的中短篇小说集《早晨的歌》《山地笔记》分别由陕西人民出版社、上海文艺出版社出版。

1月 短篇小说《在新生活面前》刊于《甘肃文艺》1979年第1期。

2月21至27日 作为会议代表，参加中国作家协会西安分会第二次会员代表大会。

会议在西安市和平门外的胜利饭店召开，代表共有83人。王汶石、杜鹏程分别致开幕词和闭幕词，胡采作了题为《解放思想，总结经验，更好地为四个现代化服务》的报告。中共陕西省委第一书记马文瑞、书记李尔重接见全体代表，并发表了讲话。这是"文化大革命"之后，中国作家协会西安分会恢复工作以来的第一次会员代表大会。会议选举出理事29名以及王汶石、王丕祥、王绳武、杜鹏程、李若冰、胡采、张光、贺鸿钧、黄悌、寇效信、傅庚生、韩起祥、魏钢焰共13名常务理事。理事会选举胡采为主席。王汶石、傅庚生、杜鹏程、李若冰为副主席，秘书长由李若冰兼任。中国作家协会西安分会恢复后，机构设置有办公室、会务工作室（后改名为创作联络部）、专业作家创作组和1977年7月原在陕西省文艺创作研究室时即已恢复原刊名的《延河》文学月刊编辑部。(《陕西省作家协会1954—1993年纪事》)

4月至5月 在西安完成小说《夏》。

5月23日 诗歌《今日毛乌素》刊于《山花》。

8月　完成小说《青松与小红花》于延安。

10月　短篇小说《夏》发表于《延河》1979年第10期。同期刊发了陈忠实的短篇小说《七爷》。

11月7日　给曹谷溪写信。

谷溪：

近好。

本来想给你挂个电话，但不知你现在在什么地方。《唱给彭老总的歌》一诗，经过我的一番努力，终于在12月号上用了，现已发稿。诗的挤压太大，很难挤上去，我通过主编室协调了一下，提前发了（本来安排在明年第一季度）。

天乐的事不知办得怎样，我极愿意知道较详细的情况。在去延安的时间上有一个在家乡分粮的问题。去延安在什么地方干什么事，生活的安排能不能维生等等。以及能否较便利地出来，希望你把详细一点的情况告诉我一下。这是拜托于你，是极麻烦你了，非常感谢。

你调动的情况怎样？也同样想知道的详细一些。

小蕾和闻频①都不在，估计半个月以后他们都就回来了，你若抽出空，可来一趟西安。敬礼！

路遥

7/11

---

①　小蕾，即晓雷。晓雷与闻频都是《延河》编辑，也是路遥与谷溪的共同朋友。晓雷早年大学毕业后在延安工作，闻频早年大学毕业后在延川工作，两人均在新时期之初调入《延河》编辑部担任编辑。

11月9日　女儿路远出生。

女儿的名字——路远，取自路遥与程远（林达笔名）名字中的各一个字，以此来纪念他们的爱情。路远是路遥的唯一孩子。很多年后，长大成人的路远改名为"路茗茗"，她接受记者采访时说："我出生于紧挨着作协大院的古旧的楼里。一两岁时开始在作协大院里生活。在作协附近的兴中小学读书，在26中上了半学期后，爸爸就去世了。妈妈是北京知青，随妈妈到了北京。妈妈下乡插队认识了父亲。"（心梦岭《寻找路遥女儿》）

12月4日　给海波复信。

波同志：

你好。

接你信后，碰巧尔雄开会来西安，走了一趟我这里，我当即就把你的问题提了出来。据他说，这次实在无法，因你不在"杠杠"里边。不过他答应在今后为你的事努力，请你以后多与他联系，我只要有机会，一定全力以赴帮助你，这点请你放心。

今有两事需要告诉你。第一件：我那不成器的弟弟四锤，经过一番相当艰苦的努力，终于在县农机局施工队上班了（新成立的，当然是交钱挣工分，现在永坪公社），他开推土机。据说农机局局长就是冯致胜，请你通过艳阳给她爸做点工作，请多关照他，不要中途打发了。（可对艳阳说，再让艳阳对她爸说：我认为她爸是个出色的政治家；我本人很佩服他；或者我对他希望他具有政治家风度，不必为过去的派性而影响——这点不一定明说。我出去一直说冯致胜的好话。）具体怎样做，视情况而定，你认为在需要的时候，怎样做为好，由你看，相信你会在这个问题

129

上（如出了麻烦）会起一点作用的。你是精人。

这一切太庸俗了，可为了生存，现实社会往往把人逼得在某些事上无耻起来。这是社会的悲剧，你自己也许体会更深。

第二件：我们这里鸡蛋已到一元钱五个的光景。想延川总会便宜一些，这是我的孩子的每天必需品，如你能设法再买一点捎来（当然越快越好），十分感谢。如有困难，也就算了。

刊物我每期都寄上，有时我不在，误了一期，也请你原谅。

请你给我回信。

（明年学习班我会给你争取的）

路遥

1979年12月4日

| | 1980年（庚申）31岁

1月　《延河》1980年第1期刊出10篇短篇小说，京夫的《手杖》、朱定的《娜达莎》、黄建国的《苦》、王蓬的《猎熊记》、李小巴的《正是早晨》、张虹的《野梅子》等。路遥担任王蓬的小说《猎熊记》等文章的责任编辑。其中，京夫的短篇小说《手杖》获本年度全国优秀短篇小说奖。

本月　延安地区文联内部刊物《山丹丹》更名为《延安文学》。

4月9日　中国作家协会西安分会第二期读书会开始举办，参加读书的青年作家有14人。

5月　《中国青年》刊登了读者潘晓的来信《人生的路啊，怎么越走越窄……》，引发了大规模的关于人生观的讨论。

6月19日　中共中央发出《关于处理"文化大革命"中一些干部在报刊和文件上被点名批判问题的通知》。

6月　张映文的短篇小说《扶我上战马的人》在《延河》1980年第6期发表，后获得全国首届儿童文学奖。

7月26日　《人民日报》发表社论《文艺为人民、为社会主义服务》，提出文艺工作总的口号："文艺为人民服务，为社会主义服务。"

8月26日　第五届全国人大常委会第十五次会议，批准国务院提出的《广东省经济特区条例》，我国正式设立经济特区。

10月7至13日　《延河》编辑部在户县召开小说、散文新作者座谈会，听取新作者们对文学创作的看法和意见，对他们在生活、创作中的问题提出了辅导性的意见。

11月9至13日　《延河》编辑部在临潼召开诗歌座谈会，王丕祥主持会议，老中青年诗作者二十余人参加，玉果、沙陵、毛漪、商子秦出席会议。

11月10日至12月5日　中共中央政治局连续召开九次会议，经过充分讨论，决定同意华国锋同志辞去中央主席、中央军委主席的职务；并向六中全会建议，选举胡耀邦同志为中央委员会主席，邓小平同志为中央军委主席。

12月　中国作家协会西安分会成立"笔耕"文学研究组，由胡采任顾问，王愚、肖云儒、蒙万夫任组长的"笔耕"文学研究组成立，旨在繁荣陕西文艺理论研究和文艺评论工作，促进文艺创作发展。成员包括刘建军、蒙万夫、薛瑞生、费秉勋、畅广元、肖云儒、胡义成、姚虹、李健民、文致和、陈贤仲、王愚、李星。

本年　贾平凹调离陕西人民出版社至西安市文联《长安》编辑部，并解决妻女的西安户口及工作，在文友张敏的帮助下，在北郊方新村租了两间房屋，这就是后来贾氏文中的静虚村。这一年，贾平凹的中短篇小说集《野火集》《贾平凹小说新作集》分别由陕西人民出版社、中国青年出版社出版。

同年　陈忠实《立身篇》获得首届"飞天"文学奖。

1月6日　出差坐飞机返回西安，给海波写信："我元月六号回的西安，此次出去，走了不少地方，武汉、坐船下长江、上庐山、到武昌等，厦门完了，到上海，然后坐飞机回来，共有一月左右。"

1月17日　给海波复信。信中希望海波能多帮助下四锤，并且鼓励海波"不断完善自己的生活观"。

2月1日　给曹谷溪写信，谈及为弟弟天乐要招工指标一事。

谷溪：

　　来信已收读。关于我们之间那些扯淡事最好不费口舌了。你归根结底大概不会相信我是个魔鬼（由我和你的一贯关系为例）。请相信，人们在表达自己的善良和同情心的时候，方式可能完全不一样。正如人们各有各的生活风格。的确我对人的爱，有些时候是一种严酷的爱，主要是想通过这种爱增强被爱者本来的抵抗力，因为我从自己的生活经历里知道，生活道路上的千辛万苦总得自己去克服。当然，如果在我看来我应当做的事一点也不会少，甚至比人们所想的还会多。我相信你会正确看待我的生活观的，我的历史对你是坦白的，并且将来会继续证明我自己的一切。

　　关于给史洁[①]写信要招工指标一事，请你从我的角度考虑一下，的确有些难处。主要是离得远，不摸各方面情况，我怕弄不好会坏事，因为我和这个人的关系终究不是父子关系。当然，我要在延安，我就会拐弯抹角想办法向他提出的，可我过了春节无论如何走不脱，主要是孩子现

---

　　① 史杰，即张史杰，原延川县委书记。

133

在无法安置，我母亲一走，林达又没本事，娃娃也小，没办法离开。另外，我有点怕张史洁，因为我不知道你安的那个人是怎样向他提出的，你一直没有给我解释这件事，史洁在接受这个人的时候态度怎样？我不知道他心里是否怨我给他找了麻烦，如果是这样，我现在再马上写信问他要指标，会不会火上加油，弄得更糟糕呢？因为我以后还要和他打交道，我怕我在他心目中成了个厚脸皮的无赖。由于以上原因，我觉得在这事上神经有点脆弱你不知道。我和他交往的方式与你不同，我们之间的交往都掩饰自己，尽量都表现出一种在公众事务中应该高尚的面目。因此，太过的行为在我们之间是极不合适的。我因之当时将此事全权交与你和他周旋，因为我觉得，你和他的交往不同，他可能习惯你这样提出问题，而不习惯我提出。请你相信我说的，这一切都是真的。我太了解张史洁这个人了，也太了解我们之间的微妙了。我最肯定，要是我直接提出（相隔时间这么短），他就会认为我是粗鲁的，因为他知道我在他面前提问题的方式，他根本不习惯这样。而你不同了，他敢和你坦率地做这种勾当。你不知道！他暗示要我依他为模特儿塑造一个高大的县委书记形象，他是不愿意让我直接看到他的这些不美气的做法的。因此，他就是愿意帮我的忙，也总是在我面前闪烁其词，这就是他为什么愿意接受你这个中间人了。谷溪，我的判断没错，请你全权设法解释这事吧，因为这中间反正存在着我，张史洁明白这一点；如果不是这一点，他原来就不会帮我忙的！不知道你是否充分理解了我以上所谈的这些。我不是怕负责任，因为是为我的亲弟弟办事嘛！我主要考虑怎样办更合适一些。

给冯庄的刊物及信会立即寄出。

另外，关于给你们写文章的事情请缓后一步，因为我最近正在写。

再说，我目前的这些文章你这个极端分子恐怕也不会满意的。目前政治局势变动很大，请你谨慎一些。我给张弢^①写了一信，也提及你和他都要有所注意，如你去甘泉，想必他已经转达你了。

请你随时来信，告诉我情况。我以紧急的心情期待着你伟大的社会活动家所创造的任何奇迹。

深致亲切的敬意！

路遥

2月22日 给曹谷溪写信，再次谈及弟弟天乐的工作问题。

谷溪：

新年好。

上次写给你的信，想必年前已经收读了。你也不回信，不知道近况如何。关于明年招工一事，看来大概只招收吃国库粮的，农村户口是否没有指标？详细情况我不太了解，国家现在对农民的政策显有严重的两重性，在经济上扶助，在文化上抑制（广义的文化——即精神文明）。最起码可以说顾不得关切农村户口对于目前更高文明的追求。这造成了千百万苦恼的年轻人，从长远的观点看，这构成了国家潜在的危险。这些苦恼的人，同时也是愤愤不平的人。大量有文化的人将限制在土地上，

---

① 张弢，路遥好友，时任延安地区甘泉县文化局局长，1984年后调入西安电影制片厂担任副厂长。

这是不平衡中的最大不平衡。如果说调整经济的目的不是最后达到逐渐消除这种不平衡，情况将会无比严重，这个状况也许在不久的将来就会显示出。

我深知道在这种背景下安排我们的事情会有多大的难处。我感到不安的是我不在延安，不能很好有效的和你一块儿为这些事奔波。我信任你，但我深知这些事的困难。你只尽你的努力办吧，即使弄不成，这也没有什么。我知道，即就有一点成效，你也会是花费了很大工夫才达到的，因为我知道办这些事的"真情"。我当然希望听到好消息，同时又觉一切都很暗淡。

还有一件事，我只想告诉你一下。你给我的一封信，被我弟弟偷看了，在我不知道的时候，他就告诉我妈说："不知为什么，曹谷溪好像和我哥恼了！"我妈马上急得要昏死过去（这是一个严重神经质的母亲），她说"这是她害的"，接着说了她和你"诉过一次苦"的事，说她实际上也并没什么，当时只是想家和情绪不好，想对别人说说，心里好受一些，说这事是她的"毛病"，对我父亲他也是这样，想不到这下"咋把事情弄坏了！"说"曹谷溪和你哥恼了，肯定再不管天乐的事了！"说"她把我们兄弟害了"等等，头在墙上直碰。事情闹到如此糟糕的地步使我十分痛心。我了解我母亲，她和你母亲不太一样，比较任性，从小时候起就爱感情用事，我大妹妹死后，神经挫伤严重，经常为一些小事就精神紊乱。这把听得不知如何是好，除斥责我弟弟以外，只好尽量安慰她，告诉她我和你的关系不会因这事就断决的，天乐的事他也不会不管，并且假拟了一封你给我的友好的信，给她读了一遍，才算把这事稍微平息了。她执意要我找你解释，我硬是劝说才算罢休，我怕她见你后，精神肯定要错乱的。

为这些事，我是极其烦恼的，一般家庭事很容易酿成重大悲剧。在这纷乱情况下，我除过尽力解决好以外，总还得要干事的。你可能又说我"残忍"了，不，一个理智健全的人，是应该考虑他们负的责任是诸方面的。请你相信，我对母亲在内心上和形式上的孝敬并不比你差。但同时，我觉得你对自己的妻子的关怀是欠缺的，你比她享的福多，至少在我看来是这样的。但我并不因此就认为你对妻子的爱就是不深的，而她也并没就过"非人"的生活。也请你这样理解我吧！

这事从此我不再和你谈了，正像俗话所说"清官难断家务事"。

你的近况如何？最近写什么了吗？我认为，既然你到了文创室，那么就意味着你要把今后的事业放在文学创作上，因此你的意识及其活动的主要基点应放在写作上。大量的写，碰破脑袋地写，不管能不能发表。应该具有高目标，而不要追求红火一时，这个出发点对于搞大事业的人来说是至关重要的。

我是准备长期忍受默默无闻的。去年正式刊物发了四万字的东西，今年打算最少起码不少于这个数字。我手头有十万字的稿子，等孩子一有着落，就准备修改陆续发出去。目前我正在写我的第二个中篇，共十章，已写完三个章节，最近因安附孩子，暂停下来了，已寄出几个短篇，第一个信息已回来，就是你们所攻击的"买票"，贵报《山花》月刊准备用。这是今年飞回来的第一只"信鸽"。我打算天暖后，见机再回一趟延安，我在这个城市的创作情绪时常是最好的，到时我们再一起逛荡吧！

请你给我回信，并转告张弢的近况。

137

关于目前的政治气候，想必你已从公开及私下里弄清了内涵。

祝你及全家康安！

路遥

22/2

3月4日 给曹谷溪写信。

谷溪：

　　不知什么原因，你老是不给我回信。春节过后已一段时间，天乐他们的事不知有何安排，请你无论如何告诉我情况。我觉得先要找个事干，在现有条件下，尽量先能较为理想地安排一下，不知你有何打算。老实说，这是有求你，也是很麻烦你的事，我因此特别小心，生怕把你碰磕了。这对我来说是很痛苦的。我在内心里祈求你像对待自己的事一样对待我的事，能像张弢一样。你要知道，任何事，求人总是难畅的。如果我在延安的话，我是绝不会麻烦你的。当然，延安还有许多熟人，但比较来比较去，你还是我最信任的人，因此不管怎样，我还得依靠你。你也许还记得，我对你的不论什么事都是尽力而为的，所以总希望你对我也一样。不管怎样，你告诉我你的打算，好让我判断一下。你知道，一个穷人家的二十大几的人掉在空里闲待着，这是很令人焦急的。我一直相信你总有办法把事情办妥当的，因为我知道你有这方面的才能。

路遥

4/3

3月17至23日　参加中国作家协会西安分会,《延河》编辑部召开创作、评论工作座谈会。

与会作家、编辑、评论家共计60余人,会议学习了中共中央领导的讲话,联系当前的文艺创作实际,讨论了文学作品中存在的问题和坚持"双百"方针的重要性。据一同参加此次座谈会的作家张虹回忆,会上路遥意气风发、指点江山,情绪非常亢奋。

4月12至13日　根据过去的印象与感受,在西安写作《病危中的柳青》。

4月28日　给刘凤梅复信。

信中建议刘凤梅多阅读苏联和西欧的古典名著,认为"一个文明的现代人不知道这些人类已经具有的高度智慧结晶,是不可理解的"。另外,信中还提及:"我最近也在深入研究我国文学的传统和现状,极不满足有些'国粹',想尽力冲破,在文学表现上走自己的路。这当然妨碍我很快去'出名'。在中国,文学上传统的观念束缚并不比思想上、政治上小,极需要一些有勇气的人去打破,开创新的境界。愿我们都努力,以期为社会尽自己微薄的力量。"

4月底　《当代》编辑刘茵打电话到《延河》编辑部副主编董墨那里,明确地说:"路遥的中篇小说《惊心动魄的一幕》,秦兆阳同志看过了,他有些意见,想请路遥到北京来改稿,可不可以来?"《惊心动魄的一幕》写成后投出不久被退了回来,又寄给另一家刊物,第二次被退回。两年来,接连投了当时几乎所有的大型刊物,都一一被退回。当路遥听到这个消息后,他终于要看到所期望的结果了。

4月　李怀埫的《细腻的心理描写——谈小说〈夏〉》,刊于《延河》

1980年第2期。这是关于路遥创作的第一篇评论文章。

5月1日　路遥写信给《当代》编辑刘茵[①]，诚恳而详细地阐释了这部小说的创作动因、思路乃至写作中的苦恼。可以说，这封信是路遥对《惊心动魄的一幕》系统的创作阐释：

尊敬的刘茵同志：

您好！

您写给我的信收到了，非常感谢您对我的帮助。尊敬的前辈秦兆阳同志（他的作品和人格都使人钦佩）这样关怀一个年轻人的作品，使我深受感动……

这篇作品（《惊心动魄的一幕》——引者注）所反映的内容，都是我亲身经历和体验过的生活，其中的许多情节都是那时生活中真实发生的。

"文化革命"开始时，我是初中三年级学生。关于那段生活，三言两语简直说不清楚，有机会我向您详细讲述。现在只好告诉您一些一般的情况：我当时和我所有同龄人一样（十五六岁），怀着天真而又庄严的感情参加了这场可怕的革命。我是一个几辈子贫困农民家庭出身的孩子，一边冲冲杀杀，一边又觉得被冲击的人并不都坏，但慑于当时的革命威力，只好硬着头皮革命下去。后来一些坏人从一般性折磨县委第一书记，发展到准备在肉体上消灭他。这是一位很忠诚的老同志，在县上干了许多好事，全县的老百姓都保他。在这时我们一些农村来的学生由于受自

---

① 刘茵（1935—2015），编辑家。时任《当代》编辑，后任《当代》编委、《中华文学选刊》副主编等职。

己的农民家长的影响，也开始非常同情县委书记。于是我们就和县上一些当时被称为"老保"的干部联合在一起（我曾是学生红卫兵组织的头头之一），在1967年公开表态保县委书记（他现任延安市第一书记，党的十一大全国代表）。这样反而加快了那些坏人想消灭他的步伐。我们这些保他的人为了他的生命，也为了让农民站到我们这一派来，就把县委书记偷运出县城交给了农民。农民们便这个村转到那个村把他藏了起来。当时县委书记为了不让两派因为他而发生武斗，哭着哀求让保他的人让他继续留在城里接受造反派的批斗，哪怕斗死他，他也愿意。他说他不能背离毛主席发动的"文化大革命"，因为他跟了一辈子毛主席。后来我们就用绑架的形式，强硬地把他弄到了农村。他还几次试图从农村回城里去接受造反派的批斗，但都被另一派和农民"关"了起来。这样县上两派就开始武斗，陕北上至军分区，下至各公社的枪支弹药全被抢光了，并且军队也分成两派，整整打了一年。后中央发了7·24布告才平息下来，是全国武斗最持久的地区。在1966年——1967年"文化大革命"最暴烈的时候，包括我们县委书记在内的许许多多陕北老干部，为了群众的利益，表现了可歌可泣的献身精神（这是老区干部最辉煌的品质），许多人为了党和人民的利益，献出了自己的生命。这些人都是带着迷惑不解的心情死在最初的风暴之中。当然，也有投靠一派、指挥武斗、出卖灵魂等等这样的干部。我自己的组织里也充斥着坏人，一切都颠倒、混乱！尤其是文化落后山区简直全部变成了"武化革命"。

　　……由于打倒了"四人帮"，许多政治问题都逐渐明朗，"文化大革命"初的那段疯狂生活又出现在我眼前，关于过去的种种思考使我内心充满了想要把它表现出来的焦躁，于是就写了那个中篇小说。由于一切都是经历过的、熟悉的，写得很快，往往白天黑夜激动得浑身发抖，有时都忍不住趴在桌子上哭出声来。

我在这篇小说中主要的着眼点是想塑造一个非正常时期具有崇高献身精神的人。我觉得，不管写什么样的生活，人的高尚的道德、美好的情操以及为各种事业献身的精神，永远应该是作家关注的主要问题。即使是完全写阴暗的东西，也应该看得见作家美好心灵之光的投射（比如鲁迅）。不管各个历史阶段的社会现象多么曲折和复杂，以上人类所具有的精神和品质总是占主导地位的。否则，人类也不可能发展到今天。更何况，我国人民在历史上形成的厚朴品质加上过去几十年党的正确领导和教育，使得生活中马延雄（县委书记）和具有马延雄式精神的人大量产生和存在，他们就是天塌地陷，也仍然保持着革命的赤子之心。当然，他们不是大政治家，更不是宗教意义上的先知圣人，他们只是一般的党的基层干部，既有党性觉悟，也有农民的朴素哲学。我在写他时（包括写其他类型的角色），想尽量反映那个时代的真实。就是十年"文化大革命"，不同的人在这十年不同的岁月里，认识、思想都有差别。我尽量让他们的思想和行为符合那个特定时间（在武斗夺权之时），和特定的地点（在陕北山区）。文章是粗线条的，主要考虑当时的生活气氛和节奏，用这种手法比较协调。

这篇作品目前这个样子并不理想，缺陷和不足都很明显。今后如有机会和条件，我想用较大一点的作品来反映这一段生活，这是现在我的想法。

这篇作品最好以中篇小说发表为好。因为这不是写一个具体的真事，我是把我了解的许多作品构思的要求虚构的；这不像约翰·里德《震撼世界的十天》那样的长篇报告。基本按历史事件和真实写成，并不虚构。另外，因写的是一个特定地区的生活，如按报告文学发，多事的人必然会从作品里寻找生活中的真实的原型，这样怕惹麻烦。请你们再考虑一下，我的意见最好能按中篇小说发……

尊敬的刘茵同志，我各方面的修养和准备都很差，极希望您和编辑部同志经常给我帮助和指导。我在内心十分感激《当代》编辑部，因为我们这些年轻人发作品是很困难的。遇不到热心的编辑，往往看也不看就退回来了。这篇作品写成后，曾给几家大刊物寄过，但都被退回来。当××杂志也是这个态度以后，我就让那位不太熟悉的同志转给你们。我曾想过，这篇稿件到你们那里，将是进我国最高的"文学裁判所"（先前我不敢设想给你们投稿）。如这里也维持"死刑原判"，我就准备把稿子一把火烧掉。我永远感激您和编辑部的同志，尊敬的前辈秦兆阳同志对我的关怀，这使我第一次真正树立起信心。

我已对若冰和鸿钧转达您对他们的问候，他们让我回信时转达他们对您的问候。

深致敬意！

（如有什么事，请再联系）

路遥

一九八〇年五月一日

同日　给曹谷溪写信。

谷溪同志：

好长时间了，不知你近况如何。先谈一下我的情况，我最近有些转折性的事件。我的那个写"文化革命"的中篇小说《当代》已决定用，五月初发稿，在《当代》第三期上。这部中篇《当代》编辑部给予很高评价，秦兆阳同志（《当代》主编）给予了热情肯定。另外，《山花》第四期已发那个短篇；《雨花》已通知用《青松与小红花》；河南《奔流》也可能用一篇一万多字的小说；《延河》第六期要发一篇特写，叫《病危中的柳青》。今年已经差不多要有十来万字的东西先后问世了。这是我多年不屈不挠追求的结果。现手头正在搞第二部中篇，已经写了三分之二。

我将要用我的劳动成果来回答我的朋友和敌人们。

中篇小说将发在我国最高文学出版单位的刊物上（人民文学出版社）这是一个莫大的荣誉。另外，前辈非常有影响的作家秦兆阳同志给予这样热情的肯定，我的文学生活道路无疑是一个最重大的转折。

我不知你现在有什么打算没有，我总希望你能努力，争取做出一点事业出来。除过该交的朋友，少交往，少结识，埋头读点书，写点东西，归根结底，人活一辈子，最重要的还不是吃好、穿好、逛好，而应该以辉煌的成绩留在历史上为荣。

前一段听说延安怎样对待你等等，这一半要怨这些人，另一半也是你不太检点造成的。世事不是谁能一铲子铲平的。我们必须注意到，我们是在一定的历史条件下生活和工作的，必须把自己和社会生活摆向适应的位置，这样可能集中力量搞点事，否则，光这些扯淡事就把生命浪费完了。

天乐来了信，谈了一下他的情况，看来是很苦的，我很难受，把一个二十来岁的人抛在一个自谋自食境地里，实在不是滋味。我是希望你想些办法的。你也不给我写信，告诉这倒究应该怎么办，你自己又办了些什么，前途怎样等等。我不了解具体的情况，怎样都无法改变这个人的处境，你能不能再活动一下，行吗？

我7、8、9三个月为创作假，将来延安，我要一鼓作气，再写出一些作品来。

你的情况我不太清楚，请你来信告诉我。

紧紧握手！

路遥

5月初 路遥应邀去北京《当代》编辑部修改小说。出发前，向负责《延河》发行的袁银波借了三百元钱。"他说，借300块，别告诉别人，编辑部啥时候要我啥时候还。临走，他叮嘱说："留神一下《当代》，新刊物出来给我留下，我有篇东西可能要发表在那上面。'果然不久，《惊心动魄的一幕》在《当代》发表了……一个月后，路遥还了三百元钱，那便是他《惊心动魄的一幕》的稿费……"（袁银波《相识在〈延河〉编辑部》）

到北京后，他在责任编辑刘茵的带领下，去了秦兆阳简陋的临时住所见到了这位德高望重的《当代》主编。刘茵后来回忆：路遥见到秦兆阳后非常局促，双手放在膝盖上端坐着，一副诚惶诚恐的样子。秦兆阳是延安鲁迅艺术文学院学生，他的青春年华是在战争中度过的；新中国成立后，他担任过《人民文学》副主编、《文艺报》执行编委。1956年发表的《现实主义——广阔的道路》引起很大反响。1980年，他出任《当代》文学双月刊主编。也就是说，《惊心动魄的一幕》是他上任不久后就看到的稿件，路遥的确是幸运的。路遥在秦兆阳的指导下，在人民文学出版社修改了二十来天，小说比原稿增加了一万多字。(厚夫《路遥传》)

在北京改稿期间，向韩石山约稿，韩给了路遥两个小说:《一顿饭》《社会基础》，后经路遥编辑，分别刊发于当年《延河》第8期、第10期。

路遥去世后，韩石山回忆 :"1980年，我在中国作家协会办的文学讲习所里学习，他来到我们的住处，向我和我的同学们组稿。当时他是《延河》编辑部的一名普通编辑。朴实，强壮，谦恭，我对他的印象很好。我给了两个短篇小说，都发表了。"(韩石山《在斯德哥尔摩西郊墓地的凭吊》)

路遥从北京改稿(《惊心动魄的一幕》)回来，给李小巴说，为了删改作品中的某些情节，他几乎和孟伟哉吵起来。同室的一位也是来改稿的外地作家劝他说 :"算了，改改吧，在《当代》上发作品可不容易呢。"路遥说:"我宁可不发! " 聊天中，路遥给李小巴说，孟伟哉还让他(路遥)重新起个笔名，说北京已经有个王路遥了。路遥却坚持用自己的笔名。

5月24日　在北京改稿。给曹谷溪写信。

谷溪 :

你好。

我于5月初来北京，在人民文学出版社改那个中篇小说已20来天了，工作基本告一段落，比原稿增加了一万多字，现在6万多，估计在《当代》

第三期发（6月发稿，9月出刊）。此稿秦兆阳同志很重视，用稿通知是他亲自给我写的，来北京的第二天他就在家里约见了我，给了许多鼓励……

天乐的事不知近期有无变化，我心里一直很着急，不知事情将来会不会办得合适一些。我已经（给）张弢写过信，让他协助你努力一下，我可能7月份来延安，到时咱们一块再想想办法。

我目前在创作上的想法很多，这些事解决不好，心志是静不下来，请你在可能的情况下助兄弟一臂之力吧。在延安剩下的朋友之中，你和张弢是我唯一可以依赖的了。你是一个有办法的人，但世界上也有许多对有办法的人的限制，坚冰不知能否打破。相信只要有钱眼大个洞，你就能钻进去。

我可能本月底或6月初返回西安，到时想看见你给我的回信。

此信你可叫天乐看看，我不单另给他写信了，让他写信给家里，告诉我的近期情况。

深致敬意！

朋友 路遥

24/5 于北京

5月30日　路遥改稿后离京时，给《当代》副主编孟伟哉写了一封信，专门谈小说的修改情况："您和刘茵同志谈过意见后，我又把稿件整理了一遍。我想了一下，觉得农民场面结束后，是应该很快跳到礼堂门口的。您的意见是对的。因此我把以后的那两节（现已合成一节）调整到农民场面的前面去了；农民场面一节重写了一遍。现在已经从农民场面的结束直接过渡到了礼堂门口上。至于您提出删去的那些内容，我用这种办法保留了下来。主要考虑到：一、如果没这个内容，马延雄回城的理由、必要性以及他对这个行动的思想动机将给读者交代不清楚，会留下一些漏洞（主要通过马延雄和柳秉奎的谈话说清楚这些）。二、这些都是马延雄和柳秉奎两个重要人物的细节描写，尤其是马延雄雨中挣扎一节。整个文章密度大一些，好不容易有这么个空子抒情性的描写了一下。

"现在这样处理，您提出的意见解决了，也保留了那一节。这只是我个人的感觉，可能不对，请您再看，如不行，我再改。

"您和刘茵同志提出的其他意见，我都尽力按你们说的解决了。我自己文字功力很差，有些疏漏和错字请编辑部的同志给予纠正……"（厚夫《路遥传》）

6月初 因为四弟王天乐工作的事回到延安，当时的王天乐在延安城揽工背石头。路遥回到延安，住在延安城南关街的地区招待所——延安饭店后，他开始四处寻找这位仅见过三次面、没说过几句话的三弟。后来，终于在一处工地上找到了这位蓬头垢面、衣衫褴褛的亲兄弟，并把他带回旅馆。

据王天乐回忆："见面后，我们长时间没有说话，吃过晚饭后，他才对我说，你可以谈一谈你个人经历，尽可能全面一点，如果谈过恋爱也可以说。于是，就在这个房间里，我们展开了长时间对话，一开始就三天三夜没睡觉。总共在这里住了十五天。他原打算刚写完《惊心动魄的一幕》再写一个短篇小说叫《刷牙》。但就在这个房间里，路遥完成了中篇小说《人生》的全部构思。当时，这个小说叫《沉浮》，后来是中国青年出版社王维玲同志修改成《人生》。通过这次对话，我们超越了兄弟之情，完全是知己和朋友。他彻底了解我，我也完全地知道了他的创业历程，

包括隐私。"（王天乐《苦难是他永恒的伴侣》）

路遥一心想帮这个他钟爱的弟弟，希望弟妹中学历最高、最有前途、最有思想的王天乐跳出"农门"。

6月26日 出席诗歌编辑座谈会，《延河》《长安》《绿原》的编辑出席了会议。

同月 特写《病危中的柳青》刊于《延河》1980年第6期。文章对柳青忠于理想，忠于艺术，于病危中仍然坚持《创业史》创作的精神作了细致的描写："他一边喘息着，一边向口里喷着药剂，吞着药丸，一边统帅着《创业史》里各种阶级、各种类型的人在他为他们铺设的'道路'上喧嚣地前进着。……在这个不到十个平方米的空间里，现在到处摆着维持和抢救生命的医疗器械：立在床头角里的大氧气瓶，像一颗小型导弹一般矗立；床下是一个汽车轮胎，里面装的也是氧气。""在这些日子里，焦急地关心着作家健康的延河文学月刊社的编辑们，时不时听见他被抬进了抢救室；可他的《创业史》第二部的手稿还是一章又一章不断头地送到编辑部来了；字里行间，犹闻他一片喘息之声！"（路遥《病危中的柳青》）

7月10至20日 在太白县参加农村题材短篇小说创作座谈会。本次会议是《延河》编辑部恢复以来第一次组织老、中、青作家召开的农村题材短篇小说创作座谈会。除路遥外，胡采、陈忠实、贾平凹、王蓬、京夫、邹志安、王晓新、蒋金彦、肖云儒、李星、蒙万夫等作家与评论家二十余人也参加了会议。会议历时10天，对每位作者的创作都进行了严肃认真的讨论，王蓬认为这"对陕西作家群的形成起到了重要作用"。时任《陕西日报》记者的肖云儒评论："这是一次深入到艺术创作过程去指导创作的会，领导创作就要这样切实的领导。"

7月15日 《惊心动魄的一幕》刊于《当代》1980年第3期。后在秦兆阳的推荐下,《惊心动魄的一幕》获得了"第一届全国优秀中篇小说奖"和"1979年—1981年度《当代》文学荣誉奖"。这是新时期陕西作家第一次获全国优秀中篇小说奖。

小说描写"文革"时期"一月风暴"后,两派群众组织夺权斗争的重大事件,满怀激情地塑造了马延雄这个为了群众利益而英勇牺牲的共产党人的英雄形象。这篇小说写于1978年,和当时汹涌澎湃的"伤痕文学"潮流格格不入,这部小说的发表,使路遥这个默默耕耘的文学青年初露头角,开始为新时期文坛所瞩目。

7月29日 参加中国作家协会西安分会召开的农村题材创作漫谈会。《文艺报》编辑部为了解各地反映农村生活创作情况,派人来陕西调研,为此,中国作家协会西安分会召开农村题材创作漫谈会。出席会议的还有陈忠实、贾平凹、邹志安、王晓新、蒋金彦、韦昕、王愚等,《延河》主编王丕祥主持,《文艺报》雷达学出席了会议。

7月 短篇小说《青松与小红花》刊于《雨花》1980年第7期。

8月 短篇小说《匆匆过客》刊于《山花》1980年第4期。

9月 短篇小说《卖猪》刊于《鸭绿江》1980年第9期;本月,于陕北完成《冬天的花朵》。

10月30日 给史小溪复信。谈及史小溪投稿事宜,并鼓励其继续努力。

10月 于西安完成小说《姐姐》。

同月 参加中国作家协会西安分会第三期读书会,参会的中青年作家共15人。据参加读书会的作家张虹回忆,路遥阴沉着脸,一副难受的样子。路遥对她说:"我是从比这儿还底层的地方出来的,起点太低。我要改变命运，要成就大事，就得付出比常人多数倍的努力甚至牺牲。这牺牲包括常人的欢乐和友谊。干大事就顾不得小节。谁做我的朋友，谁就得原谅我，接受我……"后来，张虹从读书班的同期同学中了解到，路遥正在经受"文革"问题的焦虑。(张虹《微笑的遗失》)

秋 王天乐在张史杰等人的帮助下，以延安县冯庄公社刘庄大队的农村户口，被招到铜川矿务局鸭口煤矿采煤四区当采煤工人。此后，路遥先后又把他调到《延安报》《陕西日报》当记者。王天乐命运的改变是路遥不懈努力的结果，王天乐在改变命运后，又不断在生活上与精神上全力帮助路遥创作。《平凡的世界》中孙少平原型就是王天乐；路遥去世前创作的六万字的《早晨从中午开始》，第一句话便是"献给我的弟弟王天乐"。可见，路遥与王天乐之间超越了兄弟之情，他们完全是知己，他们彼此了解。

12月3日 给史小溪复信，就其来稿给出具体意见，并建议其选择自己擅长的形式写作。

12月 小说《冬天的花朵》刊于《衮雪》①1980年第2期。

同月 "笔耕"文学研究组成立，宗旨是团结西安地区的文学评论工作者，开展创作评论、研究活动。"笔耕"文学研究组聘请胡采为顾问，选举王愚任组长，肖云儒、蒙万夫为副组长，成员是刘建军、费秉勋、李星等人。

冬 于西安写作《在困难的日子里》。

本年 完成小说《月夜静悄悄》。

---

① 《衮雪》，汉中市文学杂志，创刊于1980年8月，时年共出两期，第2期于12月出版。

|| 1981年（辛酉）32岁

1月13日 "笔耕"文学研究组成立后展开了第一次学术活动，就文艺真实性和倾向性进行专题讨论。同月，《延河》1981年第1期推出"陕西青年作家小说专号"。其中有莫伸的《雪花飘飘》、路遥的《姐姐》、王晓新的《邻居琐事》、邹志安的《喜悦》、陈忠实的《尤代表轶事》、王蓬的《银秀嫂》、贾平凹的《病人》、李天芳的《我们学校的焦大》以及京夫的《深山明月》。这期青年作家短篇小说专号，以整齐的阵容，推出了陕西文学创作第二梯队的领军人物。这期专号标志着陕西第二代作家崭露头角、集体走向中国文坛。

1月 西安电影制片厂主办的《电影新时代》杂志在西安创刊。

2月20日 古华的长篇小说《芙蓉镇》发表在《当代》第1期上，后经作者做了较大改动，11月由人民文学出版社出版。1982年，《芙蓉镇》荣获第一届茅盾文学奖。

2月 《延河》1981年第2期推出"陕西中年作家小说专辑"，刊出李小巴的《冯鉴先生》、蒋金彦的《秦中吟》、徐岳的《藏在心底的画》、峭石的《母女情》、赵熙的《东去的流水》。

3月5日　西安市文联、市总工会、团市委、中国作家协会西安分会联合召开茶话会，座谈如何办好本年的文学讲座。中国作家协会西安分会主席胡采，市文联副主席杨公愚，市总工会副主席葛瑜，陕西师大马家骏、高海夫，西北大学石昭贤、蒙万夫、张华，作家毛锜、贾平凹、晓雷等出席会议。

3月14日　病危中的茅盾先生，在口述了给中共中央请求在他去世之后追认为中共党员的信之后，又口述了给中国作家协会书记处的信："亲爱的同志们，为了繁荣长篇小说的创作，我将我的稿费二十五万元捐献给中国作家协会，作为设立一个长篇小说文艺奖金的基金，以奖励每年最优秀的长篇小说。我自知病将不起，我衷心地祝愿我国社会主义文学事业繁荣昌盛。"

3月27日　茅盾去世。遵茅盾先生遗嘱，中国作家协会主席团决定以先生的名字命名，设立茅盾文学奖，每三年评选一次，奖励全国范围内出现的优秀长篇小说。奖项依靠茅盾25万捐款的利息运作。随即，中国作家协会成立了茅盾文学奖评选小组。第一届初选小组的人是丁玲、艾青、冯至、冯牧、张光年、谢永旺等。周克芹的《许茂和他的女儿们》、魏巍的《东方》、姚雪垠的《李自成》、古华的《芙蓉镇》等6部作品获奖，据第一届评选的老评论家蔡葵回忆，关于评选的规则问题，参加评选的评委在开始时就向主持工作的评委会副主任张光年提出来，"他当即并未回答，说先让我想一想，过后，他讲了几条意见，大意是：反映时代，创造典型，取得了一致的共识。"

3月　《延河》1981年第3期发表曾镇南评论文章《向现实的深处开掘——读〈延河〉陕西青年作家小说专号》，同期还开辟了《大学生小说选》，刊出四篇小说。

4月 西安电影制片厂主办的《电影时代》创刊，1985年更名为《西部电影》。

本月 《延河》从1981年第4期开始开设"处女地"专栏，专为青年作者的成长提供园地。

5月23日 第一届中国电影"金鸡奖"授奖大会在杭州举行，电影《巴山夜雨》《天云山传奇》获最佳故事片奖。

5月 大型文艺刊物《小说界》在上海创刊。同月，李国文的长篇小说《冬天里的春天》由人民文学出版社出版，该小说获得第一届茅盾文学奖。

本月 《延河》编辑部召开小说创作座谈会，全省参会小说作者三十余人，《延河》主编王丕祥主持会议，中国作家协会西安分会主席胡采、副主席王汶石、李若冰参加了会议。

6月27日 中共中央十一届六中全会在京召开，会议通过了《关于建国以来党的若干历史问题的决议》。决议总结了新中国成立以来的一系列重大历史问题，不仅总结了"文化大革命"，而且实事求是地评价了毛泽东思想，为社会主义事业和党的工作指明了前进的方向。

6月 姚雪垠的长篇历史小说《李自成》第3卷由中国青年出版社出版，并荣获第一届茅盾文学奖。

7月 张洁的长篇小说《沉重的翅膀》在《十月》第4至5期连载，后荣获第二届茅盾文学奖。

8月3日 全国思想战线问题座谈会在北京召开，会议讨论了邓小平7月17日同中宣部有关负责同志的谈话。会上，胡耀邦作重要讲话。胡乔木作题为《当前思想战线的若干问题》的长篇讲话。

8月　刘建军、蒙万夫、张长仓合著的《论柳青的艺术观》由上海文艺出版社出版。

10月上旬　省中国作家协会举办第三期读书会。叶广芩、马林帆、王蓬等人参会。

11月12至24日　中国作家协会西安分会、西北大学、陕西师范大学、陕西现代文学学会、《延河》编辑部联合发起了"《创业史》及农村题材创作学术研讨会"，有8个省、市的评论家以及学者50余人出席了会议，联系当时农村题材创作的实际，深化作家对于柳青的认识。《延河》1982年1月号刊登《深入农村 勤奋耕耘——农村题材小说创作座谈会纪要》。

本年　贾平凹调任《长安》杂志编辑，负责陕西之外的全国来稿。

1月12日　给海波复信。路遥在信中谈到自己爱所有的亲朋，但因为事太多，不能一一周全。因为路遥母亲在西安，恳请海波弄点软米，想在春节期间做点油糕。

1月　短篇小说《姐姐》刊载于《延河》1981年第1期推出的"陕西青年作家小说专号"。

同月　李星的《艰苦的探索之路——谈路遥的创作》一文，在《文艺报》1981年第17期刊发。

3月16日　给张兴元写信。信中说小说《世道》已读，准备在《延河》重点稿刊发，商谈就小说人物某些地方做出修改并邀请张到西安来改稿。

3月28日　给张兴元复3月25日来信。谈改稿事项。

同日　给"商丘地委宣传部负责同志"写信，希望宣传部能同意张兴元来《延河》编辑部修改小说。

春 写作《在困难的日子》于西安。

4月中旬 "笔耕组"组织召开的农村题材创作座谈会。

4月 李炳银的评论《不要忘了这一幕：谈路遥的中篇小说〈惊心动魄的一幕〉》，发表于《陕西日报》。

同月 樊高林写的《读〈惊心动魄的一幕〉》在《当代》1981年第2期刊发。

同月 《延河》1981年第4期刊发沙平文章《各有千秋，各有深意——评〈姐姐〉与〈银秀嫂〉》。

5月16日 给海波复信。信中提到收到红枣与稿子；稿子不成熟，退回。另，谈及最近完成了一部中篇小说《1961年：在困难中》，《当代》主编秦兆阳来信首肯，初步决定要在《当代》发表，可能到年底了。信末，路遥说到自己非常忙，许多事情交叉进行，每天只能有三四个钟头睡觉。

5月17日 给海波复信中又补："我的中篇《惊心动魄的一幕》今天收到通知，已获首届全国优秀中篇小说二等奖。我二十三号动身去北京领奖（二十五号开大会）。这是一件对我绝对重要的收获。因忙，就写这几句。"

5月23日 动身赴北京领奖。

5月25日 参加全国优秀中篇小说颁奖大会。

据首届全国优秀中篇小说奖的评委王维玲回忆，他发现有一部陕西青年作者路遥写的中篇小说《惊心动魄的一幕》。对于列入选目中的作者和作品，他大都比较熟悉，或有一些印象，但对路遥和他的作品是完全陌生的。由于王维玲对陕西文学界的特殊感情，王维玲回忆"我首先读了这部作品，读过之后，我为路遥高兴，也为陕西文学界高兴，我确信这是一部有特色、有水平的作品。"王维玲认为路遥的第一个中篇，尽管作品还有稚嫩之处，但最终还是被评上了。在发奖会上，他特别留意路遥，他个头不高，敦敦实实，显得十分健壮。当时路遥的知名度还不够高，再加上他总是坐在后排，一脸淳朴憨厚相，不了解他，不与他接触，谁也感觉不到他的艺术气质和才华。在这次发奖会上，他有些孤独，有些寂寞。在座谈会上，面对那些潇洒自如，侃侃而谈的知名中青年作者，路遥显得很沉默，大小会上，一言不发，专注地听每一位获奖作者的发言。路遥的专注表现，引起了他的注意，一次王维玲把路遥约到休息厅，进行了长时间的推心置腹的交谈。王维玲认为路遥是一个很有头脑、很有才气的青年，一个聪明绝顶又很有潜力的青年，一个自尊心、上进心都很强的青年。"我由衷地喜欢上了他，发自内心地敬佩他，甚至有点儿偏爱，这年路遥刚刚三十一岁，从此我们两人便结下了不解之缘。"正是在这次会上，王维玲得知路遥准备写一部关于城市与农村"交叉地带"的中篇小说。经过长谈，王维玲与路遥初步敲定了这部小说，有了最初的约稿。（王维玲《路遥，一颗不该早陨的星》）

路遥回忆，参加《惊心动魄的一幕》颁奖活动后，他刚刚回到下榻的房间，突然接到一个陌生女人的电话。"你是谁？你没有事的话，我就挂断电话了！"电话线那头传过来："你真的不记得我了吗？一位熟悉的老朋友！"说话的人穿着一件红风衣，在马路对面的电话亭等他。路遥自称扔下电话，疯了一样跑下楼。横穿马路而过。"我奇怪汽车为什么没有轧着我！"[①]（高建群《扶路遥上山》）

---

① 此处穿红风衣的人当指路遥的初恋女友林虹。

6月18日　赴北京参加颁奖大会后回来给张兴元复信，告张兴元小说《世道》一稿已发《延河》七月号小说头条位置，并勉励张继续努力。

6月25日　中国作家协会西安分会在西安举行茶话会，表彰近年陕西36篇（部）文学作品获奖。此次会议共安排三名获奖代表发言，路遥也在其中，他作了《谦虚谨慎　戒骄戒躁》的发言。这次发言是路遥在陕西全省的重要文学会议上第一次公开发言。

6月　短篇小说《月夜静悄悄》（又名《月下》）刊于《上海文学》1981年第6期。

初夏　参加中国作家协会西安分会机关组织的游华山活动，与同事一同爬华山、看日出。

7月6日　给海波复信。谈海波小说《芳芳》内涵不深，送终审被刷下来。近日准备去陕北，先到甘泉。

7月10日　开始休创作假，四个月。

期间，路遥在劲挺的陪同下进行了两次采访。一次是在杨家岭后沟二号工地附近的一个村子，村子虽距延安城不远，但几乎与世隔绝，连条公路也没有，一派鸡鸣狗叫。另外一次去的是杨家湾，采访的是杨家湾小学，校长姓党，人很精干。据劲挺回忆，路遥采访得很细，主要问的是学校管理问题、教师教学中的困难等。他说，准备写个小学教师。

7月15日　《谦虚谨慎　戒骄戒躁》在中国作家协会西安分会主编的《文学简讯》总第11期上刊发。

7月 在甘泉县招待所创作中篇小说《人生》①。路遥选甘泉县招待所实施创作计划，其核心原因是好友张弢任甘泉县文化局局长，他找到甘泉县县长吕少敏同志，安顿好路遥的住宿与吃饭问题。就这样，路遥投入到中篇小说《人生》创作的最后冲刺阶段。

路遥在甘泉用了21个昼夜创作完成了13万字的中篇小说《人生》的初稿："我一生中度过的最美好的日子是写《人生》初稿的二十多天。在此之前，我二十八岁的中篇处女作已获得了全国第一届优秀中篇小说奖，正是因为不满足，我才投入到《人生》的写作中。为此，我准备了近两年，思想和艺术考虑备受折磨；而终于穿过障碍进入实际表现的时候，精神真正达到了忘乎所以。记得近一个月里，每天工作十八个小时，分不清白天和夜晚，浑身如同燃起大火，五官溃烂，大小便不畅通，深更半夜在陕北甘泉县招待所转圈圈行走，以致招待所白所长犯了疑心，给县委打电话，说这个青年人可能神经错乱，怕寻'无常'。县委指示，那人在写书，别惊动他（后来听说的）……人，不仅要战胜失败，而且还要超越胜利。"（路遥《早晨从中午开始》）

白描回忆："1981年夏，你在甘泉招待所写作《人生》时，我在延安大学妻子那里度假。一天专程去看望你，只见小屋子里烟雾弥漫，房门后铁簸箕里盛满了烟头，桌子上扔着硬馒头，还有几根麻花，几块酥饼。你头发蓬乱，眼角黏红，夜以继日的写作已使你手臂痛得难以抬起。你说你是憋着劲儿来写这部作品的，说话时牙关咬紧像要和自己，也像要

---

① 小说《人生》是出版后的名字，初名为《生活的乐章》，后经过中国青年出版社编辑王维玲与路遥协商后改为《人生》，后文对此有详叙。

159

和别人来拼命。十三万字的《人生》，你二十多天就完稿。"（白描《写给远去的路遥》）

完成《人生》的初稿后，路遥便赴榆林。在榆林佳县白云山抽了一签，签名叫"鹤鸣九霄"，是出大名之意。回西安路过铜川，路遥把小说念给弟弟王天乐。路遥读完小说后，流下了热泪："弟弟，你想作品首先能如此感动我，我相信她一定能感动上帝。"（王天乐《苦难是他永恒的伴侣》）

回到西安，林达读到《人生》原稿时也流下了热泪。

路遥谈《人生》时说："写《人生》时，我住在陕北一个小县城的招待所，出城就是农村。有一晚上，写德顺带着加林和巧珍去县城拉粪，为了逼真地表现这个情节，我当晚一个人来到城郊的公路上走了很长时间，完了回到桌面上，很快把刚才的印象融到了作品之中，这比想象得来的印象更新鲜，当然也更可靠。"（路遥《答〈延河〉编辑部问》）

路遥后来在《答中央广播电视大学问》中披露过他创作《人生》的情形："我写《人生》反复折腾了三年——这作品是1981年写成的，但我1979年就动笔了。我紧张地进入了创作过程，但写成后，我把它撕了，因为，我很不满意，尽管当时也可能发表。我甚至把它从我的记忆中抹掉，再也不愿想它。1980年我试着又写了一次，但觉得还不行，好多人物关系没有交织起来。"（路遥《答中央广播电视大学问》）

8月　出席延安地区短篇小说讨论会。

9月12日　在西安给海波写信。路遥在信中说："我是就我知道的和认识到的对你毫无保留。""有话请来信，寄上刊物一本。"

9月19日　与张志杰、韩亨林在榆林地区招待所长谈。

路遥从延安来到榆林，住在榆林地区招待所，韩亨林和同学张志杰一起去看他。路遥拿出自己的中篇小说《生活的乐章》，请他们提意见。那天，三个人彻夜长谈。路遥的作息一直不规律，透支着身体，这也为他日后生病埋下隐患。"路遥当时说自己为了这个小说写了三年，但这不是他最终的目标，他还会构思更宏大的作品。"这部中篇小说就是1982年轰动全国的《人生》。（马蕊、刘予涵《像牛一样劳动，像土地一样奉献——韩亨林眼中的路遥》）

9月21日　王维玲收到路遥的信。（《路遥，一颗不该早陨的星》）

非常感谢您对我的信任和关怀，我甚至有点不安，觉得愧对您一片好心。以前的短篇，我自己都不很满意，因此不敢给您寄来，不过，在所有的约稿中，我对您的约稿看得最重，已经使我有点恐惧，我生怕不能使您满意，因此，每写出一篇，犹豫半天，还是不敢寄来。我现在给您谈谈我的中篇，这个中篇是您在北京给我谈后，促我写的，初稿已完，约十三万多字，主题、人物都很复杂，我搞得很苦，很吃力，大概还得一个多月才能脱稿，我想写完后，直接寄您给我看看，这并不是要您给我发表，只是想让您给我启示和判断，当然，这样的作品若能和读者见面，我是非常高兴的，因为我们探讨的东西并不一定会使一些同志接受。我写的是青年题材。我先给您打个招呼，等稿完后，我就直接寄给您。

本月　短篇小说《冬天的花朵》，经修改，更名为《风雪腊梅》刊于《鸭绿江》1981年第9期。

10月17日　王维玲收到路遥的回信。（王维玲《路遥，一颗不该早陨的星》）

您的信鼓舞和促进了我的工作进度。现在我把这部稿子寄上，请您过目。这部作品我思考了两年，去年我想写，但准备不成熟，拖到今年才算写完了。……我自己想在这个不大的作品里，努力试图展示一种较为复杂的社会生活图景，人物也都具有复杂性。我感到，在艺术作品里，生活既不应该虚假地美化；也不应该不负责任地丑化。生活的面貌是复杂的，应该通过揭示主要的矛盾和冲突，真实正确和积极地反映它的面貌，这样的作品才可能是有力量的。生活在任何地方都不会是一个平面；它是一个多棱角的"立锥体"，有光面的，也有投影，更多的是一种复杂相互的折射。问题还在于写什么，关键是怎么写，作家本身的立场——可以写"破碎"的灵魂，但作家的灵魂不能破碎。已经谈得太多了，也不一定正确，只是自己的一些认识，不对处，请您批评。至于这部作品本身，您会判断的。我等着您的意见。

王维玲回忆：

我怀着无比喜悦的心情，很快就把《人生》初稿读完了。我又请编辑室的许岱、南云瑞看了这部书稿。他们与我一样，同样是怀着巨大的热情和浓厚的兴趣读完这部书稿的。之后我们坐在一起，认认真真地进行了一次讨论。现在回忆起当年那种对作者的真挚的感情和对作品炽热的激情，还感奋不已。大家一致认为稿子已十分成熟，只是个别地方还需要调整一下，结尾较弱，如能对全稿再作一次充实调整、修饰润色，把结尾推上去，则这又会是路遥一部喜人之作。我满怀信心地给路遥写了封回信（引者注——见1981年11月11日），我写给路遥的许多封信，都没有留下底稿，独独留下了这封信的底稿，为什么？至今我也说不清楚。这封信给路遥很大鼓舞和信心，使《人生》在已有的基础上，又上一层楼。

10月30日　参加《文艺报》来陕召开的农村题材创作座谈会。

10月31日　给海波写信。谈及读书班与稿子的事情。

11月8日　给海波复信。就海波来稿给予指导，并鼓励其"走一条有出息的生活道路"，"合理地生活，合理地做人"。

11月11日　王维玲给路遥复信。(《路遥，一颗不该早陨的星》)

路遥同志：

近来好！我和编辑室的同志怀着极大兴趣，一口气把你的中篇读完了。你文字好，十分流畅，又有强烈的生活气息和时代特色，让我们一读起来就放不下。虽然我生活在城市，对今天的农村生活变化不很了解，但读你的作品时，没有一点陌生的感觉，就像全都是发生在我身边的事一样，让我关心事件的发展，关心人物的命运，为你笔下人物的遭遇和命运，一时兴奋，一时赞叹，一时惋惜，一时愤慨，我的心，我的情，完全被你左右了。读完你的作品，让我对你的创作更加注目和关心，对你的文学才华更加充满信心。我相信，你今后一定还能写出更为喜人的，同时也是惊人的作品，我期望着，等待着！《生活的乐章》(即《人生》——引者注)出版以后，会在文学界和青年读者中引起重视和反响。就我们看到的近似你这样题材的作品，还没有一部能达到这样的艺术水准。为使你的作品更加完美，我们讨论了一下，有几点想法提供给你参考。

①小说现在的结尾，不理想，应回到作品的主题上去。加林、巧珍、

巧玲等不同的人物都应对自己的经历与遭遇，行动与结果，挫折与命运，追求与现实做一次理智的回顾与反省，从各自不同的角度总结过去，总结自己，总结旁人走过的道路，给人以较深刻的启示和感受，让人读后思之不尽，联想翩翩。现在的结尾较肤浅，加林一进村，巧玲就把民办教师的职位让给他，并且对他表现出了不一般的感情，给人的感觉，好像这一切都是巧珍的安排，让自己的妹妹填补感情上的遗憾。巧珍会这么做吗？！读过后感到很不自然。加林对巧珍的内疚和自我谴责；与黄亚萍一段交往和所作所为，以及最后的反省和悔恨都还应再往上推一推。现实生活给予他这么重的惩罚，他应有所觉醒，有所认识，现在稿子发掘还不深，弱而无力。而缠绵的感情又显得多余，读者读到最后，想到的是加林和巧珍如何对自己、对生活做出评价，而不是其他！

②关于巧珍。这是一个非常可爱的人物，应该贯彻始终。桥头断交，她显得比加林更真实更感人，描写人物就是要在这些地方下功夫，显示人物的高尚和光彩。在她回村以后，可以写她感情上的痛苦，但不应过多、过重，现在把她写得不能自拔，过了。她是个感情无比丰富的女性，同时又是一个理智的女性，两个方面都应显示出这个人物的光彩，现在对她的理智的一面展示不够，发掘不深，人物的血肉就显得不够丰满。她决定嫁给马栓，从不爱到爱，是她从理性的思索到感性的变化结果，要准确表现出人物的感情转变。巧珍与加林不同之处，她是一个爱情专一的青年，但同时她也是一个自尊自爱，又实际，又理智的青年，要在最后的篇幅里，将这两方面充实丰满起来。

③关于马栓，对他的性格描写还不够统一，他出场时，给人的印象是一个善于逢迎拍马，很会投机钻营，滑头滑脑的人，但在结尾和巧珍

成亲时，又是一个朴朴实实，讲究实际，心地善良的青年农民形象。前后要统一，还是把他写得朴实可爱一点好。

④关于加林，总的说来，写得很好，但有几个关键转折之处，还显得有些表面，发掘不深。他对巧珍是有感情的，为了与亚萍好，扔掉巧珍，他事前用尽心思，作了各种准备，没想到在大桥，仅三言两语，巧珍就明白了，那么轻易解决，这时他应感到意外，感到震惊，事后他应感到痛苦、感到不安！而且这种内疚的心情，应该越来越强烈，直到从省城回来，知道将要把他遣返回乡的冷酷现实不可改变，知道巧珍嫁给马栓，想到他与亚萍的关系不可能继续，他的失望悔恨，惋惜痛苦的心情应更强烈，他去找亚萍，告诉亚萍他心里真正爱的还是巧珍，这应是他不断反省，发自内心的话！这才符合人物当时处境，才能造成悲剧气氛。现在的稿子无论气氛，还是环境，无论加林，还是他周围的人物，写得都不够充分，不够强烈。小说中，围绕加林与巧珍，加林与亚萍的爱情描写上，有重复的地方，也有刺眼的东西。还是含蓄一些更好，可适当做些修改。

⑤德顺爷爷写得实在可爱，但他与加林的父亲到县里找加林说理，为巧珍抱不平等描写又过于简单，分量不够，应再深一点、重一点才好。

以上意见提供给你参考，想好后，修改起来也很便利。总的来说，不伤筋、不动骨，也没大工程，只是加强加深，加浓加细，弥补一些漏洞，使人物的发展更加顺理成章，合理可信。

关于下一步有两种考虑：一是你到我社来改，有一个星期时间足够了。二是先把稿子给刊物上发表，广泛听听意见之后再动手修改，之后再出书。我个人倾向第一种方案。现在情况你也知道，常常围绕作品中个别人物，个别情节，争论不休，使整个作品在社会上的影响受到伤害。

我想，发表的作品和出书的作品都应该尽可能地避免这种情况发生才好。不知我的这些想法，你以为如何？

祝好！

王维玲

一九八一年十一月十一日

王维玲回忆：

很快我就收到路遥的回信，信中写道："非常高兴地收读了您的信，感谢您认真看了我的稿子，并提出了许多宝贵意见。我同意您的安排。我想来出版社，在你们的具体指导下改这部稿子，因为我刚从这部作品中出来，大有'身在庐山'之感。我现在就开始思考你们的意见。您接我的信后，可尽快给丕祥和鸿钧写信。估计他们会让我来的。"我与丕祥、鸿钧是老朋友了，他们当时主持中国作家协会和《延河》杂志的工作，对文学创作，特别是对青年作者一直持热情扶持的态度。果不出我所料，我的信发出不久，路遥就来京了。时间是一九八一年十二月。

秋　中篇小说《人生》先后在西安、咸阳修改。1991年10月26日，路遥在延川回忆当年的情形："二十一天把初稿写完，我自己也不知道这到底是什么东西，就背上这个稿子到陕北转了一圈，认真地把这篇稿子重新审视了一遍。回到西安后，又待了半个月，又赶到咸阳，用了十几天时间，把这个稿子又搞了一稿。这就是第二稿，定稿。"（路遥《在延

川各界座谈会上的讲话》）

深秋　赴延安出差并出席延安文艺界举行的欢送甘肃中国作家协会访问团晚宴。

12月8日　《姐姐》获得《延河》文学月刊短篇小说评奖。该奖由《延河》文学月刊，针对1980年10月至1981年9月期间发表的作品颁发，同期获奖的还有王晓新的《诗圣阁大头》、莫伸的《雪花飘飘》、邹志安的《喜悦》、陈忠实的《尤代表轶事》、王蓬的《银秀嫂》、贺抒玉的《琴姐》、余君亮的《村愁》。

12月30日　收到秦兆阳来信《致路遥同志》。

12月　完成小说《痛苦》于北京。

同月　到北京改稿。路遥到京后的第二天，就去找王维玲谈自己的修改思考。二十多年后，王维玲后来回忆当时的情景，仍赞不绝口："事实上这个上午他谈的这些构想，几乎没有一条是原封不动地采纳我们的建议，但他谈的这些，又与我们的建议和想法那么吻合。听他讲时，我连连叫好；听完之后，我击掌叫绝。路遥的悟性极高，不但善解人意，而且能从别人的意见、建议之中抓住要点和本质，融会贯通，化为自己的血肉，融化到小说中去，他是一个富有创造性的人，一个艺术细胞十分活跃，天赋条件再好不过的人。我从事文学编辑几十年，最喜欢与路遥这样的作者合作，这种合作，随时能让我看到从作家身上爆发出来的创作性的火花；这样的创作性，让我激动，让我兴奋，让我痴迷，让我看到信心，看到希望，看到成功，对一个编辑来说，再没有比这高兴的事，这是一种难得的美的享受。"

"中国青年出版社把路遥安排在出版社大院内一间高大明亮的客房

改稿。这间客房本来是专门接待老作家的，配有写字台、沙发、席梦思床和木地板，是当时最好的条件。路遥在这里住了十天左右，全身心地投入作品的修改工作。期间有一个星期的时间，他竟没有离开过书桌，累了，伏案而息；困了，伏案而眠，直到把作品改完抄好。中国青年出版社熟悉他的朋友，都非常感动与敬佩。""修改后的《人生》很理想，我很快就定稿发排了。……当时这部小说的名叫《生活的乐章》，我们都觉得不理想，但一时又想不出一个更好的名字，约定信件联系。"（王维玲《路遥，一颗不该早陨的星》）

同月　白描的《论路遥的小说创作》在《延河》1981年第12期刊发。

冬　小说《在困难的日子里》完稿于西安。

本年　小说《风雪腊梅》获得《鸭绿江》年度"作品奖"；《惊心动魄的一幕》获1979—1981年度当代文学荣誉奖、第一届全国中篇小说奖。路遥成了陕西第一个获全国中篇小说奖的作家。

||1982年（壬戌）33岁

1月1日　中共中央批转《全国农村工作会议纪要》。《纪要》指出，目前农村实行的各种责任制，包括小段包工定额计酬，专业承包联产计酬，联产到劳，包产到户、到组，包干到户、到组，等等，都是社会主义集体经济的生产责任制。

2月10至13日　"笔耕"文艺研究组在西北大学召开"贾平凹近作研讨会"。贾平凹在会上概括地介绍了他对创作的追求，他说，他将力求以中国传统美的表现方法，真实地表达现代中国人的生活和情绪。他把自己的创作分为三个阶段，或者说是三种境界，即单纯"入世"、复杂"处世"、单纯"出世"。

2月21至28日　《延河》编辑部在西安召开"青年业余创作座谈会"，首次在刊物发表作品的39位作者参加会议，胡采、王汶石、杜鹏程、李若冰等做了发言。《延河》5月号刊登《壮大作者队伍繁荣文学创作——《延河》编辑部召开青年业余作者创作者座谈会》。

2月　李若冰任陕西省委宣传部副部长。

6月8至11日　《延河》编辑部召开诗歌创作座谈会。

8月1日　《上海文学》在专栏"关于当代文学创作问题的通信"中刊登了冯骥才、李陀、刘心武关于高行健的《现代小说技巧初探》一书的通信。由此，开始了文坛关于"现代派"文学的热评。

8月　李凤杰①中篇小说《针眼里逃出的生命》在全国获奖。

9月　邓小平在中国共产党第十二次全国人民代表大会上致开幕词，谈新时期三大任务。

10月7日　中国作家协会西安分会举办的第一期短篇小说讲习班开学，胡采在开学典礼上做发言《既已开始，就坚持做出成绩来！——在中国作家协会西安分会举办的短篇小说讲习班开学典礼上的讲话》，后刊于《延河》1983年第4期。讲习班每周讲课一次，12月下旬结束。

10月7至12日　中国作家协会西安分会"笔耕"文学研究组和商洛地区文化局、商县文化局联合主办京夫作品讨论会。胡采、王丕祥、董得理参加。

12月18日　首届茅盾文学奖授奖大会在北京举行。《许茂和他的儿女们》等六部长篇小说获奖。

本年　陕西省中国作家协会、"笔耕组"和《延河》编辑部召开会议，对贾平凹、京夫的创作分别给予专题研讨。

本年　陈忠实的短篇小说集《乡村》由陕西人民出版社出版。《乡村》收录了19个短篇，主要描写发生在"乡村"这块沃土上的生活故事。这些故事有作者对于历史深沉、厚重的反思，也有对现实富有生气的描绘。

---

①　李凤杰，陕西省岐山县人，曾任陕西省作家协会副主席、宝鸡市作家协会主席。作品《针眼里逃出的生命》《水祥和他的三只耳朵》入选"百年百部中国儿童文学经典书系"。

1月6日　给王维玲去信，商讨关于小说《人生》的名字。

"一九八二年一月六日南云瑞转给我一封路遥的来信，信里写道：'我突然想起一个题目，看能不能安在那部作品上，《你得到了什么？》或者不要问号。有点像柯切托夫的《你到底要什么？》格式有点相似，但内涵不一样。……我和南云瑞一起讨论了路遥的来信，他提出的书名，虽然切题，但套用《你到底要什么？》太明显了。我从路遥稿前引用柳青的一段话里，看中了开头的两个字'人生'。想到'人生'既切题、明快，又好记。大家都觉得这个书名好，于是便初步定下来，我写信征求路遥的意见。我一直鼓励路遥写《人生》下部，并且要他尽快上马，趁热打铁，一鼓作气干下去。我的这些考虑也全都写进信里。"（王维玲《路遥，一颗不该早陨的星》）

1月11日　给海波复信。告知海波自己从北京中国青年出版社改稿回来，今年有望出版两部中短篇小说集。

1月31日　王维玲收到路遥的来信。路遥在信中感谢王维玲为小说命名《人生》。

您的信已收读，想到自己进步微小，愧对您的关怀，深感内疚，这是一种真实的心情，一切都有待今后的努力，争取使自己的创作水平再能提高一点。关于那部稿子的安排，我完全同意您的意见，一切就按您的意见安排好了。你们对这部作品的重视，使我很高兴。作品的题目叫《人生》很好，感谢您想了好书名，这个名字有气魄，正合我意。至于下部作品，我争取能早一点进入，当然一切都会很艰难的，列夫·托尔斯泰说过："艺术的打击力量应该放在作品的最后"（大意），因此这部作品的下部如果写不好，将是很严重的，我一定慎重考虑，认真对待。一旦进入创作过程，我会随时和您通气，并取得您的指导。上半年看来不行，因为我要带班。

这几天我的小孩得肺炎住院，大年三十到现在感情非常痛苦，就先写这些，有什么事情您随时写信给我。

王维玲回忆："为了扩大《人生》的社会影响，我们想在出书前先在一家有影响的刊物上作重点稿推出。我想到了《收获》杂志。但不知路遥的想法如何？我把我的想法写信给路遥，同时，我在信中又一次提起《人生》下部的写作，希望他尽快上手。"（王维玲《路遥，一颗不该早陨的星》）

之后，王维玲把小说《人生》转到了上海的《收获》编辑部。

2月6日　参加《延河》文学月刊短篇小说颁奖会，并代表获奖作者发言。

3月6日　给海波写信。告知海波的稿件在《延河》六月号"处女地"栏目发表，并同期配发一篇一千字的短评。信中谈到从五月号（实际工作从现在起）已负责小说散文组的发稿工作；7月到10月底是创作假。

3月25日　秦兆阳《要有一颗火热的心——致路遥同志》一文刊于《中国青年报》。

秦兆阳对路遥的中篇小说《惊心动魄的一幕》给予充分的肯定："这不是一篇针砭时弊的作品，也不是一篇'反映落实政策'的作品，也不是写悲欢离合、沉吟于个人命运的作品。它所着力描写的，是一个是非分不清、思想水平并不很高却又不愿意群众因他自己而掀起大规模武斗以致造成牺牲的人，所以他带着全身的重伤，极端艰苦地连夜赶路，把自己送到坏人手上……""朴素自然，写得很有真实感，能够捕捉生活里感动人的事物……""别具匠心的结构，生动的语言……"秦兆阳的充分肯定，《惊心动魄的一幕》荣获"全国首届优秀中篇小说奖"起到了一定的作用。路遥凭此小说第一次被全国文学界所瞩目。

4月2日 给王维玲复信。（王维玲《路遥，一颗不该早陨的星》）

非常高兴地收读了您的信……我感到极大的愉快，也使我对所要进行的工作更具有信心，同时也增加了责任感；仅仅为了您的关怀和好意，我也应该把一切做得更好一些。对于我来说，各方面的素养很不够，面临许多困难需要克服，精神紧张，但又不敢操之过急。不断提高只能在不断地创作实践过程中才能实现，您的支持是一个很大的动力。

关于《人生》的处理我很满意，您总是考虑得很周到，唯一不安的是我的作品不值得您这样操心，这绝不是自谦。为此，我很感激您。

我上半年一直忙于发稿，一切写作方面的计划，只能在下半年开始，如果搞专业，条件将会好一些，可以更深入地研究生活，研究艺术，光处于盲目的写作状态是不行的，面对一个题材要反复地思考，这是我的习惯。我今后的工作进展，随时都会告诉您的。但我不愿经常无谓地打扰您。

4月 《东拉西扯谈创作》，刊于《文学简讯》1982年第2期。

5月4日 给史小溪复信。告知其《鸡的轶事》已发表于《延河》七月号。

5月6日 从西安出发去延安。

5月8日　参加中国作家协会西安分会在延安举行的毛泽东《在延安文艺座谈会上的讲话》发表四十周年纪念活动。胡采亲自率领包括陈忠实在内的七八个刚刚跃上新时期文坛的陕西青年作家赴会。其间，路遥与公刘等人游清凉山并留影纪念。

5月10日　在延安剧院看历史文献片《延安散记》。

5月15日　写《十年——写给〈山花〉》于延安。路遥在文中谈道："十年前，在混乱的日子里，在一个远离交通干线的荒僻的小县城，几个从不同生活道路上走在一起的人，竟然办起了一张文学小报，取名为《山花》。……艺术用它巨大的魅力转变一个人的生活道路，我深深感谢亲爱的《山花》的，正是这一点。……十年是漫长的。十年是短暂的。我愿于再一个十年之后，和亲爱的《山花》相会在一个新的年代里。愿那时《山花》，更加丰彩，我自己也不辜负它的栽培之情。"

5月23日　在陕西文艺界纪念《讲话》发表四十周年大会上作《严肃地继承这份宝贵的财产》发言，后收入《五月的杨家岭》一书。

5月25日　中篇小说《人生》刊于《收获》1982年第3期；文末编辑注明了此稿是由《青年文学》供稿，将由中国青年出版社出版。

《人生》以农村知识青年高加林的事业、爱情为线索，将城市与农村、社会与家庭、忏悔与责难、爱与恨，交织在一起，展现出了一幅当代社会生活的真实图景，同时，路遥把农村青年及中国农民的出路问题尖锐地摆到了人们面前。在这部小说里，路遥把新旧交替时期农村青年高加林贡献给了当代文坛。

路遥曾说过："通过塑造人物把我们时代最重要的社会的、道德的和心理的矛盾交织成一个艺术的统一体。"（路遥《关于〈人生〉和阎纲的通信》）路遥是主观感情色彩相对强烈的作家，他学习柳青，因而他的小说也具有哲理性、抒情性、议论性的特点。《人生》的题词中引用了柳青关于人生道路的议论："人生的道路虽然漫长，但紧要处常常只有几步，特别是当人年轻的时候。没有一个人的生活道路是笔直的、没有岔道的。有些岔道口，譬如政治上的岔道口，你走错一步，可以影响人生的一个时期，也可以影响一生。"

据陈忠实回忆："在这次会上（中国作家协会西安分会在延安举行的毛泽东《在延安文艺座谈会上的讲话》发表四十周年纪念活动——引者注），得知路遥的《人生》发表。会后从延安回到灞桥镇，当天就拿到文化馆里订阅的《收获》，几乎是一口气读完了这部十多万字的中篇小说《人生》。读完这部在路遥创作道路上，也是中国当代文学史上堪称里程碑的作品之后，坐在椅子上，'是一种瘫软的感觉'，不是因了《人生》主人公高加林波折起伏的人生命运引起的，而是因了《人生》所创作的'完美的艺术境界'。这是一种艺术的打击。"（陈忠实《摧毁与新生》）

同月 《当代》杂志主编何启治来西安代表《当代》专门为路遥颁发"《当代》第一届优秀中篇小说奖"获奖证书。

6月 《人生》发表后，文艺界好评如潮，激起了广大读者强烈反响。

"小说《人生》发表后，我的生活完全乱了套。无数的信件从全国四面八方蜂拥而来，来信的内容五花八门。除过谈论阅读小说后的感想和种种生活问题、文学问题，许多人还把我当成了掌握人生奥妙的'导师'，纷纷向我求教'人应该怎样生活'，叫我哭笑不得。更有一些遭受挫折的失意青年，规定我必须赶几月几日前写信开导他们，否则就要死给你看。与此同时，陌生的登门拜访者接踵而来，要和我讨论或'切磋'各种问题。一些熟人也免不了乱中添忙。刊物约稿，许多剧团、电视台、电影制片厂要改编作品，电报、电话接连不断，常常半夜三更把我从被窝里惊醒。一年后，电影上映，全国舆论愈加沸腾，我感到自己完全被淹没了。另外，我已经成了'名人'，亲戚朋友纷纷上门，不是要钱，就是让我说情安排他们子女的工作，似乎我不仅腰缠万贯，而且有权有势，无所不能。更有甚者，一些当时分文不带而周游列国的文学浪人，衣衫褴褛，却带着一脸破败的傲气庄严地上门来让我为他们开路费，以资助他们神圣的嗜好，这无异于趁火打劫。"（路遥《早晨从中午开始》）

7月11日 于西安写《面对着新生活——致〈中篇小说选刊〉》。文中路遥曾谈到自己创作《人生》的初衷：

我每次到北京，总爱在首都新建不久的立体交叉桥上徘徊良久。复杂的交叉道路，繁忙的车辆行人：不断地聚会，不断地分散；有规则中的无规则，无规则中的有规则；这一切组成了一副多么纷繁复杂的图景。

立体交叉桥，几乎象征了我们当代社会生活的面貌。

……

我是一个农民的儿子，在大山田野里长大；又从那里走出来，先到小县城，然后又到大城市参加了工作。农村我是熟悉的；城市我正在努力熟悉着；而最熟悉的是农村和城市的"交叉地带"。我曾长时间生活在这一地带，现在也经常"往返"于其间。我自己感到，由于城乡交往逐渐频繁，相互渗透日趋广泛，加之农村有文化的人越来越多，这中间所发生的生活现象和矛盾冲突，越来越具有重要的社会意义。城市和农村本身的变化发展，城市生活对农村生活的冲击，农村生活城市化的追求意识，现代生活方式和古朴生活方式的冲突，文明与落后，资产阶级意识与传统美德的冲突，等等，构成了现代生活的重要内容。在这座生活的'立体交叉桥'上，充满了无数戏剧性的矛盾。可歌的，可泣的，可爱的，可憎的，可喜的，可悲的人和事物都有。我们不应该回避生活中的矛盾和冲突，因为只有反映出了生活中真实的（不是虚假的！）矛盾冲突，艺术作品的生命才会有不死的根！

7月　短篇小说《痛苦》刊于《青海湖》1982年第7期。

同月　开始休创作假。

8月17日　收到文学评论家阎纲的来信，被要求谈谈"怎样写人生"，怎样理解《人生》："近期以来，很少有小说像《人生》这样扣人心弦，启人心智。你很年轻，涉世还浅；没想到你对于现今复杂的人生观察得如此深刻。在创作道路上，你也很年轻，经验不足，没想到纵身一跃，把获奖的中篇《惊心动魄的一幕》远远抛在后边。作为一个文坛的进取者，你的形象，就是陕西年轻作家的形象……高加林到底是什么样的人物呢？他就是复杂到相当真实的一个初出茅庐的年轻人。他的崇拜者、城市姑娘黄亚萍觉得，这个年轻人既像保尔·柯察金，又像于连·索黑尔，是具有自觉和盲动、英雄和懦夫、强者和弱者的两重性的人物形象。性格的复杂性、两重性，是人生社会复杂性、流动性的生动反映和深刻展现。从《人生》立体结构的揣测观察，高加林无疑地正在探索社会主义新人的道路，看得出来，你把这种人生新人的探求放置在相当艰苦的磨炼之中……归根结底，《人生》是一部在建设四化的新时期，在农村和城市交叉地带，为年轻人探讨'人生'道路的作品……我成了义务推销员，最近以来凡有机会，都要宣传《人生》；宣传《人生》多么好，多么适合改编电视剧和电影；宣传现实主义的不过时；宣传现实主义并非劳而无用。（阎纲《致路遥》）

8月21日　给阎纲复信。谈到小说《人生》是要反映"城乡交叉地带"的社会生活；其次是要在"夹缝"中锻炼走自己的道路的能力和耐力，同时也向尊敬的前辈作家交出一份不成熟的作业。路遥还在信中谈道："我国当代社会如同北京新建的立体交叉桥，层层叠叠，复杂万端。而在农村和城市的'交叉地带'，可以说是立体交叉桥上的立体交叉桥。……由此产生出现代生活方式和古老生活方式的冲突、文明与落后、现代意识与传统观念的冲突等。他们构成了当代生活的一些极其重要的方面，这一切矛盾在我们社会的政治、经济、文化、思想意识、精神道德方面都表现出来，又是那么突出和复杂。"（路遥《关于〈人生〉和阎纲的通信》）

8月23日　给王维玲写信。（王维玲《路遥，一颗不该早陨的星》）

《人生》得以顺利和叫人满意的方式发表，全靠您的真诚和费心费力的工作造成的。现在这部小说得到注意和一些好评，我是首先要感谢您的。实际上，这部小说我终于能写完，最先正是您促进的。因为写作的人，尤其是大量耗费精力的作品，作者在动笔时不可避免地要考虑自己劳动的结果的出路。因为我深感您是可靠的、信任我的，我才能既有信心，又心平气静地写完了初稿。现在的结果和我当时的一些想法完全一样。您总是那么真诚和热忱，对别人的劳动格外地关怀，尤其是对我，这些都成了一种压力，我意识到我只能更严肃地工作，往日时不时出现的随便态度现在不敢轻易出现了。

南云瑞不断地向我转达了您的一些意见，尤其关于《人生》下部的意见。这是一个很重要的问题，需要我反复思考和有一定的时间给予各方面的东西的判断。我感到，下部书，其他的人物我仍然有把握发展他（她）们，并分别能给予一定的总结。唯独我的主人公高加林，他的发展趋向以及中间一些波折的分寸，我现在还没有考虑清楚，既不是情节，也不是细节，也不是作品总的主题，而是高加林这个人物的思想发展需要斟酌处，任何俗套都可能整个地毁了这部作品，前功尽弃。

鉴于这种状况，我需要认真思考，这当然需要时间，请您准许我有这个考虑的时间，我想您会谅解我的。我自己在一切方面都应保持一种严肃的态度，这肯定是您希望我的。本来，如果去年完成上部后，立即上马搞下部，我敢说我能够完成它，并且现在大概就会拿出初稿来了。但当时我要专心搞好本职工作。八月一日已正式宣布让我搞专业，这部作品一下子中间隔了一年，各方面的衔接怎能一下子完成呢？但所有这一切苦处只能向您诉诉。我为失去这段黄金般的工作时间（最佳状态）常忍不住眼睛发潮，因为要造成一种极佳的精神状态和工作状态多么地难啊！

我现在打算冬天去陕北，去搞什么？是《人生》下部还是其他？我现在还不清楚，要到那里后根据情况再说。

另外，我还有这样的想法：既然下部难度很大，已经完成的作品也可以说是完整的，那么究竟有无必要搞下部？这都应该是考虑的重要问题。当然，这方案，我愿意听从您的意见。

我也有另外的长篇构思，这当然需要做许多准备才可开工。

《人生》书稿听南云瑞来信说征订数为十二万册，叫我大吃一惊，我原来根本不敢想上十万册。不知最后确定的印数为多少？您估计什么

179

时候能出书？请您告诉我一下。另外，您对我还有些什么要求，也请告诉我。

　　又及：《人生》目前的情况是：我个人收到五六十封读者来信了，还继续有；几乎有七八个电视台和我联系要改电视剧，许多读者寄来了他们改编的影、视本。我不"触电"。评论方面：除《中国青年报》外，《文汇报》已有作品介绍；陕报准备发两千字（算是破格）的文章；《文论报》创刊号将发阎纲和我的通讯；《文艺报》听说已发了文章。另外，曾镇南、白烨等同志都表示想写文章。西安多数同志对这作品有较高评价。还有个有趣现象：一般说，似乎这部作品文学界不同观点的两方都能接受——这是未料到的。

　　8月至9月　休创作假。

　　9月3至11日　参加中国作家协会在西安召开的西北、华北地区部分青年作家座谈会。参加会议的青年作家共27人，陕西与会者还有陈忠实、贾平凹、京夫、邹志安、王蓬、赵熙、梅绍静等十人。会后作协领导及各省青年作家前往延安参观访问，路遥也一同前往。

　　9月17至19日　陪同全国著名作家游览延安后，路遥邀请时为陕西人民出版社文学编辑的贾平凹、西安市《长安》月刊编辑和谷与《延安报》编辑高建群等人到延川，参加延川县委、县政府举办的"纪念《山花》创刊十周年座谈会"。

　　会议期间，路遥领着贾平凹在自己生活过的延川城故地重游。贾平凹在《延川城记》中写道："再也没有比这更仄的城了：南边高，北边低，斜斜地坐落在延水河岸。县中学校是全城制高点，一出门，就漫坡直下，窄窄横过来的唯一的一条街道似乎要挡住，但立即路下又是个漫坡了，使人禁不住设想：如果有学生在校门跌上一跤，便会一连串跟头下去，直落到深深的河水中去了。……以此再推想，由永坪镇到黄河是一百四十里，由延川城到黄河是五十里，是不是这座城原是一只窄窄的船，急急要奔赴黄河，拐来拐去行了九十里，突然在这里搁浅，才变成了这般模样呢？……可以设想：每一个生人来到这里，每一个生人都会说这是一个有趣的城，一个不易忘记的城。我也有此同感，才写下此文存念，时值一九八二年九月二十四日初夜。"

9月28日 蔡翔完成《高加林和刘巧珍——〈人生〉人物谈》第四稿，后发表于1983年第1期《上海文学》。

10月4日 给刘凤梅复信。提醒刘凤梅认真细致地读些外国文学作品。信中路遥认为："在中国，文学上传统的观念束缚并不比思想上、政治上小，极需要一些有勇气的人去打破，开创新的境界。"

10月7日 《文汇报》集中刊登了关于小说《人生》的一组评论：曹锦清《一个孤独的奋斗者形象——谈〈人生〉中的高加林》、梁永安《可喜的农村新人形象——也谈高加林》、邱明正《赞巧珍》。

同日 中国作家协会西安分会举办的第一期短篇小说讲习班开班。

10月14日 王肇歧采写的人物专访《寻找生活中美的人——访〈人生〉作者路遥》刊于上海《文学报》总第81期。

10月 中篇小说《在困难的日子里》刊于《当代》1982年第5期。《在困难的日子里》描写了20世纪60年代初困难时期的学校生活："1961年，是我国历史上那个有名的困难时期。不幸的是，我正是在这艰难贫困的年头，以全县第二名的成绩考入县上唯一的一所高中——县立中学。"主人公马建强可以说是路遥中学时期的化影，正如路遥所说："作品主人公的那些生活经历和感情经历也是我自己所体验过的。"

同月 小说《黄叶在秋风中飘落》初稿完成于甘泉。

同月 《面对新的生活——致〈中篇小说选刊〉》刊于1982年《中篇小说选刊》第5期。

同月 中国作家协会西安分会第五期读书班开班，此次参加读书班的青年作者有叶广芩、文兰等10余人。

11月 陈忠实调入中国作家协会西安分会从事专业创作。

12月初 《人生》单行本由中国青年出版社出版发行，首印十三万册。

王维玲回忆："《人生》于一九八二年十二月正式出版，第一版印了十三万册，上市不久就脱销，第二版印了十二万五千册，一年后又印了七千二百册，总印数二十五万七千二百册。我把《人生》出版后北京文学界、新闻界的评价，以及青年读者对这本书的反映，写信告诉了路遥。这期间我知道路遥新写一个中篇，我向他约稿，建议在《青年文学》上发表。"这封信发出后不久，王维玲收到了路遥的回信：

很高兴收读了您的信。您告诉了我有关《人生》的一些反映，这使我心里踏实了不少。当然这部作品我自己心中也是有数的。使我愉快的是，它首先拥有了广泛的读者。这和各方面的支持是分不开的。《收获》发表后，《中篇小说选刊》和《新华文摘》都转载了。这是几家发行量很大的刊物。另外，《文摘报》《文艺报》和上海的几家报纸的评论和介绍，都起了很大作用。评论家的意见当然应该重视，但对作家来说，主要是写给广大读者看的，只要大家看，这就是一种最大的安慰。今天接北京广播电台来信，说他们要从十一月二十一日开始播出这篇小说，可惜陕西听不到。就我知道，还会有些评论出来。

我新写的中篇还是个很不像样的初稿，这部小说我极不满意，我羞于拿给《青年文学》。是否有勇气寄给您看看，等我改完再说吧（我不久就着手搞这个令人头痛的东西）。

我明年计划较广泛地到生活中去，一方面写中篇，一方面准备长篇的素材。创作走到这一步，需要更大的力量和耐心走下一步。我自己已到了'紧要的几步'了。使我踏实和有信心的是背后站着一两位年长的朋友为我鼓劲。我也希望您在我失败的时候能宽恕我。

据王维玲回忆："收到这封信后，我立时给路遥回信。我还是希望他考虑《人生》下部的写作，我告诉他，柳青在《创业史》第一部出版之后，进入第二部创作时，就曾产生了一些新的想法和变动。我有这样的感觉，他若进入《人生》下部的写作，极有可能在下部的构思和创作上，对生活的开掘和延伸上，艺术描写和艺术处理上，都可能出新创新，再一次让人们惊讶和赞叹。我还告诉他，《青年文学》组织了一组《人生》评论，首篇是唐达成的。我又一次提到他新写的中篇小说，我说，《人生》出版后，读者更加关心和重视你的新作，希望寄给我看看，争取在《青年文学》上发表。"（王维玲《路遥，一颗不该早陨的星》）

12月15日　给王维玲复信。

感谢您在百忙中给我写信，首先给您解释一下，我新写完的这篇作品，我自己很不满意，加之快七万字了，我不好意思寄给您，您将来会知道我说的是实话。《青年文学》我一定要写稿的，否则我对不起这个刊物对我的关心。从主观上说，我想写一篇问心无愧的稿子给这个刊物，但总力不从心，请相信我下一步如果写出较满意的稿子，我一定寄上。《青年文学》信誉很高，作品是有质量的，这是一种普遍的看法，我自己也很为此高兴，因为我对你们有一种特殊的感情。

12月　在西安写下《这束淡弱的折光——关于〈在困难的日子里〉》。

"这篇作品所描写的生活已经离开我们二十多年了。但我仍然含着泪水写完了这个过去的故事。每想到这些，我就由不得记起了三年困难时期的生活。这个作品所表现的是那个时代一个小生活天地里的故事。作品中主人公的那些生活经历和情感经历也是我自己所体验过的。不过，那时我年龄还小，刚从农村背着一卷破烂行李来到县城上高小。鉴于这种情况，我对当时社会生活的全貌不能有个较为广阔的了解和更为深刻的认识，现在只能努力写到这样一种程度。"（路遥《杜鹏程：燃烧的烈火》）

同月　小说《黄叶在秋风中飘落》改于西安、咸阳。

同月　由《延河》编辑部小说组组长的职位转为陕西省作家协会正式驻会作家，从事专业创作。

下半年　在中国作家协会西安分会举办的第一期短篇小说讲习班上做文学演讲《东拉西扯谈创作》，这篇演讲后刊于1983年《文学简讯》第2期。

||1983年（癸亥）34岁

1月　史铁生的短篇小说《我的遥远的清平湾》发表在《青年文学》第1期，后获1983年全国优秀短篇小说奖。

4月27至29日　"笔耕"文学研究组召开现实主义和现代主义问题研讨会。

4月　延泽民的长篇小说《无定河》由人民文学出版社出版。小说展示了20世纪30年代初期陕北土地革命的画卷。本月，李若冰任陕西省委宣传部副部长兼文化文物厅厅长、党组书记。

5月5日至11日　由中国西葡拉美文学研究会组织的加西亚·马尔克斯与拉美魔幻现实主义讨论会在西安外语学院举行。来自研究机构、高等院校和出版单位的四十多位同志出席了会议。会议围绕1982年诺贝尔文学奖获得者、哥伦比亚作家加西亚·马尔克斯的创作道路及其作品的思想倾向、艺术特点和表现手法等展开了广泛的讨论。

5月10日　白烨在1983年5月10日的《人民日报》上发表文章《执着而严肃的艺术追求》，谈到路遥的作品："不仅注意构筑大起大落而又环环相扣的外在情节，而且注意到铺设涟漪连绵的显现人物内心风暴的内在

185

情节，并常常把二者交叉穿错起来，在波折迭出的矛盾冲突中层层展示人物的内心世界，明晰地揭示出促进人物行动的内在的外在的因素……"

5月　海波短篇小说《欺骗》发表在《延河》第5期。

6月6至8日　中国作家协会西安分会召开纪念柳青逝世五周年创作座谈会。

6月　西北五省区中国作家协会与西影厂在西安召开大西北科学与文艺座谈会；8月，新疆伊宁召开了有西北五省区作家、艺术家、评论家参加的西部文艺研讨会；9月，甘肃省现代文学研究会在天水召开了"中国西部文学研讨会"。同时，西北各省区的文艺类刊物也纷纷易名：《新疆文学》改为《中国西部文学》，西影厂的《电影新时代》改为《西部电影》，《西安美术学院院刊》改为《西部美术》；而《绿风》《绿洲》《伊犁河》《青海湖》《朔方》《阳关》《小说评论》等杂志也都设置了各类"西部"栏目，1986年在西北师范大学成立了中国第一个西部文学研究所。

8月10日　中国文联在北京举行主席团扩大会议，讨论和部署学习《邓小平文选》。会议要求各地文联及协会联系文艺界实际，努力纠正文艺领域内的资产阶级自由化倾向。

8月　陶正的《女子们——〈田园交响诗〉之一》刊于《当代》1983年第4期。

同月　胡采的《胡采文学评论选》由湖南人民出版社出版。

9月10日　中国作家协会西安分会第二届二次理事会在西安召开。会议通过中国作家协会西安分会更名为中国作家协会陕西分会决议。之后，中国作家协会陕西分会便召开了第三次会员代表大会，会议选举出了52位理事，组成了第三届理事会。理事会通过了中国作家协会陕西分会章程并选举胡采任主席，王汶石、杜鹏程、李若冰、王丕祥任副主席。

9月13日　《人民日报》刊载综述文章《〈文艺报〉等报刊关于西方现代派文学与我国文学发展方向问题的讨论》。

同月　贾平凹的散文《商州初录》发表在《钟山》第5期。

10月　《延河》开辟小说专号。

同月　中国作家协会陕西分会内部刊物《陕西文学界》创刊号编辑出版。

11月10日　中国文联召开在京部分文艺工作者座谈会，讨论贯彻党的十一届三中全会精神，以及"清除精神污染"问题。

12月　陕西省第二届文学艺术工作者代表会在西安开幕，会议讨论通过了省文联章程（草案），选举了省文联二届委员会，主席胡采，副主席方杰、关鹤岩、鱼讯、杜鹏程、王汶石、林丰、黄俊耀、方济众。

本年　中国作家协会陕西分会及"笔耕组"开展一系列活动。

1月23日　工资由58.5元调整为66元。

1月25日　给文学评论家李炳银复信，其中谈到有关《在困难的日子里》和《人生》的创作：

我知道我的这两篇作品尽管读者给予了很大的热情，但官方与批评界的态度有一定保留，因为这两篇作品我是想追求一些东西，冲击一些东西的，似乎显示了一些非主流的倾向，因此恐怕有些领导同志不太习惯。关键问题是我没有直接迎合一种需要。我们多年来的文学说明我们对文学的理解并不宽阔，需要一些勇气去冲击，而不管自己和自己作品在眼前的命运如何。几年来，我一直寂寞而痛苦地在想追求一些东西。知音是有的，这是我最大的安慰。我对您是感激的，因为您第一个正经八百地评论了我的作品。

另外，《在困难的日子里》一稿《当代》压了一年才勉强发表，听说编辑部意见很分歧，有同志说我写了"饥饿文学"，我很不理解。他们没有看出一个简单的事实：我在写一种精神上的"温饱"。发表出来，读者并没被这种"饥饿"吓倒。这篇作品《中篇选刊》今年二期将转载，安徽电视台已开拍电视。关于《人生》，是我三年苦熬的一篇作品，现关于高加林这个人物正在争论，您不知看没看《上海文学》今年一期的那篇评论？这是站在一种哲学高度来评价人物的。

1月 《青年文学》1983年第1期刊发了一组关于《人生》的评论文章，包括唐挚的《漫谈〈人生〉中的高加林》、蒋荫安的《高加林悲剧的启示》、小间的《人生的一面镜子》等；《作品与争鸣》在1983年第1、2期上刊登"中篇小说《人生》及其争鸣"（上、下），包括席扬《门外谈〈人生〉》、谢宏《评〈人生〉中的高加林》、陈骏涛《谈高加林形象的现实主义深度——读〈人生〉札记》、王信《〈人生〉中的爱情悲剧》、阎纲《关于中篇小说〈人生〉的通信》。

2月28日 王维玲收到路遥的复信。（王维玲《路遥，一颗不该早陨的星》）

自《人生》发表后，我的日子很不安宁，不能深入地研究生活和艺术中的一些难题。尽管主观上力避，但有些事还是回避不了，我希望过一段能好一点。

关于写作，目前的状况给我提出了高要求，但我不可能从一个山头跳到另一个山头，需要认真的准备和摸索，而最根本的是要保持心理上的一种宁静感，不能把《人生》当作包袱。

这部作品光今年元月份就发表了十来篇评论，看来还可能要讨论下去，就目前来看，评论界基本是公正的。作品已经引起广泛关注，再说，作品最后要经受的是历史的考验。《青年文学》所发三篇评论都看了，唐挚的文章写得很好。

我一直想给《青年文学》搞个差不多的作品，但老是弄不好，人往往是这样，太看重什么事，精神就紧张，反而搞不好，您就不必再提说这件事了，我实际上在心里一直当作一个重要任务。一旦搞出一个差不多的作品，一定寄上求正，因为我和你们的这种关系，请您相信我说的都是实话。

3月10日　中国作家协会西安分会召开路遥的中篇小说《人生》座谈会，胡采、王丕祥、王绳武、董得理、畅广元、王愚、李星等20余位文学评论家、作家、编辑到会。座谈会邀请路遥出席并共同参与讨论。

3月15至20日　出席《延河》编辑部在陕西省文化厅招待所召开的第二次小说、诗歌新作者座谈会，发表讲话《漫谈小说创作——在〈延河〉编辑部青年作者座谈会上的发言》。全省各地六十多位新作者与会，出席者多为近一年来首次发表作品的作者。

3月16日　路遥在发言中谈道："关于作品的时代感，实质上是对时代生活的本质反映，主要反映我们面临及经历的东西。我们时代的特点，最突出的是社会面临着巨大的转折……在选材上要注重变革对精神上的冲击！这才是值得表现的。"

3月28日 《东拉西扯谈创作（一）》刊于中国作家协会西安分会编发的《文学简讯》（1983年第2期；总第19期）。

3月 《人生》获得全国第二届中篇小说奖，名列第四。

王维玲记得，在评委会上，主持评审的中国作协书记处书记冯牧说："现在青年作者，学柳青的不少，但真正学到一些东西的，还是路遥。"冯牧认为，路遥学习柳青，已非一日，不是表面上的模仿、套用，而是深入到作品中去，逐章推敲，从结构设计到情节安排，从人物刻画到细节运用，从描写角度到语言运用，由表及里，方方面面的学习、领会、研究、消化。

同月 在北京写下《不丧失普通劳动者的感觉》，谈道："当得到一种社会荣誉时，自己内心总是很惭愧的。……正因为如此，我在荣誉面前感到深深的惭愧。正因为如此，我在惭愧中不由得深深地沉思。"

本月 第一部中短篇小说集《当代纪事》由重庆出版社出版。

《当代纪事》收入短篇小说六篇，中篇小说两部，中篇小说的副标题均采用××××年纪事的方式，《在困难的日子里——1961年纪事》《惊心动魄的一幕——1967年纪事》。"史诗"的宏大叙事不只是向前辈柳青（《恨透铁》——1957年纪事）学习致敬，而是路遥的一种自觉意识的创作，采用史家笔法，用"编年史"的方式翔实而准确地记录见证了最真实的时代。

4月9日 在上海写纪念柳青的文章《柳青的遗产》：

……柳青是这样一种人：他时刻把公民性和艺术家巨大的诗情溶解在一起……他多年像农民一样生活在农村，像一个基层干部那样做了许多具体工作。正因为如此，他才能在《创业史》中那么逼真地再现如此复杂多端的生活——在这部作品中，我们看见的每条细小的波纹都好像是生活本身的褶皱。

……毫无疑问，这位作家用他的全部创作活动说明，他并不仅仅满足于对周围生活的稔熟而透彻地了解；他同时还把自己的眼光投向更广阔的世界和整个人类的发展历史中去，以便将自己所获得的那些生活的细碎的切片，投放到一个广阔的社会和深远的历史的大幕上去检查其真正的价值和意义。他绝不是一个仅仅迷恋生活小故事的人。

……

柳青的创作活动告诉我们，仅仅满足于自己所认识的那个生活小圈子，或者干脆躲进自己的内心世界去搞创作，是不会有什么出息的。我们无法和他相比，但我们应该向他学习，尽量使自己的目光不仅仅停留在生活和认识的那个小天地里。

……他一生辛劳所创造的财富，对于今天的人们和以后的人们都是极其宝贵的。作为晚辈，我们怀着感激的心情接受他的馈赠。

4月　在上海修改小说《黄叶在秋风中飘落》。

同月　小说《在困难的日子里》转载于《中篇小说》1983年第2期。

6月　《柳青的遗产》刊于《延河》1983年第6期。

8月1日　正式离开《延河》编辑部，成为专业作家。

8月3日　与延川县委书记申易陪同前来采访"赤脚医生孙立哲"的

李小巴去新胜古大队。当日与李小巴同住新胜古大队。

8月中旬 赴延川与剧组共同筹备电影《人生》。

在吴天明导演的率领下，西安电影制片厂《人生》摄制组，进驻延川县城。在《人生》正式开拍之前，导演带着主创人员一度北上去陕北体验生活，让剧组人员与当地农民同吃、同住、同劳动。在陕北农村住了一段时间，导演认为主要演员"像"了，于是让剧组人员搬回了县城，住进了招待所。其间，路遥随剧组在延川生活二十余天。

8月20日 给李炳银复信。给李炳银的信中，表示会认真思考《人生》的创作。

炳银兄：

你好！

前后两信件及您的稿件均收读，因这两天忙于搬家，迟回了几天信，请原谅。

我八月一日开始已正式离开编辑部……您的稿件我妥交值班室的副主任贺抒玉同志，她说一定妥善处理……

关于《人生》，您写了这么长的一封信，看来您是认真读了，我十分感谢。其中许多意见是极好的，我会认真思考您的意见的。这部作品不管成功与否，得失如何，我无疑是想追求一些东西，也想带来一些东西。主题和人物是复杂的，也是多义的。我总觉得评论家对这部作品似乎不好说话？作为我自己来说，没什么奢求，我只是较愉快地完成了一个痛苦的过程……

以后时间多了，但创作最需要的是一种心理因素，最近的日子这个因素欠佳，因此很难动笔写什么。您一直热心地关怀着我的创作，望今后仍能给予支持。

致敬意！

路遥

一九八三年八月二十日

8月25日　《使作品更深刻更宽广些》刊载于《文学报》1983年第25期（总第26期）。

8月　在榆林文联二楼11号房间写中篇小说《你怎么也想不到》。

同月　《要有真情实感——读〈剪鞋样〉》刊于《长安》1983年第8期。

9月11至16日　中国作家协会西安分会更名为中国作家协会陕西分会后，在中国作家协会陕西分会第三次会员代表大会上，路遥当选为理事会理事。

10月　电影《人生》在陕北米脂县、宁夏银川拍摄。

导演吴天明在陕北米脂县拍摄《人生》期间，广西厂三个初出茅庐的年轻人来到陕北为他们的第一部电影选景，拄着拐杖找到吴天明，希望能借点钱，吴天明借了2000元给他们，还把剧组的一辆吉普车协调给他们，这3个年轻人就是陈凯歌、张艺谋和何平，筹拍的电影是《黄土地》。（余楠《世界上最赤诚的那个中国导演去了》）

在拍摄电影《人生》外景时，吴天明突然得知被任命为西安电影制片厂厂长。时年，吴天明44岁，是全国最年轻的电影厂厂长。之后带着《人生》剧组在银川拍摄，当时路遥也在剧组，据吴天明回忆，有一天晚上他与路遥聊天，问路遥，这个（西安电影制片厂）厂长咋当？当时西影厂有一千七八百人，连家属六七千人。路遥说："这好当得很，你就回去一个月不要说话，你晚上拍戏，进棚拍内景嘛，上午睡觉，下午各个部门开会，给你汇报工作，然后晚上拍戏，你一句话不要讲。"后来吴天明说回去以后就按路遥说的那么做了，晚上在棚里头拍戏，上午睡觉，然后下午就开会，一个车间一个部分。

10月 小说《黄叶在秋风中飘落》刊于《小说界》1983年中篇小说专辑。

11月30日 给申沛昌复信。表示申沛昌是"少数几个深刻在心的人"，并就当时申的处境，劝慰其"开阔一些，人间之事，天轮地转，正如李太白诗曰：长风破浪会有时……"（申沛昌《十五年后忆路遥》）

11月 《延河》11月号刊登《了解青年写好青年——西安市文艺评论组召开青年题材创作座谈会》。

12月27至29日 中国作家协会陕西分会"笔耕"文学研究组召开了陕西中青年作家近年发表的三十多部中篇小说研讨会，其中有路遥的《惊心动魄的一幕》《人生》《在困难的日子里》，陈忠实的《康家小院》，贾平凹的《二月杏》《小月前本》等。

12月 《严肃地继承这份宝贵的遗产》收入《五月的杨家岭》一书，该书由中共陕西省委宣传部文艺处主编，陕西人民出版社出版。

本年 张钟龄改编、颜宝臻绘的连环画版《人生》由天津人民美术出版社出版。

| | 1984年（甲子）35岁

1月3日　胡乔木在中共中央党校发表长篇讲话《关于人道主义和异化问题》，总结了两年来关于人道主义和异化问题争论的主要内容和实质。27日，《人民日报》和《红旗》杂志同时发表了胡乔木的署名文章《关于人道主义和异化问题》。

1月　邹志安的短篇小说《哦，小公马》在《北京文学》1984年第1期发表，获得本年度全国优秀短篇小说奖。

4月　陕西省延安文艺学会代表会议在西安召开，会议选举李若冰为会长。

同月　中国作家协会陕西分会举办短篇小说讲习班，有27名青年作者参加。

5月16日　中国作家协会陕西分会召开有50余人参加的座谈会，听取著名作家望远坚关于文学创作的经验与思考的讲话，题目是《小说创作的第二步》。

7月16至25日　中国当代文学学会同中国作家协会陕西分会等单位共同召开中国当代文学学会第四届年会，省内外200余人与会。

8月1日 《延河》编辑部邀请部分诗作者、评论工作者在西安召开诗歌座谈会。《延河》10月号刊出李国平的文章《诗歌要起飞》，对诗歌创作座谈会进行了报道。

8月 贾平凹小说《腊月·正月》刊于《十月》1984年第4期，后获得1983—1984年全国优秀中篇小说奖。

9月 刘心武的长篇小说《钟鼓楼》在《当代》第5、6期连载，后荣获第二届茅盾文学奖。

10月20日 中共十二届三中全会在北京举行，会议一致通过《中共中央关于经济体制改革的决定》。会议明确了改革的基本目标和各项要求，为打破计划经济体制创造了条件，将"对外开放"定为基本国策，第一次正式提出了"社会主义商品经济"的概念。

12月 中国作家协会举行第四次代表大会。胡耀邦等中央领导出席开幕式。胡启立代表中央书记处向大会致贺词。张光年做题为《新时期社会主义文学在阔步前进》的长篇报告。

1月14日 出席中国作家协会陕西分会组织召开的笔会，与张贤亮相识。

"我是在由陕西中国作家协会在西安举办的笔会上认识路遥的。可是路遥好像出席不多，出席时也是一脸愁云，很少说话。西安笔会还安排我在'人民剧院'讲了一次'创作谈'。……我一人在台上舞之蹈之高谈阔论后，陕西中国作家协会请我吃饭，路遥也在座，仍然很少说话。但吃完了饭他非常诚恳地要我到他家坐一坐，说是他家离饭店不远。我记得他家就在陕西中国作家协会院内的宿舍楼里，连建筑面积也就70多平方米的样子。当年人人家里的陈设都很简单，而路遥的家更是简单得近乎简陋。在他家里，和他坐在一起就和在农村炕头上盘腿而坐没有区别，西安这座城市立即消失了。坐下后他给我冲了杯茶，用一个乌蒙蒙的玻璃杯。我突然发现好像整个房间都和茶杯一样乌蒙蒙的，连他整个人都笼罩在一片蒙蒙的雾中。当时在座的还有王愚，我记得从他家出来走到街上我对王愚说，你们陕西作家大概是中国作家中最不会生活的一群了。王愚跟我笑着说：对了！贾平凹刚买了个电冰箱，冰箱里放的只是辣面子和醋。那时陈忠实还没有像今天这样经常被人谈起，后来才知道忠实那时常住在乡下。我们西北作家和农村有着割不断的情感与生活方式的联系，因而农村永远是我们的疼痛点。这是我和路遥见的第一面，也是最后一面。"（张贤亮《未死已知万事空》）

2月5日　《看评剧〈人生〉》刊于《西安晚报》1984年2月5日第3版。

2月　王愚写作的评论《在交叉地带耕耘——论路遥》刊于《当代作家评论》1884年第1期。

3月5日　吴天明召开了1984年度创作会议，邀请了包括钟惦棐、郑洞天在内的一批专家到西影厂来研讨。座谈会上，钟惦棐看了《人生》以后很激动，他说，像陕北包着白羊肚手巾的这种老农，披着羊皮袄，拿着放羊铲的形象，不比拿破仑不威武，他还说西影厂，应该开掘西影厂自己的特点，自己的题材，这可被称为"中国的西部片。"他还建议西影厂，如果确定了创作方向，就朝着这个方向，打出西影厂自己的特点来。

3月初　参加中国作家协会在河北涿县召开的全国农村题材创作座谈会。

据陈忠实回忆："这是难得的一次有质量的会议，讨论的话题已不局限在农村题材，很自然地涉及整个文学创作，即二十世纪八十年代中期文学创作的现状和走向。其中现代派和先锋派的新颖创作理论，有如白鹭掠空，成为会上和会下热议的一个话题。记得是在大会安排的发言中，我听到路遥以沉稳的声调阐述他的现实主义创作主张，结束语是以一个形象比喻表述的：'我不相信全世界都成了澳大利亚羊。'那个时候刚刚引进的澳大利亚优良羊种，正在中国广大乡村推广，路遥的家乡陕北是推广澳大利亚羊的重点地区。他借此事隐喻开始兴起的现代派和先锋派创作，他说自己崇尚并实践着的现实主义写作方法，自然归类于陕北农民一贯养育着的山羊了。我坐在听众席上看他说话，沉稳的语调里显示着自信不疑的坚定，甚至可以感到有几分固执。我更钦佩他的勇气，敢于在现代派、先锋派的热门话语氛围里亮出自己的旗帜，不信全世界只适宜养一种羊，我对他的这句比喻久久不忘。涿县会议使我更明确了此前尚不完全透彻的试探，我仍然喜欢现实主义创作方法，但现实主义写作方法必须丰富和更新，寻找到包容量更大也更鲜活的现实主义。"（陈忠实《寻找属于自己的句子》）

3月22至27日　出席中国作家协会陕西分会召开的农村题材创作座谈会。会议讨论如何开创陕西省农村题材小说创作的新局面，胡采、王汶石、杜鹏程、王丕祥、李若冰等人也出席了会议并发言。

4月　《对当前农村题材创作的几点认识》刊于《陕西文学界》1984年第2期。同月，《你怎么也想不到》刊于陕西人民出版社主编的双月刊《文学家》创刊号；完成短篇小说《生活咏叹调》于西安。《生活咏叹调》（三题）包括《小镇上》《杏树下》《医院里》。

同月　应邀在陕西师范大学做报告。刘路回忆："当他讲到《人生》

的创作经过时，他对学生们说，在《人生》的创作过程中，我得到了你们刘路老师的极为宝贵的支持，他把自己很多非常好的素材借给了我，可以说，高加林的形象，是我和他共同创造的。我借他的这笔债，怕永远也还不了啦！当时我坐在台下，真是感动极了！望着学生们向我投来的眼光，我连忙站起来说，不用还了，不用还了！"（刘路《坦诚的朋友》）

6月7日　完成《东拉西扯谈创作（二）》。

6月　《延河》6月号刊出《生活呼唤着作家——中国作家协会陕西分会农村题材创作座谈会纪要》。

7月3日　电影《人生》在京试映后，文化部电影局《电影通讯》编辑室与《中国青年报》社邀请首都文艺界、电影界部分领导、专家及大学生代表座谈了它的思想成就和艺术特色，并探讨了如何使影片通过适当修改更趋完美的问题。

7月　短篇小说《生活咏叹调》刊于《长安》1984年第7期。

8月30日　《西安晚报》刊发文章《第一部西部片〈人生〉将在本市、榆林首映》。

8月31日　中国新闻社西安8月31日电：彩色宽银幕故事片《人生》即将在北京、西安、贵阳等市上映。

9月10日　给时任延安地区文艺创作室主任杨明春写信。谈及筹备延安文联事宜。

9月25日　陕西省首届文艺创作开拓奖在西安举行颁奖大会。路遥获陕西省文联颁发的"陕西文艺创作开拓奖"荣誉奖，"笔耕组"和《延河》获知音奖。

9月下旬　出席中国作家协会贵州分会作者座谈会。"九月下旬中国作家协会贵州分会邀请专程来贵阳的作家、中国作家协会天津分会副主席鲍昌和中国作家协会陕西分会的青年作家路遥同我省部分作者座谈。两位作家就当前的改革和文学创作现状的问题做了发言。"[1]

9月 《人生》在全国公开放映。

陈忠实说:"陈行之[2](陈泽顺——引者注)在《文学家》主事的时候,有一件事影响颇大:给陕西作家开辟专辑,有作品,有言论,有评价,有作家写真,一位作家一个专辑,占去一期刊物四十万字的大部分版面,让读者全面了解一位作家的作品和他的成长道路。此举对刚刚形成影响的陕西青年作家群的发展,产生了重要的推动作用,路遥、贾平凹等都上过这个专辑,我也在幸运者之列。"(陈忠实《难以化解的灼痛——读陈行之新作〈危险的移动〉》)

实际上,路遥只在《文学家》的创刊号上刊发过一个中篇小说《你怎么也想不到》,并没有上过"陕西作家专辑"栏目。《文学家》主编陈泽顺说:"我在主编大型文学双月刊《文学家》的时候,曾经开辟"陕西中青年作家研究"的专栏,去找路遥,希望他支持。他翻阅着我的计划方案,脸上似乎有一种责备的神情。他支持我开这个专栏,但是不主张把自己列入其中。他当时态度之坚决,让我感到很惊讶。"(陈行之《路遥逝世十八周年祭》)

---

① 1984年第12期《山花》杂志刊载了此次座谈会情况。该杂志并非曹谷溪所办《山花》,而是由贵州省文联主办的文学期刊(半月刊),创刊于1950年。

② 陈泽顺(1951—),又名陈行之。1969年到陕北插队,当工人,读大学,长期从事编辑出版工作。《路遥文集》(陕西人民出版社)责任编辑。著有长篇小说《当青春成为往事》等。

本月　与时任《延安报》总编辑、作家银笙商量王天乐从煤矿调到《延安报》的事宜。最终，敲定于当年秋将王天乐调入《延安报》社。

10月4日　中国作家协会陕西分会第六期读书班开班。

10月上旬　中国作家协会陕西分会党组、主席团根据改革形势需要，宣布对《延河》实行补贴承包。后经过中国作家协会陕西分会党组、主席团决定由白描承包，并任命白描为《延河》主编。

10月19日　《解放日报》报道，电影《人生》将第一次代表我国参加奥斯卡金像奖比赛，电影《人生》成为中国大陆第一部参加奥斯卡最佳外语片评选的影片。

10月　中篇小说《我和五叔的六次相遇》刊于《钟山》1984年第5期。

11月24日　《延河》召开了座谈会，主编白描宣布了《延河》的办刊方针与有关措施，同时宣布新组成的顾问委员会、编委会成员名单，路遥为编委会成员。

11月30日　路遥给时任延安大学党委宣传部部长的老师申沛昌写了一封亲笔信，提及"我目前得应付诸种复杂局面"，但"诸种复杂局面"是什么？他并没有点明。

12月2日　西安电影制片厂厂长、导演吴天明赴美国参加第四届夏威夷国际电影节。该厂影片《没有航标的河流》获得"1984年东西方中心电影奖"。这次电影节上，还放映了根据路遥同名小说改编的电影《人生》。

12月21日　陕西省文化文物厅举行颁奖大会，奖励在第四届夏威夷国际电影节获奖的西影厂新片《没有航标的河流》，同时对影片《人生》摄制组也进行了奖励。

12月28日　陈忠实等十余名作家以陕西作家代表的身份出发赴京参

加中国作家协会第四次会员代表大会。路遥请假，未参加此次代表大会。

12月　在西安答《延河》编辑部问，后成文《答〈延河〉编辑部问》发表。

在这次对话中，路遥曾谈到："对俄罗斯古典作品和苏联文学有一种特殊的爱好。杂志中除了文学作品外，喜欢读《世界知识》《环球》《世界博览》《飞碟探索》《新华文摘》《读者文摘》和《青年文摘》等。……喜欢中国的《红楼梦》、鲁迅的全部著作和柳青的《创业史》。国外比较喜欢列夫·托尔斯泰、巴尔扎克、肖洛霍夫、司汤达、莎士比亚、恰科夫期基和艾特玛托夫的全部作品；泰戈尔的《戈控》、夏绿蒂的《简·爱》、马尔克斯的《百年孤独》等。这些人都是生活的百科全书式的作家。他们每一个人就是一个巨大的海洋。"

同时，路遥也述及了对《延河》的特殊感情："《延河》曾经是一家在全国很有影响的刊物，发表过许多优秀作家作品。它还扶植和培养了许多作家。我自己就是通过这个刊物走上文学之路的，因此我对这个杂志充满了尊敬的感情。"

本月　马慧改编，高廷智、张省莉绘的《人生》连环画由陕西人民美术出版社出版。

本年　确定长篇小说《走向大世界》的基本框架，计划创作三部，六卷，一百万字，三部书分别取名为《黄土》《黑金》《大世界》。这部长篇小说就是后来的《平凡的世界》。

路遥在《早晨从中午开始》中对创作《平凡的世界》做了详细的描述：

准备工作平静而紧张地展开。狂热的工作和纷繁的思考立刻变为日常生活。作品的框架已经确定：三部，六卷，一百万字。作品的时间跨度从一九七五年初到一九八五年初，为求全景式反映中国近十年间城乡社会生活的巨大历史性变迁。人物可能要近百人左右。工程是庞大的。

……

"在《平凡的世界》进入具体的准备工作后，首先是一个大量读书过程。有些书是新读。有的细读，有的粗读。大部分是长篇小说，尤其是尽量阅读、研究、分析古今中外的长卷作品。其间我曾列了一个近百部的长篇小说阅读计划，后来完成了十之八九。同时也读其他杂书，理论、政治、哲学、经济、历史和宗教著作等。

……

一年多的时间不知不觉过去了，但是，似乎离进入具体写作还很遥远。

所有的文学活动和其他方面的社会活动都基本上不再参与，生活处于封闭状态。

全国各地文学杂志的笔会时有邀请，一律婉言谢绝。对于一些笔会活动，即使没有这部书的制约，我也并不热心。我基本上和外地的作家没有深交。一些半生不熟的人凑到一块，还得应酬，这是我所不擅长的。我很佩服文艺界那些'见面熟'的人，似乎一见面就是老朋友。我做不到这一点。在别人抢着表演的场所，我宁愿做一个沉默的观众。

本年　由著名电影表演艺术家孙道临主持的《人生》广播剧播出。上海话剧团把《人生》改编成话剧，并进行公演。

||1985年（乙丑）36岁

1月6日　新的一届中国作家协会理事会举行第一次全体会议，巴金当选为中国作家协会主席。

1月　《小说评论》在陕西创刊，同时中国作家协会还成立了理论批评委员会。《小说评论》第1期刊出胡采《让评论和创作同步前进——代发刊词》，阎纲《无题附录的祝贺》，蒙万夫《田野上庄重而深沉的希望之歌——评中篇小说〈初夏〉》，王汶石、陈忠实《关于中篇小说〈初夏〉的通信》，白烨《一九八四年若干中篇小说争鸣述评》，肖云儒《第二次征服〈人生〉——从小说到电影》，陈孝英《关于文学批评的随想》，等作品。

2月　阿城的中篇小说《孩子王》刊于《人民文学》第2期；马原的小说《冈底斯的诱惑》刊于《上海文学》第2期。

3月　刘索拉的中篇小说《你别无选择》刊于《人民文学》第3期。

同月　王安忆的中篇小说《小鲍庄》发表在《中国作家》第2期。同期发表莫言的小说《透明的红萝卜》。

5月22至25日　陕西长篇小说创作座谈会在西安召开。如何估计陕西长篇小说创作的态势，肯定自己的特色，坚持自己的优势，特别是如何总结经验教训，在成绩中查找不足和差距，保持清醒的头脑，在不断吸取生活营养、艺术营养的过程中进行自我调整、自我超越，在冷静的反思中追求更高的创作境界，实现陕西长篇小说创作的新突破、新繁荣，构成了这次会议的总主题。

5月　国际青年中国组织委员会在北京中国美术馆主办"前进中的中国青年美展"，揭开了"85美术运动"的序幕。随后，"85新潮"兴起，影响波及整个文艺领域，包括文学界马原、格非、孙甘露等人的先锋小说，陈东东、王寅、欧阳江河等人的先锋诗歌群体；音乐界瞿小松、陈其刚、谭盾等人的先锋音乐；电影界陈凯歌、滕文骥、何平等人的探索电影。

同月　黄子平、陈平原、钱理群的论文《论"二十世纪中国文学"》发表在《文学评论》第5期。

同月　和谷的《市长张铁民》在《延河》1985年5、6期发表，后获1985—1986年全国优秀报告文学奖。

6月　韩少功的中篇小说《爸爸爸》、残雪的小说《山上的小屋》刊于《人民文学》第6期。

7月6日　《文艺报》发表阿城的《文化制约着人类》一文。由此，中国大陆开始兴起"寻根"和"文化热"并在随后的两年中达到高潮，海内外普遍将此视作继"五四"以后规模最大的一次文化反思运动。同期，各大报刊发表了一系列关于"寻根文学"的文章，其中具有代表性的有韩少功的《文学的"根"》、李杭育的《理一理我们的"根"》、郑万隆的《我的根》、郑义的《跨越文化的断裂带》等。

7月　王愚的《王愚文学评论选》由湖南人民出版社出版。

9月5日　"中国陶行知研究会基金会成立大会"在全国政协礼堂举行。

10月中旬　《延河》《小说批评》联合召开王安忆、韩少功、叶蔚林、莫应丰等具有寻根意识作品的小说讨论会。

12月　第二届茅盾文学奖揭晓。张洁的《沉重的翅膀》(修订本)、李準的《黄河东流去》、刘心武的《钟鼓楼》三部长篇小说获奖。据参加评选工作的吴秉杰讲："在北京西山评委会第一次集中讨论的十天中，刘白羽让人捎来了自己的三点意见，他提出茅盾奖不能照顾题材，当然也不考虑其他因素，要全凭作品的思想、艺术水平评奖。"

本年　贾平四中篇小说《腊月·正月》获得第三届全国优秀中篇小说奖；文论集《平凹论文集》由青海人民出版社出版。

同年　何西来的文学理论专著《新时期文学思潮论》由江苏文艺出版社出版。

同年　白描任《延河》主编，闻频、晓雷任副主编。

1月15日　被任命为中国作家协会陕西分会党组成员。

1月29日　给时任青海省委宣传部副部长兼文化厅厅长、青海省《现代人》杂志主编孟伟哉写信，推荐海波到《现代人》当编辑。不久，海波就被借调到青海省文化厅的《现代人》编辑部。

2月20日　农历乙丑年正月初一，于西安写《〈路遥小说选〉自序》：

"我将自己迄今为止的小说作品挑拣出一部分，编成了这本选集。通过这本书，读者大约可以看出我十来年在学习写作的道路上弯弯曲曲的爬蜒痕迹。这些作品都没什么改动，保持着初发表时的面目。之所以这样，并非这些作品没有可修改之处，而是我常常没有能力这样做。我感到，如果在总体上不能复原当初创作时的那种心理状态，即使后来想弥补作品的某些缺憾，也往往等于疤上补疤，因此也就放弃了这种应该而且必需的努力。"

3月5日　因文学创作成就突出，受到陕西省委和省政府表彰。

陕西省委和省政府在省政府会议室召开大会，表彰了一批改革开放以来有突出成就的优秀文艺工作者。其中文学创作方面有青年作家路遥、贾平凹、李凤杰，每人给予晋升两级工资的嘉奖，省长李庆伟亲自颁发了奖状。为此，《陕西日报》发表评论员文章《人民需要名家》。

3月31日　短篇小说《一生中最高兴的一天》发表于《西安晚报》。小说通过一个普通农民家庭"文革"前后生活的鲜明对比，歌颂了党在新时期的农村政策。

4月4日　丁玲到西安参加中国作家协会西安分会座谈会，并讲话，后根据录音整理成《扎根在人们的土地上》。当晚，作协陕西分会在人民大厦宴请丁玲；次日，丁玲在肖云儒等人的陪同下回到延安。

4月5日　在延安宾馆参加延安地委招待丁玲的宴会。据肖云儒回忆：丁玲来延安后，延安地委在延安宾馆设宴招待，丁玲听说路遥在延安写长篇小说，一定要见见路遥。但谁也联系不到他。后来通过路遥弟弟联系到路遥，路遥蓬头垢面地出现在宴会上，丁玲叫路遥坐在自己的旁边，和他密谈文学，赞赏有加。当晚11点后，路遥突然闯进肖云儒房间，对肖云儒说："你跑了一天，很累，不管怎么累，你要认真听完我今晚这个长故事，感觉一下，判断一下，你是文艺评论家，文学直觉很好，你一定要帮这次忙！"肖云儒在路遥脸上读到一种进入创作境界以后的痴迷、亢奋与热切的神情，决定听路遥倾吐下去。路遥讲一群从黄土地深处走出来的青年人，讲他们青春的悲欢、步履的艰难，讲他们中间有的从农村中学生成为煤矿工人，有的后来成为航天专家……这个春夜里，路遥的话多且长，一直讲到凌晨两点多。肖云儒在后来的回忆中称："那时，

才开始动笔，种子在春气中萌动，顶得他的心田不能安宁，整个精神处在临产前的骚动中。"（肖云儒《文始文终记路遥》）

4月21至24日　在咸阳出席陕西省中国作家协会三届二次（扩大）理事会。本次会议的主题是"清左破旧，促进陕西省文学更加繁荣"。通过民主选举、无记名投票，本次会上，路遥、贾平凹、陈忠实、杨韦昕等四位理事被选为中国作家协会陕西分会副主席，路遥分管长篇小说创作。他如沐春风，彻底摆脱了高悬在头顶的那块"原罪"般的"大石头"。在这次会议之前，中国作家协会陕西分会办公室的两位同志赶赴陕北，在路遥出生地清涧，成长地延川以及曾经就读的延安大学走访调查。

4月　《路遥谈创作》刊于《文学评论家》1985第2期。

5月14日　写信给海波。谈到宝鸡文创室主任蒋金彦的中篇小说《儿女经》，恳请海波在杂志上刊发。

5月18日　给王维玲写信。（王维玲《路遥，一颗不该早陨的星》）

很长时间未和您联系了。这两年诸事纷纭，一言难尽，有机会见面再说吧。目前，我自己的情况还可以。省委已任命我为中国作家协会陕西分会党组成员，前不久分会理事会上，又以最高票数当选为副主席。说起来很悲哀，作为一个从事文学事业的人来说，我不应该给您说这些，但对我这两年的情况而言，最起码可以起到一点正视听的作用，所以我觉得有必要将这些情况给您谈一下，因为您一直是我最有力的帮助者。

《人生》这部作品，提高了我的知名度。这两年我一直为一部规模较大的作品做准备工作，我痛苦的是：我按我的想法写呢？还是按一种"要求"写呢？或者二者兼之呢？后两种状态不可能使我具备创作所需要的激情，前一种状况显然还要遭受无穷的麻烦，对一个作家来说，真正的文学追求极其艰难。当然，一切还取决于我自己，我一直在寻找勇气。年龄稍大一点，顾虑就会多一些，我想我还是可能战胜自己的。

如果我能写出一部分来，我当然还会先交给您，让您帮我判断。

我不久又去陕北补充素材，如果没有意外，我下半年可能可以动笔，估计写起来很艰难，在时间上也会拖得很长，有一点长处是，我还能沉住气。

我几年中大部分时间躲在家读长篇，（计划读一百五十部），很少外出，如来北京，再去看您。祝您愉快。

5月23日 电影《人生》获得第八届大众电影最佳故事片奖。

全国影协在成都召开"双奖"（金鸡奖、百花奖）颁奖大会。西影厂拍摄的故事片《人生》获第八届大众电影最佳故事片奖，吴玉芳获百花奖最佳女主角奖，作曲许友夫获第五届金鸡奖最佳作曲奖。活动期间，在四川大学有一场电影《人生》的公开放映，谢晋、吴天明等赶了过去。台下聚集了一万两千多人，都等着看片子。突降暴雨。按理说，这时人该散了，没想到一个人都没走，都要看吴天明的《人生》。这部根据路遥小说改编而成的电影，让学生们兴奋不已，电影放完后竟有人自发喊起"电影万岁""《人生》万岁"，甚至还有人大喊"吴天明万岁"。当时，61岁的谢晋在台上对学生们说："我去过世界上很多的电影节，再伟大的电影节也不过如此。"吴天明在台上没有说话。《人生》是他的转折点，在以导演身份获得肯定与赞誉的同年，他执掌西安电影制片厂，拉开了电影传奇时代的序幕。（颜亮、李昶伟《铿锵年代：吴天明与西影厂的那些年》）

6月 《答〈延河〉编辑部问》刊于《延河》1985年第3期。在这个访谈中，路遥直接回答了他喜爱的外国文学名著。

同月 《东拉西扯谈创作（二）》刊于《陕西文学界》1985年第3期。李星撰写的专门研究路遥创作审美特点的评论《深沉宏大的艺术世界——论路遥的审美追求》刊于《当代作家评论》1985年第3期。

7月16日 中国作家协会陕西分会提交关于《路遥、贾平凹、陈忠实、杨韦昕四人当选为中国作家协会陕西分会副主席给陕西省委宣传部的审批报告》，报告指出：在今年四月举办的陕西省中国作家协会三届二次（扩大）理事会上，路遥、贾平凹、陈忠实、杨韦昕（以选票多少为序）被选为分会副主席。现呈送以上同志的考察材料及任免呈报表，请审批。文末"附：路遥等四同志材料。"（张艳茜《平凡世界里的路遥》）

路遥同志考察材料

路遥，男，曾名王卫国，陕西省清涧县人，生于1949年12月2日，贫农家庭出身，学生成分，1969年11月5日加入中国共产党，1976年9月参加革命工作。1963年前在延川县城关小学等校读小学，1963年8月至1968年11月在延川中学上学，1968年11月回家乡延川县城关公社郭家沟村劳动，1973年8月去延安大学中文系上学，1976年9月分配到陕西省文艺创作研究室《延河》编辑部工作。1978年10月中国作家协会恢复，任《延河》编辑部小说组副组长，1982年9月为中国作家协会陕西分会专业作家，1985年1月被任命为中国作家协会党组成员。

1966年"文化大革命"开始时，路遥是初中三年级学生，加入延川中学群众组织"红四野"，被选为领导成员之一，后延川县几个群众组织联合为一大派群众组织"红四野总部"，他又被选为领导成员之一，主管宣传工作。1968年6月以群众代表身份结合为县革委会副主任，1973年上延大学习时，脱离县革委会副主任职务。

"文化大革命"初期，路遥尚未成年，以群众组织领导成员身份参加过一些活动，犯有错误，1984年省级机关第一批整党时，进行了认真调查落实，经宣传口整党指导小组批准，结论为"一般错误，不做处理"。

路遥返乡劳动，特别是"九·一三"事件后，对"文化大革命"这场灾难逐渐有所认识，便自觉回避一些派性活动，在所谓"批林批孔""反击右倾翻案风"中表现好，对"四人帮"反对周恩来总理的罪行尤为愤慨。

他拥护十一届三中全会以来的路线、方针、政策，拥护文艺方面的改革，拥护清"左"破旧。他视野比较开阔，为陕西的文学事业和本会工作经常提出改革性、建设性意见和设想。

路遥勤奋学习，认真深入生活，刻苦写作，在文学创作方面取得了突出的成绩，十年来他发表了数十篇中、短篇小说及电影文学剧本《人生》。先后出版的有《人生》《当代纪事》《生活咏叹调》《路遥小说选集》等著作。其中中篇小说《惊心动魄的一幕》《人生》先后获全国第一届及第二届优秀中篇小说奖，他担任编剧的电影《人生》获1985年电影百花奖。还有《姐姐》《风雪腊梅》《在困难的日子里》等多篇作品获地方及报刊文学奖。在省委和省人民政府一九八五年三月举行的奖励优秀文艺工作者会议上，为他颁发了奖状，晋升两级工资。

路遥与群众的联系还不够普遍，应经常联系群众，听取意见，特别要注意听取老同志的意见。

1985年4月下旬中国作家协会陕西分会三届二次理事会上被选为中国作家协会陕西分会副主席。

1985年6月

7月24日　中共陕西省委宣传部正式发文明确路遥为中国作家协会陕西分会副主席。

8月13至22日　与王汶石、杜鹏程、和谷等人一起赴太原，参加黄河流域8省（区）首届笔会。其间，路遥与记者于进①就小说《人生》进行了问答。在关于小说《人生》续集的问题上，路遥回答："实际上，现实生活没有完，人生也不会完。但作为《人生》这部作品，我认为是完整的，没有续写的必要。"（于进《于进作品选·散文卷》）在此次会上，路遥认识了作家周山湖，彼此留下了良好的印象。

8月20至24日　组织中国作家协会陕西分会长篇小说促进会。

陕西省中国作家协会组织中青年作家32人在延安召开了长篇小说促进会，会议的宗旨和议题包括了解近年来国内外长篇小说的创作水平和发展概况；分析陕西省长篇小说创作的情势及落后的原因；制订陕西三、五年内长篇小说创作的规划与设想。本次会议使"陕军"在长篇小说创作方面获得了突破性进展，路遥、贾平凹等人投入到了长篇写作当中。

8月24日　中共铜川矿务局委员会组织部下发了《关于路遥同志任职的通知》。

---

① 于进，时任甘肃省定西电视台电视编导。

局属各单位党委：

中国作家协会陕西分会党组成员、副主席路遥同志来我局需要较长时间体验生活搞创作，为了方便工作，根据中国作家协会陕西分会党组建议，经中共铜川矿务局委员会于1985年8月21日常务会议研究同意：

路遥同志兼任局党委宣传部副部长。

中共铜川矿务局委员会组织部

1985年8月24日

8月25至30日 与"陕西长篇小说促进会"参会人员赴榆林召开座谈会。

会议由中国作家协会陕西分会书记处书记李小巴主持，路遥、贾平凹、陈忠实、京夫、董墨、任士增、王绳武、白描、蒋金彦、沙石、子页、王宝成、朱玉葆、王观胜、牧笛、胡广深、师银笙、陈泽顺、韩起、白洁、杨小敏、封筱梅、文兰、张晓光、赵宇共、子心、李康美、孙见喜、李国平、袁林等三十多人出席了座谈会。中国青年出版社李向晨、韩亚君同志应邀参加了座谈会。

这个会后两年，路遥出版了《平凡的世界》（第一部），贾平凹出版了《浮躁》。随后京夫、王蓬、赵熙等人相继出版了具有一定艺术表现力与影响的长篇小说，呈现了陕西长篇小说创作的第一个浪潮。长篇小说的勃兴与发展标志着陕西作家在写作规模和艺术形式方面的大突破与追求。

8月 在"陕西长篇小说促进会"会后，经陕西省作家协会党组、省煤炭厅来函提议，铜川矿务局党委常委会专门研究，路遥以局党委宣传部副部长的身份正式来到矿区体验生活并进行创作。路遥带着两大箱资料和书籍，以及十几条香烟和两罐"雀巢"咖啡，一头扎进陈家山煤矿体验生活，开始为他的长篇小说《平凡的世界》做准备了。在煤矿期间，路遥在弟弟王天乐的协助下，深入职工群众中调研访问，又多次和矿上的同志一起下到千米井下现场，深刻体验煤矿生活，搜集和积累了丰富的生活素材。

9月　《路遥小说选》由青海人民出版社出版。

秋　住进陈家山煤矿医院，开始了《平凡的世界》的创作，于当年岁末写完了作品的第一部。在《早晨从中午开始》中，路遥这样描写创作的开头工作：

"为了纪念这不同寻常的三天，将全书开头的第一自然段重录于后——'一九七五年二三月间，一个平平常常的日子，细的雨丝夹着一星半点的雪花，正纷纷淋淋地向大地飘洒着。时令已快到惊蛰，雪当然再不会存留，往往还没等落地，就已经消失得无踪无影了。黄土高原严寒而漫长的冬天看来就要过去，但那真正温暖的春天还远远地没有到来。'"

"五六天过后，已经开始初步建立起工作规律，掌握了每天大约的工作量和进度。墙上出现了一张表格，写着1到53的一组数字——第一部共五十三章，每写完一章，就划掉一个数字；每划掉一个数字，都要愣着看半天那张表格。这么一组数字意味着什么，自己心里很清楚。那是一片看不见边际的泥淖。每划掉一个数字，就证明自己又前进了一步。"

在那些漫长而孤独的日子里，抽空躺在床上阅读列夫·托尔斯泰的《通信录》是他最大的安慰。路遥说："每晚读上几页，等于和这位最敬爱的老人进行一次对话。不断在他的伟大思想中印证和理解自己的许多迷惑和体验，在他那里寻找回答精神问题的答案，寻找鼓舞勇气的力量。"

"路遥第一次下井到工作面升井后，把安全帽从头上拿下来，往地上一放，坐在井口就走不动了。他对矿上陪同的人说：凡是下过井的人，生活在太阳底下就应该知足了。"（剑熔《路遥在铜川矿区的日子》）

10月10日　中国作家协会陕西分会第七期读书会开学。

10月21日　作家秦兆阳应中国作家协会陕西分会邀请，偕夫人来陕访问。在作协陕西分会举办的座谈会上讲话，后录音稿发表于《陕西文学界》，题为《创作问题漫议》。

路遥知道秦兆阳到西安后，便联系赶往回西安的车。车到半路，连绵的阴雨使矿区通往外界的路都中断了。众人帮忙，又联系坐上了一辆有履带的拖拉机，准备通过另一条简易路出山。结果山上因路滑被拒七个小时不能越过，最后返回。路遥在《早晨从中午开始》中曾祈求秦老谅解："这时候，有人给我打来一个长途电话，说秦兆阳先生和他的老伴来西安了。这消息使我停下了笔。……几乎在一刹那间，我就决定赶回西安去陪伴老秦几天。当然，在当时的状态中，即使家里的老人有什么事，我也会犹豫是否要丢下工作回去料理。但是，我内心中对老秦的感情却是独特而不可替代的。"当路遥因为天气和道路的原因最终在赶往西安的路上又返回时，路遥说："没有比这更痛苦的了。我立在窗前，看着外面纷纷扬扬的雨雪，在心中乞求老秦的原谅。"路遥曾坦言，如果没有秦兆阳，"我也许不会在文学的道路上走到今天"。后来，路遥多次赴京，都鼓不起勇气看望他尊敬的秦兆阳。

11月　《姐姐的爱情》由中国青年出版社出版发行。

本月　创作《平凡的世界》。路遥在《早晨从中午开始》中记录下了自己的创作状态：

在我的创作生活中，几乎没有真正的早晨。我的早晨都是从中午开始的。这是多年养成的习惯。我知道这习惯不好，也曾好多次试图改正，但都没有达到目的。这应验了那句古老的话：积习难改。既然已经不能改正，索性也就听之任之。在某些问题上，我是一个放任自流的人。

午饭前一个钟头起床，于是，早晨才算开始了。

午饭前这一小时非常忙乱。首先要接连抽三五支香烟。我工作时一天抽两包烟，直抽得口腔舌头发苦发麻，根本感觉不来烟味如何。有时思考或写作特殊紧张之际，即是顾不上抽，手里也要有一支燃烧的烟卷。因此，睡眠之后的几支烟简直是一种神仙般的享受。

用烫热的水好好洗洗脸，紧接着喝一杯浓咖啡，证明自己同别人一样拥有一个真正的早晨。这时，才彻底醒过来了。

午饭过后，几乎立刻就扑到桌面上工作。我从来没有午休的习惯，这一点像西方人。我甚至很不理解，我国政府规定了那么长的午睡时间。当想到大白天里正是日上中天的时候，我国十一亿公民却在同一时间都进入梦乡，不免有某种荒诞之感。又想到这是一种传统的民族习性，也属"积习难攻"一类，也就像理解自己的"积习"一样释然了。

整个下午是工作的最佳时间，除过上厕所，几乎在桌面上头也不抬。直到吃晚饭，还会沉浸在下午的工作之中。晚饭后有一两个小时的消闲时间，看中央电视台半小时的新闻联播，读当天的主要报纸，这是一天中最为安逸的一刻。这时也不拒绝来访。

夜晚，当人们又一次入睡的时候，我的思绪再一次活跃起来……

12月11至17日　中国作家协会陕西分会召开首届青年文学创作者会

议。出席本次会议的87名代表均是35岁以下的青年作者中的骨干。会议召开前的最后一次秘书、会务会上，路遥一改平时随和的态度，认真检查起了准备工作，叮咛工作人员需要注意的地方。在这次青创会上，路遥做了专题报告。

12月19日　《注意感情的积累》刊载于《文学报》总第247期。

年底　《平凡的世界》第一部初稿完成。

"终于要出山了。因为元旦即在眼前。在那个新旧交替的日子里，为了亲爱的女儿，我也得赶回去——其实这也是唯一的原因。

"和这个煤矿、这个工作间告别，既高兴又难受。高兴的是，我终于要离开这个折磨人的地方。难受的是，这地方曾进行过我最困难最心爱的工作，使我对它无限依恋。这是告别地狱，也是告别天堂。总之，这将是一个永远难以忘怀的地方。

"寒冬中，我坐在越野车的前座上离开此地，怀里抱着第一部已写成的二十多万字初稿。透地寰窗，看见外面冰天雪地，一片荒凉。记得进山时，还是满目青绿，遍地鲜花。一切都在毫无察觉中悄然消逝了，多少日子都没顾得上留意大自然的变异。没有遗憾，只有感叹。过去那段时光也许是一生中度过的最为充实的日子。现在应该算作是一个小小的凯旋。"（路遥《早晨从中午开始》）

本年　电影《人生》获得第八届电影百花奖最佳故事片奖。

本年　出任西北大学《青鸟》文学社顾问。

|| 1986年（丙寅）37岁

1月1日 中共中央、国务院发出《关于1986年农村工作的部署》（简称1986年中央一号文件）。文件指出，我国农村已开始走上有计划发展商品经济的轨道。农业和农村工业必须协调发展，把"无工不富"与"无农不稳"有机地结合起来。

1月 《小说评论》1986年第1期（总第7期）刊登了《面对新的文学现象——〈小说评论〉〈延河〉召开部分小说讨论会记略》一文，署名一评。

3月4日 作家丁玲在北京逝世。

3月 六届全国人大第四次会议召开，审议批准第七个五年计划。

同月 王蒙的长篇小说《活动变人形》发表于《当代长篇小说》。

同月 莫言的中篇小说《红高粱》发表于《人民文学》第3期。

4月1日 《延河》文学月刊编辑部举行了纪念创刊30周年大会，出席的有省委及文艺界领导同志、作家、新老编辑100余人。当日，颁发了1985年度《延河》文学奖。

5月 《小说评论》1986年第3期（总第9期）刊登胡采的《作品要闪耀时代光辉》《当代小说发展与陕西中篇创作——1985年陕西中篇小说创作讨论会发言纪要》和邢小利的《一幅历史与人的艺术画卷——读〈黑龙

沟的传说〉》。

6月 邹志安的短篇小说《支书下台唱大戏》发表于《北京文学》1986年第6期，后获1985—1986年全国优秀短篇小说获。

9月17至21日 中国作家协会陕西分会在西安召开了小说创作突破与提高研讨会。来自省内各地的近六十位老中青小说作家、评论家和文学期刊编辑出席了会议。会议自始至终充溢着宽松、自由、和谐的民主气氛和严肃认真的反思精神。会上有人讲，一般说来陕西的小说创作是有自己的创作个性的，例如路遥的深沉绵密、贾平凹的钟灵秀雅、陈忠实的淳厚朴实，这些都是作家自身逐步形成的创作个性和风格。会议肯定陕西文学创作形成的三个特点：一是继承和发扬现实主义的文学传统；二是贴近时代和人民群众的生活；三是具有强烈的责任感和使命感。探讨陕西创作存在的不足，观念需要更新，作家群体艺术功底和知识结构存在不足。

9月 《上海文学》发表史铁生的小说《毒药》。

同月 延川中学成立"冲浪文学社"。

1月 由"笔耕"文学研究组撰写的《西北中青年作家论》由西北大学出版社出版。书中收入了畅广元撰写的《按照美的规律表现新时代的美——评路遥作品的美学特色》。

2月 开始《平凡的世界》第一部第二稿工作。

"春节过后不久，就又进入周而复始的沉重。在以后的几年里，我再也没有能纯粹地休息这么长的时间。""抄写第二稿某种意义上是一种'享受'，尽管就每天的劳动量和工作时间来说，比第一遍稿要付出的更多。这主要是一种体力的付出，脑力相对来说压力要小一些。"（路遥《早

晨从中午开始》)

春 中国文联出版社编辑李金玉到西安约稿《平凡的世界》。

毕业分配到中国文联出版社两年多的李金玉到西安组稿，出版社让她盯住的首要目标是贾平凹正在创作的《浮躁》。然而，贾平凹的手稿被作家出版社抢走了，于是她就去见路遥，路遥正在创作《平凡的世界》(当时叫《普通人的道路》)第一部，她向路遥约稿，路遥未明确表态。

同期 将《平凡的世界》手稿辗转交予赴西安组稿的《当代》编辑周昌义，据周昌义回忆当时路遥提出"如果《当代》要用，希望满足三个条件：第一，全文一期发表；第二，头条；第三，大号字体。"

周昌义谈道："当天下午，在中国作协陕西分会的办公室里，和路遥见了一面，寒暄了几句，拿着路遥的手稿回到招待所，趴在床上，兴致勃勃拜读。读着读着，兴致没了。没错，就是《平凡的世界》，第一部，三十多万字。还没来得及感动，就读不下去了。不奇怪，我感觉就是慢，就是啰嗦，那故事一点悬念也没有，一点意外也没有，全都在自己的意料之中，实在很难往下看。"之后，周昌义以"《当代》积稿太多，很难满足路遥的三点要求"为由退稿。

此后，《平凡的世界》的发表与出版也并不顺利，周昌义说："《花城》从《当代》得知路遥有长篇新作，他们的新任副主编谢望新，立刻从北京飞往西安，把《平凡的世界》带回广东，很快就刊登。而且，很快就在北京举办作品研讨会，雷厉风行，而且轰轰烈烈……很多《当代》编辑都去了……我记得散会之后，老何率先回到《当代》，见了我，第一句话是说，大家私下的评价不怎么高哇。听了这话，我松了一口气，还不止松一口气，《花城》发表了这一部曲之后，居然就没发表以后部分。后面部分居然就没了音信，几年以后，才在《黄河》上登出。《黄河》好

220

像是山西文联或者作协的，比《花城》还要边缘啊。有传说，在《黄河》上发表也不容易，也费了不少周折……"（周昌义《记得当年毁路遥》）

3月24日 受黄陵县文化馆李延军邀请为《青年诗友报》题词："桥山沮水多神灵，先祖植下中华根。我辈岂敢怠且慢，万古精英待钩沉。"

5月 再次收到中国文联出版社编辑李金玉的约稿。为了组到路遥的稿子，李金玉又一次到了西安，待了一个多月。通过一个多月的交流和观察，她发现路遥为创作进行扎实的准备工作，对全书结构有着精细构思，这坚定了她对书稿的信心。

诗人子页得知《平凡的世界》第一部小说还没找到婆家时，主动给花城出版社总编辑、诗人李士非打电话推荐。同时，在京的陕籍评论家李炳银也向《花城》推荐了此稿。李士非获知讯息后，第二天就派《花城》杂志副主编谢望新乘飞机来西安看稿。评论家王愚是谢望新的老朋友，路遥一再要王愚询问谢望新的意见。经过几天阅读，谢望新认为这部作品是近年来长篇小说的优秀之作，不仅准备刊用，而且想在作品发表后由《花城》和《小说评论》联合在京召开作品研讨会，向社会推荐这部作品。谢望新返回广州后，把书稿交给编辑刘剑星，让他担任此稿的责任编辑。

6月中旬 李金玉带着三十多万字的《平凡的世界》的书稿回到北京。

当李金玉回到出版社后，出版社一些领导却认为她"丢了西瓜捡了芝麻"。当时，社里领导为路遥能否完成这个三部六卷的百万字的长篇而担心。当时，李金玉感到了很大的压力，但是这并没有动摇她的决心，因为当她从路遥手中拿到誊写工整的《平凡的世界》第一部后，她便被作品的宏伟气魄和深刻内涵深深震撼了，她感到这就是路遥的气魄，路遥的风格，是一部不可多得的"大手笔"。（周英峰《〈平凡的世界〉背后的不平凡》）

据王维玲回忆，1995年，在第一届中国优秀传记文学作品奖召开的评委会上，中国文联出版社原副总编辑宋文郁先生告诉他：路遥在把《平凡的世界》交给他们出版的时候，明确表示，假如王维玲来信、来电要稿子，他便要无条件地把《平凡的世界》抽出来给中青社出版。王维玲后来回忆自己当时的感受："让我受到难以承受的震撼，我想到在路遥身上陕北汉子的那种雄浑、淳朴和憨实的特点很突出，但在性格上自尊、自信、自强、自爱与执拗的个性也很鲜明。为什么在相当长的时间内，路遥没有给我写过一封信呢？肯定是在什么环节上与中青社发生了芥蒂，结下了扣子，产生了疑虑。"（王维玲《路遥，一颗不该早殒的星》）

6月　与日本学者前川幸雄座谈。应聘在西安外语学院任教的日本学者前川幸雄，为了解陕西文学的历史、现状及发展趋势，在3月、6月先后与胡采、王汶石、杜鹏程、路遥、陈忠实、王愚等进行了座谈。

本月　第13届世界杯足球赛在北美洲的墨西哥举行。因为《平凡的世界》第一部在《花城》发表有眉目了，作为球迷的路遥放弃了看世界杯的机会，和弟弟王天乐南下广州城体验生活去了。路遥决定去广州逛几天，为第二部即将出场的"二流子"王满银体验一下改革开放最前沿的广东。在广州期间，每天晚上回到旅馆，路遥就把自己的见闻与观感写到笔记本上。笔记本写满了，他对王天乐说：回吧，犁地的绳子等着我哩……回到西安后，路遥又对第二部中即将写到的一些内容进行必要的素材补充和尽可能的现场体验：一是，他在西北工业大学采访了几天；二是，在一位作家朋友的帮助下，他专门趁省委书记一家外出时，进行了一次短暂的深入生活活动，了解到"省委书记"日常生活的许多细节。

7月23日　中国作家协会陕西分会第8期读书会开学。

7月27日　给中国文联出版社编辑李金玉写信。谈及《平凡的世界》的封面设计。

8月1日　给刘仲平[①]签送《路遥小说选》。

8月23日　给李金玉写信。

8月　梅邵静诗集《她就是那个梅》出版。后获中国作家协会第三届（1985—1986）优秀新诗（诗集）奖。

夏　《平凡的世界》第一部二稿结束。在陕北吴起县人民武装部开始创作《平凡的世界》第二部。"第二部第一稿的写作随即开始。这次换了地方，到黄土高原腹地中一个十分偏僻的小县城去工作。正是三伏天，这里的气候却特别凉爽。我在县武装部院子里的角落里找了一孔很小的土窑洞，阴凉得都有点沁人肌肤，不得不每天生一小时火炉。三伏天生火炉可算奇迹——但这却是真的。工作规律在写第一部时已经基本建立起来，许多方面习惯成了自然，不必为一些形式上的小事而大费心机。"（路遥《早晨从中午开始》）

9月17至21日　中国作家协会陕西分会召开小说创作突破与提高研讨会。

9月　《小说评论》第5期刊登了李勇《路遥论》。

秋　告诉弟弟王天乐说自己"恋爱"了。王天乐早已知道路遥与嫂子林达离婚已成定局，只是迟早的事情。路遥向王天乐展示了闪电式的恋爱证据：一封三页长的信。《平凡的世界》第二部第一稿结束不久后，路遥与王天乐便飞往路遥早已想去的城市，但半年后这段"恋情"以告吹

---

①　刘仲平，陕西府谷人，中国作家协会会员。著有长篇小说《背叛》《机关红颜》，散文集《黄河潮》。

结束。(王天乐《〈平凡的世界〉诞生记》)

11月 代表中国作家协会陕西分会负责接待柏杨夫妇。柏杨从河南辉县老家为父母扫墓立碑之后，赶赴西安探亲访问。路遥代表陕西省中国作家协会负责接待柏杨夫妇。柏杨乘坐的火车凌晨到西安，路遥在火车站一直等待着柏杨夫妇的抵达。柏杨夫妇在西安期间，由路遥主持了一场座谈会，就大陆与台湾作品比较方面以及作家制度的改革等话题展开了深入的交流。之后，路遥代表中国作家协会陕西分会赠送给柏杨夫妇一只景泰蓝花瓶。柏杨在后来的著作《家园》一书中记载下了这一切。(汪炎《漫忆路遥》)

本月 《平凡的世界》第一部在1986年11月的《花城》第6期全文刊发。

12月20日 语文报社《中学生文学》杂志小说编辑高海平到访。

12月29至30日 出席《花城》《小说评论》编辑部联合在北京北三环七省市驻京办事处召开的座谈会。

《平凡的世界》在《花城》1986年第6期发表后由《花城》《小说评论》编辑部联合在北京召开座谈会。在京和陕西的部分评论家鲍昌、谢永旺、朱寨、陈丹晨、缪俊杰、何西来、顾骧、刘锡城、冯立三、何镇邦、张韧、雷达、蔡葵、曾镇南、李炳银、晓蓉、白烨、朱晖、王富仁、陈学超、刘建军、蒙万夫、李健民、白描、李国平等同志应邀参加了座谈讨论。座谈会由《花城》副主编谢望新、《小说评论》主编王愚、副主编李星主持。座谈会上，评论家认为："《平凡的世界》是一部具有内在魅力和激情的现实主义力作。"(《一部具有内在魅力的现实主义力作——路遥长篇小说《平凡的世界》第一部讨论纪要》,《小说评论》,1987年第2期)评论家蔡葵、曾镇南、朱寨等给予小说充分肯定。

《平凡的世界》（第一部）研讨会会议纪要由时任《小说评论》编辑的李国平记录，他在《纪要》中写道：

座谈会上，评论家们给予小说以这样的总体评价，认为《平凡的世界》是一部具有内在魅力和激情的现实主义力作。它以一九七五年至一九七八年中国广阔的社会生活为背景，描写了中国农民的生活和命运，是一幅当代农村生活全景性的图画，是对十年浩劫历史生活的总体反思。在事件和人物之间，作家更着力表现新旧交替时期农民特有的文化心态，试图探寻中国当代农民的历史和未来。

他们谈到，就中国现、当代文学史的纵向发展来看，往往十年左右就会出现一个长篇小说的高潮。在现代文学史上，从二七年之后到三十年代初，出现了《子夜》《骆驼祥子》等一批优秀的长篇小说，形成了中国现代文学史上第一个十年之后的第一个长篇小说高潮。在当代文学史上，五十年代末六十年代初，就是新中国第一个文学十年之后，出现了《创业史》《红旗谱》等一大批优秀的作品，形成了当代文学中的第一个长篇小说高潮。而一九八六年，正好是新时期文学的第十个年头，仅这一年里，据不完全统计，已发表的长篇小说达三十余部，可以说，一九八六年，我们真正意识到了新时期长篇小说第一个高潮的到来。而路遥同志的《平凡的世界》是八六年长篇中一部相当有力度、相当突出的优秀作品，它同其它优秀作品如《古船》《活动变人形》等一起，构成了这一年长篇创作的总体高度，并且预示着新时期第二个十年长篇小说创作将会出现的良好势头。

座谈会上，有的同志指出，作品开头有些徐缓，其中有些章节读来有些沉闷、板滞。与会同志就这部长篇的创作提出了进一步的希望，并衷心期待《平凡的世界》第二部、第三部取得更高的成就。

主持此次研讨会的《小说评论》主编王愚回忆："1986年底，路遥同《小说评论》《延河》的几位同志，一起前往北京，十分认真地听取了北京评论界几位评论家的发言。并且在会上做了简短发言，认为评论家的评价是认真的。"（王愚《"文章憎命达"——忆路遥二三事》）

路遥后来在《早晨从中午开始》曾思考过相关问题："第一部发表和出版后的情况在我的意料之中。文学界和批评界不可能给予更多的关注。除过当时的文学形势，还有一个重要原因如前所述是因为这是全书的第一部，它不可能充分展开，更谈不到巨大高潮出现。评论界保留态度是自然的。不过，当时还是有一些我国重要的批评家给予第一部很热情中肯的评论。这里我主要指出北京的三位，他们是蔡葵、朱寨和曾镇南。"

本月 《平凡的世界》第一部由中国文联出版公司出版了第一版的精装与平装两种版本。

"大概由于我曾是《人生》的作者，还有一定程度的可信任性，因此问题还算顺利地解决了。我至今仍然怀着深深的敬意感谢当时《花城》杂志的副主编谢望新先生和中国文联出版公司的李金玉女士，他们用热情而慷慨的手接过了这本书稿，使它能及时和读者见面。"（路遥《早晨从中午开始》）

冬 完成《平凡的世界》第二部初稿。"第二部的初稿是在精神、精力最为饱满的状态下完成的。这是一次消耗战。尤其对体力来说，几乎动用了所有的"库存"。自我感觉要比第一部好。这是一个很大的安慰。这时候，才感到踏入了创作生涯的一个新阶段。"（路遥《早晨从中午开始》）

|| 1987年（丁卯）38岁

1月1日　《人民日报》刊发元旦献词《坚持四项基本原则是搞好改革、开放的根本保证》，文章强调："要使经济持续稳定地发展，把经济体制改革继续推向前进，搞好改革开放，必须坚持四项基本原则，旗帜鲜明地反对资产阶级自由化思潮。"

1月6日　《人民日报》发表社论《旗帜鲜明地反对资产阶级自由化》。

1月21日　中国作家协会召集在京部分文艺工作者，就坚持四项基本原则、反对资产阶级自由化思潮问题进行学习座谈。

同月　余华的小说《十八岁出门远行》发表在《北京文学》第1期。

同月　贾平凹的长篇小说《浮躁》发表在《收获》第1期。

同月　《延安文学》由内部发行改为公开发行。

3月29日　中共中央发出《关于坚决妥善做好报纸刊物整顿工作的通知》。

4月7日　中共中央批转中宣部《关于反对资产阶级自由化宣传报道问题的讨论纪要》。

5月17日　《人民日报》发表社论《把反对资产阶级自由化的斗争引向深处》。

6月22日　西安市文联作家和谷的报告文学《市长张铁民》获第四届全国优秀报告文学奖。

6月　《延河》1987年第6、7期，隆重推出"陕西文学新军33人小说展览"，向全国展示了陕西雄厚的文学新生力量，同时极大地激发鼓舞了省内青年作者的创作热情和信心。

7月21至22日　《小说评论》编辑部在西安召开贾平凹作品《浮躁》讨论会，会议肯定作品是从宏观上把握时代律动的重要作品，会议纪要在《小说评论》1987年第6期（总第18期）刊出。

8月　池莉的小说《烦恼人生》发表在《上海文学》第8期。

10月25日至11月1日　中国共产党第十三次全国代表大会在京举行，赵紫阳作《沿着有中国特色的社会主义道路前进》的报告。会议阐述了社会主义初级段理论，提出了"一个中心、两个基本点"的基本路线，制定了"三步走"战略，并提出了政治体制改革的任务。

10月26日　贾平凹的长篇小说《浮躁》获美国美孚飞马奖。

11月20日　作家出版社邀请十多位著名评论家在北京召开了贾平凹长篇小说《浮躁》研讨会。

11月21至23日　中国作家协会陕西分会召开小说创作座谈会，有60余位小说作者出席，就两年来陕西省小说创作状况和创作中的问题充分交流意见。

本年　邹志安的系列长篇小说《爱情心理探索系列长篇》由中国文联出版公司出版。

1月 《〈路遥小说选〉自序》刊于《小说评论》1987年第1期（总第13期），同期刊出的还有一评的《增强进取意识寻求新的突破——中国作家协会陕西分会小说创作突破与提高研讨会纪要》。

2月 《小说评论》刊出《一部具有内在魅力的现实主义力作——路遥长篇小说平凡的世界（第一部）讨论会纪要》。

初春 身体感觉不适。"身体的变化是十分明显的。不用照镜子也知道苍老了许多。走路的速度力不从心；饭量也减少了不少。右边的眼睛仍然在发炎，难受得令人发狂。医生认为是思维长期集中焦虑而造成的，建议我停止工作和阅读。无法接受这个忠告。倏忽间明白，所谓的'青年时代'就在这瞬间不知不觉地永远结束了。"（路遥《早晨从中午开始》）

春 准备出访西德，赴北京办理相关手续。当时，同乡海波正在北京鲁迅文学院学习，为方便见面，路遥住鲁迅文学院招待所。其间，在公交车上与叶咏梅①相遇。叶咏梅回忆："1987年春天，我俩竟在北京无轨电车上邂逅。我在拥挤的车厢里，一眼就认出了他。'路遥！'我脱口而出。'哦，……'他从沉思中一怔。'真巧，在车上见到你！这是去哪儿？''呵，鲁迅文学院。'"（叶咏梅《中国长篇连篇连播历史档案（上卷）》）叶咏梅问路遥写什么好作品时，路遥把中国文联出版公司出版的《平凡的世界》第一部送她一本。正是这一次不期而遇的邂逅，竟促成《平凡的世界》1988年在中央人民广播电台"长篇连续广播"节目中成功播出。

---

① 叶咏梅（1949— ），女，毕业于北京第四女子学校，插队2年，文艺兵6年，广播文学编辑30年，任中央人民广播电台文艺之声主任编辑，兼任中国广播电视学会《广播文艺（小说连播）》研究委员会副会长。

在北京期间，海波陪同路遥去了一次王府井。据海波回忆，路遥疾步如飞，一边快走，一边回头看他，示意跟紧。直到进了东风市场（现在叫东安市场），他的脚步才慢了下来，站在一个量体重秤上，伸长脖子朝人群里张望。海波以为路遥在找人，就问："你在找谁？这么多人怎么找？"路遥说："找'七女门市部'。""七女门市部"是"文革"前延川县百货公司的俗称，以有七位女售货员而得名。海波提醒他说："我们在北京，不是在延川，哪有什么'七女门市部'？"不料路遥却生气了，瞪了眼睛对海波说："我说在延川吗？"之后，路遥见柜台就上，见东西就问；一会要售货员拿这个，一会又要那个。说的都是地道的延川土话，不要说北京的售货员了，就连从延川出来的海波猛一下也听不出路遥在说什么。回到住处后路遥完全蔫了，像一摊泥一样瘫在沙发上望着房顶发呆，嘴里一声接一声地长叹。路遥对海波说："我见到她了。""我搭了车准备回来，刚上车就看见那红色的衣服。我感觉像她，就下了车，走了过去。一看，果然是她。大模样和17年前差别不大，一样的小巧，一样的单纯，一样的礼貌和热情。我们说了一会儿话，非常平静地说话，感觉就像曾经在一块当过民工的熟人一样。"据海波回忆，这时他才明白路遥见到了初恋的女友，问他："你为什么不请她吃顿饭，也好多聊一些。"路遥坚决地摇了摇头说："没有这个必要。"（海波《我所认识的路遥》）

3月2日至23日 随中国作家访问团访问西德，作家王愿坚^①担任访

---

① 王愿坚（1929—1991），中国电影编剧、小说家、记者。

问团团长，代表团员有作家袁和平 ①、扎西达娃 ② 等。

在西德访问期间，路遥在慕尼黑奥林匹克体育中心观看了一场十分精彩的足球比赛。他曾热爱的球星鲁梅尼格给对手纽伦堡队的大门送进去第一个球。这是路遥一直引以为豪的事情。在西德期间，路遥几乎跑了西德所有重要的大城市和一些著名的小地方，并且穿过冷战时期东西的界标"柏林墙"到东柏林去玩了一天。在西德时，路遥突发奇想："我想念中国，想念黄土高原，想念我生活的那个贫困世界里的人们。即使世界上有许多天堂，我也愿在中国当一名乞丐直至葬入它的土地。……在异邦公园般美丽的国土上，我仍在思考我的遥远的平凡世界里的那些衣衫褴褛的人物，甚至好笑地想象，如果让孙玉亭或王满银走在汉堡的大街上会是一种什么状态？

"……一九八七年访问德国的时候，我曾和一些国外的作家讨论到有关这方面的问题，并且取得了共识。我的观点是，只有在我们民族伟大历史文化的土壤上产生出真正具有我们自己特性的新文学成果，并让全世界感到耳目一新的时候，我们的现代表现形式的作品也许才会趋向成熟。正如拉丁美洲当代大师们所做的那样……"（路遥《早晨从中午开始》）

3月12日 《人生》与西影厂其他四部故事片《野山》《黑炮事件》《西

---

① 袁和平（1949—1997），山东淄博人。毕业于北京大学作家班。曾担任中国作家协会福建分会副主席兼秘书长，《文化春秋》主编等。

② 扎西达娃（1959—　），四川甘孜州巴塘县人。1974年毕业于西藏拉萨中学。著名作家，主要作品有长篇小说《骚动的香巴拉》、长篇游记《古海蓝经幡》等。

安事变》《神鞭》参加《文汇报》和中国电影评论学会联合举办的新时期十年电影评奖。其中《人生》获最佳故事片奖，导演吴天明获导演荣誉奖。

3月23日 从西德返回北京。下飞机后，"听见满街嘈嘈的中国话，我的眼泪就在眼眶里旋转。走了全世界最富足的地方，但我却更爱贫穷的中国。原来打算从北京直接坐飞机到延安，而且想直接走到某个山村的土窑洞里，以体验一下从'天堂'突然降落到'地狱'的感受，但因西安家中有事，这点'罗曼蒂克'的想法未能实现。又回到了机关院内那间黑暗的'牢房'，开始第二部第二稿的工作。"（路遥《早晨从中午开始》）

3月 《冷静中的燃烧——读〈远去的凉风垭〉》刊于《延河》1987年第3期。

4月28日 与评论家王愚共同出席中国作家协会陕西分会召开的座谈会。

同日 收到贾平凹复信。信中，贾平凹答应路遥给中国文联出版社的编辑李金玉一部长篇出版。

4月 养父去世。"一九八七年四月，他出国访问回来。我们去省中国作家协会看望他。在他的书房里，他兴奋地谈天说地，谈外国，谈中国，说洋人，道国人，突然门房来了电话，传来了不幸的消息：他延川的父亲病故了。他尽力抑制住悲痛，托其弟妥善料理后事，并说马上寄现金回去。而此时，在他办公室的桌面上，《平凡的世界》第二部的草稿整齐地摞了那么一大摞，足有一尺多高。"（王双全《我们的班长》）

本月 投入《平凡的世界》第二部第二稿的工作。

"二十多天的访问已足够了。我急迫地想回去进行第二部第二稿的

工作，其心情就像外出的妇女听见了自己吃奶孩子的啼哭声。是的，没有什么比我的工作更重要。"（路遥《早晨从中午开始》）

5月19日 中国陕西省委任命刘成章为中国作家协会陕西分会党组副书记，后经中国作家协会陕西分会主席团同意，刘成章任作家协会书记处书记。

5月 《小说评论》1987年第3期集中刊登了一组评论路遥《平凡的世界》第一部的文章：曾镇南的《现实主义的新创获——论平凡的世界（第一部）》、丹晨的《孙少平和孙少安》、李健民的《从现实和历史的交融中展现人物的心态和命运》、苏冰的《纪实小说文体创新试验的意义》。

6月6日 在西安写《〈人生〉法文版序》。

"当这本书被张荣富先生译成法文出版的时候，我要借此机会向法国读者朋友致最亲切的敬意。我向来对法兰西辉煌的文化艺术抱有十分崇敬的感情。伟大的法国文学，无论是其古典作品，还是现代作品，都对我的文学活动产生过重大的影响。因此，当这本书译成你们优美的语言并被你们阅读时，我感到荣幸而愉快。"

6月23日 带病北上陕北洛川，准备开始《平凡的世界》第三部的创作。

6月27日 因病转赴延安。路遥大学同学、时在洛川任职的王双全4月份见到路遥时，路遥拟定在洛川县两周左右时间的《平凡的世界》第三部的写作计划。而"两个半月之后，六月二十三日，你果然来到洛川，我不怀疑你在洛川的写作计划会实现。谁知你竟是带病来的，患的像喉炎疼痛难忍，到医院看了两次，咽部注射药液，效果甚差。第四天，我失望地同意你转奔延安。你不是来看病的，你是来完成自己的写作的。你对疾病全然不顾，吃不下饭，吞咽困难，你还一再对我说思维活跃，晚上睡不着，总想早点下笔。你说历史上好些作家，写作夭折，遗恨终生。我劝你，现代人不同，现代人长寿，你是急性咽炎能治。我劝慰你，也为你担心，你这么健壮，一般不会害病，得了病怕人地严重。事后知道在延安你也未能动笔，北上榆林，在一名老中医的精心诊治下，服了近二百服中草药，治好病。"（王双全《路遥的拼搏》）

6月 《无法回避的选择——从〈人生〉到〈平凡的世界〉》刊登在《花城》1887年第3期。

同月 为叶广芩的小说《远去的凉风娅》写短评《冷静的燃烧》，刊于《延河》1987年第3期。路遥担任《延河》编辑期间，不遗余力地帮助过多位文学青年。据叶广芩后来回忆："细想我能走上文学道路，从一个普通的护士到一个专业作家，跟路遥大有关联，不是他的认可，我发不出第一篇小说，不是他的推荐，我进不了'读书会'，他是我进入文学之门的领路人，是我应该永远记住，永远感谢的朋友。"（叶广芩《清涧路上》）

7月3日 应宝鸡文联之邀前去讲课。

当日，在路上，路遥一行参观了著名的西凤酒厂的所在地——柳林镇。路遥在参观酒厂时说："你看，就这么点小地方，竟震动了全国。"到了宝鸡已经晚了，李凤杰、商子秦等人都在大门口等候，见到路遥一行人后，李凤杰说："天哪，你终于来了，我心头的石头才落地了。讲座的票前几天就全部抢光了，还有很多单位要票，可你老先生（指路遥）一直未到，我刚才还商量，如果你到不了，今晚这戏可咋演呢？现在好了。……先休息一下，晚上八点就去剧院讲课。"这次，路遥讲课的主题就是《人生》的创作过程，而听众也是围绕《人生》提问题的。在这次讲座当中，有一个五六岁的小女孩，从台阶上一步一步地走到路遥跟前，递上了一个小纸条。路遥很热情地接待了这位小女孩，路遥与这位小女孩讲话时，同行的同事郑文华摁下了照相机的快门，留下了一张激动人心的照片。（郑文华《宝鸡之行》）

同日 签送李凤杰、商子雍[①]等人精装本《平凡的世界》（第一部）。

7月8日 路遥给谢望新写信。这封信后来由谢望新捐赠给中国现代文学馆收藏。

望新兄：

您好。久别了，甚念！

现通过一位并不熟识的人，将《平凡的世界》二部手稿捎您，这样比邮寄要快和安全一些。稿件怎发，由您全权处理。因为第一部发在《花城》，我仍想在您那里发。二部几乎投进了我的全部精力和热情，我自觉出尽了力，稿件头天完，身体第二天就垮了，心力衰竭，气力下陷，整天服中药，也没气力和兴致和其他刊物交涉。问题是此稿我仍想由您手里发出，哪怕只发行一两份都可以——这些都是无所谓的。使我受感动的是，在我耗尽心力寂寞地投入这件漫长工作的时候，得到了您这样的朋友的理解和帮助。再一次感谢您。

您那里的情况和处境我不很了解，但能猜出几分。唉，没办法，不

---

① 商子雍，陕西西安人，曾任西安市文联副主席、《西安晚报》文艺部副主任。

想干事的人总要让想干事的人什么也干不成！

相信山不转水转，会有好的转机的，如心烦，可出来走走？

我如身体复原，即起程去煤矿下井（二十天左右），然后分别去陕北农村和大学去补充一些技术性的生活，有什么事，信仍寄中国作家协会，会及时转我的。

深致敬意！

路遥

8/7

7月29日　在榆林看病，收到林达的一封书信。信是从榆林地区文联处转给路遥的，此信目前收藏在清涧县路遥纪念馆：

遥：

昨天转去两封信，给天乐了。我接到去京组稿的任务，准备三天内动身，把远远带去，八月十五左右返回西安。

家里家居的玻璃等都已安装好。家居木头还没有结账，听阎华说单位已经催了，我手头还没款。这次去京带远远也要花费不少，不过能满足她的游心了。请你想办法借些钱，我回来后结账是要给公家还的，去时可以先用公款。今上午定下我出差，托郑文华去买火车票。然后忙于做走的准备，先写这些。

你那里怎样？

达

7月29日

8月　在创作《平凡的世界》第二部第二稿中，身体发生危机，病倒，且病情严重。路遥在《早晨从中午开始》中曾记录了这一阶段的经历：

三伏天的西安，气温常常在三十五度以上，天热得像火炉一般，但我还要在工作间插起电炉子熬中药。身上的汗水像流水一样。工作间立刻变成了病房。几天前，这里还是一片紧张的工作气氛，现在，一个人汗流浃背默守在电炉旁为自己熬中药。病，热，时不时有失去知觉的征候。几十副药吃下去，非但不顶事，结果喉咙肿得连水也咽不下去。胸腔里憋了无数的痰却连一丝也吐不出来。一天二十四小时痛苦得无法入睡，既吸不进去气，又吐不出来痰，有时折磨得在地上滚来滚去而无一点办法。

……

不能迷信大城市的医院。据说故乡榆林地区的中医有名，为什么不去那里？这里三伏天热就能把人热死，到陕北最起码要凉爽一些。到那里病治好了，万幸；治不好，也可就地埋在故乡的黄土里——这是最好的归宿。带着绝望的心情离开西安，向故乡沙漠里的榆林城走去。

……

黄沙包围的榆林城令人温暖地接纳了奄奄一息的我。无数关怀的乡音围拢过来，无数热心肠的人在为我的病而四处奔跑。当时的地委书记霍世仁和行署专员李焕政亲自出面为我做了周到安排。我立刻被带到著名老中医张鹏举先生面前。

路遥抵达榆林后，老中医张鹏举给路遥号脉，看路遥的舌头，开了几副中药，几副中药共两毛八分钱。路遥回忆张鹏举老先生给他看病的详情：

老人开始细心地询问我的感觉和先前的治疗情况，然后号脉，观舌。他笑了笑，指着对面的镜子说："你去看看你的舌头。"

我面对镜子张开嘴巴，不由大惊失色，我看见自己的舌头像焦炭一般成了黑的。"这是亚热所致。"张老说，"先解决这问题，然后再调理整个身体。你身体体质很好，不宜大补，再说，天又这么热，不能迷信补药。俗话说，人参吃死人无罪，黄连治好病无功。"

学问精深，佩服至极。又一次体会到任何行业都有水平线以上的大师。眼前这位老人历经一生磨炼，在他的行道无疑已达到了出神入化的境界。

我从张老的神态上判断他有能力诊治我的病。于是，希望大增。张老很自信地开了药方子。我拿过来一看，又是一惊。药方上只有两味药：生地五十克，硼砂零点五克，总共才两毛几分钱药费。但是，光这个不同凡响的药方就使我相信终于找到了高手。果然，第一副药下肚，带绿的黑痰就一堆又一堆吐出来了。我兴奋地不知如何是好，甚至非常粗俗不堪地将一口痰吐在马路边一根水泥电杆上，三天以后还专门去视察了那堆脏物，后来，我竟然把这个如此不雅观的细节用在了小说中原西县倒霉的县委书记张有智的身上，实在有点对不起他。

第一个问题解决后，张老开始调理我的整个身体，我像牲口吃草料一般吞咽了他的一百多副汤药和一百多副丸药，身体开始渐渐有所复原。《平凡的世界》完稿前后，我突然听说张鹏举先生去世了。我在工作室里停下笔久久为他默哀。我要用我的不懈的工作来感谢他在关键的时刻挽救了我。

吃了张老先生开的几副中药，路遥身体果然逐渐恢复了元气。在这种情况下，医生、朋友、亲人出于真诚的关怀都劝他好好休息，养好身体，然后再进行第三部创作。然而，路遥对文学理想执着追求，害怕重蹈前辈柳青没写完《创业史》的覆辙。路遥在完成《平凡的世界》第三部时告诫自己："如果不抓住命运所赐予的这个机遇，你可能真的要重蹈柳青的覆辙。这就是真正的悲剧，永远的悲剧。"

9月 《小说评论》刊出路遥《〈人生〉法文版序》。

10月19日 和刘成章、汪炎等与台湾作家汪苯湖座谈。

本月 赴榆林写作《平凡的世界》第三部。

11月底 完成《平凡的世界》第三部上半部分。

11月 被陕西省政府授予陕西省劳动模范称号。

初冬 在榆林写《平凡的世界》第三部。

"这一回路遥来写《平凡的世界》第三部，大家尽可能不去打扰他。但吃清涧家乡饭和陕北揪面片儿，却是路遥终生不改的嗜好。所以，他还是像上次一样，一两天就到我家吃一回揪面片儿，而且抓住这吃饭后的空隙，我还见机行事的请他为县里一些文学社团题词或提刊名。路遥的毛笔字并不很高明，但他写字那认真的态度和满怀的信心却不能不使人感动。有时候，一个题词写下来，就累得要喘几口粗气。他写给清涧宽州文学社（应为靖边县文艺杂志《芦溪》题刊名'芦溪'并题词——引者注）的题词是：'三边都豪气，芦河有绵情。'另外，他还给神木的《驼

峰》小报写下了‘驼峰’两个字。"（朱合作《本色路遥》）

12月中旬　出席榆林大漠文学社成立大会，做简短讲话并为该社题写"存大气、成大器"六个字。讲话中，特别强调文学青年作者们，要树雄心，要大气，但必须又要把自己当作一个普通人，保持普通人的感觉。

年底　写作《平凡的世界》第三部。

朱合作回忆："路遥写《平凡的世界》第三部时，我才真正看到了一个作家的工作量。每次路遥从宾馆出来，到我家的时候，我总是发现路遥劳累得一口一口喘粗气，有时候竟给人一种换不过气来的感觉。那种劳累的程度，实在比我们农村人常说的背老石头还累，他在整整几十天的时间里，简直就没有一分钟时间轻松的。"（朱合作《本色路遥》）

|| 1988年（戊辰）39岁

1月　史铁生的小说《原罪》发表在《钟山》第1期。

2月23日　由张艺谋导演的影片《红高粱》在第38届西柏林国际电影节上获得"金熊奖"。这是我国第一次在欧洲三大国际电影节上获得最高奖。

2月　刘白羽的长篇小说《第二个太阳》由人民文学出版社出版，后荣获第三届茅盾文学奖。

3月31日　中国作家协会陕西分会三届二次主席团（扩大）会议召开，讨论研究1988年工作要点及改革问题。

4月　1988年第4期《上海文论》开辟专栏"重写文学史"，发表了该刊特约专栏主持人陈思和与王晓明的对话，接下来又发表了两篇文章。其一是《关于"赵树理方向"的再认识》，其二是《"柳青现象"的启示》。由此，"重写文学史"的旗帜在全国文学界正式打出，对一些已有定评的作家进行重读、重评，除柳青和赵树理外，还涉及丁玲、郭小川、何其芳、郭沫若、茅盾等作家。

5月　中共中央理论刊物《红旗》停刊。

同月　肖云儒著的文论集《中国西部文学论》由青海人民出版社出

版。通过对几十位中国西部作家的研究，论述了中国西部文化的多维结构、审美特点和中国西部文学的产生、发展、流派类别、艺术特色、演变规律。《中国西部文学论》出版后，被译成日文摘载于美国、加拿大等刊物。

7月1日　中共中央党校创刊《求是》，取代《红旗》，成为全党的理论刊物。

7月13至17日　中国作家协会陕西分会、《小说评论》编辑部在陕西太白县召开了陕西作家长篇小说讨论会。面对陕西长篇创作重新崛起的情况，会议在全国长篇小说创作和理论研究的背景上，深入研究分析陕西长篇小说创作经验、存在的问题和今后努力的方向，希望把陕西长篇小说创作推向新的高度。

7月19日　上影故事片《芙蓉镇》在捷克斯洛伐克第26届卡罗维发利国际电影节获电影节大奖——"水晶地球仪奖"。

9月　铁凝的长篇小说《玫瑰门》发表在《文学四季》创刊号。

10月11日　《文学评论》《钟山》编辑部在无锡联合召开现实主义与先锋派文学学术研讨会。

11月8至12日　第五次全国文学艺术界联合会代表大会在北京举行。大会选举曹禺为全国文联执行主席。

本年　霍达的长篇小说《穆斯林的葬礼》发表，后荣获第三届茅盾文学奖。

同年　李天芳、晓雷合著的长篇小说《月亮的环形山》由作家出版社出版。

同年　胞弟王天乐的新闻稿《汽车拖着火轮奔跑》获中国新闻一等奖。

1月1日　在榆林宾馆写《平凡的世界》第三部。

"一九八八年元旦如期地来临了。此时，我仍然蛰居在榆林宾馆的房间里天昏地暗地写作。对于工作来说，这一天和任何其他一天没有两样。但这毕竟是元旦。这是新的一年的第一天。这是一个重要的节日。整个宾馆楼空寂如古刹，再没有任何一个客人了。服务员们也回家去过节，只在厨房和门厅留了几个值班人员。一种无言的难受涌上心间。这不是为自己，而是为了亲爱的女儿。在这应该是亲人们团聚的日子里，作为父亲而不能在孩子的身边，感到深深地内疚。……按照预先的计划，我无论如何要在春节前完成第三部的初稿。这样，我才能以较完满的心情回去过节——春节是一定要在家里过的。"（路遥《早晨从中午开始》）

1月27日　《平凡的世界》第三部第一稿完成。

为了表示庆祝，时任榆林行署专员的李焕政专门为路遥举行了一个庆祝酒会。

路遥曾谈道："春节前一个星期，身体几乎在虚脱的状况下，终于完成了第三部的初稿。其兴奋是无法用语言表达的。这意味着，即使现在倒下不再起来，这部书也基本算全部有了眉目。人们所关心的书中的第一个人物的命运，我都用我的理解做了回答。"（路遥《早晨从中午开始》）

3月初　因为《平凡的世界》将要在中央人民广播电台"长篇连播"节目播出，责编叶咏梅赶到西安，在中国作协陕西分会大院里采访了路遥。在这段录音采访中，记录下了路遥的原声："我个人认为这个世界是属于普通人的世界，普通人的世界当然是一个平凡的世界，但也永远是一个伟大的世界。我呢，作为这个世界里一名劳动者，将永远把普通人的世界当作我创作的一个神圣的上帝。听众朋友们，无论我们在生活上有多少困难、痛苦，甚至不幸，但我们仍然有理由为我们所生活的土地和岁月而感到自豪……"

3月16日　《人生》与《西安事变》《没有航标的河流》《红高粱》等十部电影在陕西省文化厅举办的西影厂获奖影片展览周展映。

3月27日　中午12点半，《平凡的世界》在中央人民广播电台AM747频道长篇连播节目开始首播。"长篇连播"是中央人民广播电台的品牌栏目，也是展示古今中外优秀中长篇小说的重要窗口。

3月30日　给王宝成①复信。信中路遥说目前一边抄改稿，一边等候出版单位的来人；事情处理完毕，打算4月20号左右去陕北躲一躲。

4月20日　赶到了延安甘泉县，入住县招待所三楼。一进门，就在房间摆布好了工作所必需的一切，接着就投入工作。甘泉是路遥的一块福地。

4月　《平凡的世界》第二部由中国文联出版公司出版发行。

5月4日　在甘泉为雷树礼签名。

5月19日　在陕北甘泉给西北大学中文系教授刘建勋写信。信中恳请刘建勋相助，希望能帮弟弟王天乐在这一届"作家班"就读。

5月25日　完成《平凡的世界》第三部第二稿。在3月份采访中，叶咏梅给路遥定了第三部的最后交稿时间，即6月1日。路遥在要求的时间内完了《平凡的世界》的全部创作。

当晚，在甘泉结束了简单的庆祝酒宴后，路遥在王天乐的陪同下赶

---

① 王宝成（1944—2005），陕西蒲城花王人，曾任西安电影制片厂编剧。

到延安，从吴堡过黄河，先赶赴太原将复印稿交至《黄河》杂志。《黄河》杂志推迟二十多天发稿时间，就为等待他现在完稿的第三部。这样，《黄河》就赶在6月底刊出《平凡的世界》第三部了。

"在我的一生中，需要记住的许多日子都没能记住，其中也包括我的生日。但是，一九八八年五月二十五日这个日子我却一直没能忘记——我正是在这一天最后完成了《平凡的世界》的全部创作。"（路遥《早晨从中午开始》）

路遥忍受着病魔的折磨，用自己的青春和生命完成了这部百万字的长篇巨著，从而给这个时代一个深厚的交代。《平凡的世界》是一部全景式反映中国从"文革"后期到改革开放初期近十年城乡社会生活的史诗作品。从1975年到1985年初，正是中国社会发生历史大变革的时期，从"左"的路线的思想统治下解放出来，把"阶级斗争"转移到"经济建设为中心"上，描写了城乡各阶层的普通劳动者平凡的生活。

好友曹谷溪在回忆路遥创作《平凡的世界》时说："路遥创作《平凡的世界》的几年里，他几乎脱离了家庭，脱离了社会，全身心地投入到了自己的创作之中。"（曹谷溪《关于路遥的谈话》）

作家晓雷说，路遥写完《平凡的世界》后与他聊天说，他一直想写一部二十万字的长篇小说，题目就叫《生命树》，写他的家乡的黄土沟壑里的一棵老槐树，树下有几对青年男女的膨胀着的幸福和浓缩着的苦难，那是黄土高原上的亚当和夏娃的历史。东欧剧变、苏联解体之后，路遥彻夜未眠，他联想到陕北某城几个老干部家庭的崩溃，他试图由几个家庭探寻大千世界的奥秘，计划写一部较大规模的长篇，题目叫《崩溃》。此外，路遥还想用十年的时间写"文化大革命"，书名就叫《十年》，写一百万字，把上至中央的斗争，下至基层群众的斗争，把城市的斗争和农村的斗争，穿插交织起来，写出自己对"文化大革命"的独特判断和剖析。

5月26日　与四弟王天乐抵达山西太原。在太原期间，路遥受到了周山湖和《黄河》编辑部的热情接待，路遥真切地感受到了《黄河》编辑部的诚意。路遥在太原停了三天时间，居住在迎泽大街上的冶金招待所，三天时间里路遥几乎足不出户地待在招待所里，起早贪黑地对《平凡的世界》（第三部）进行了最后的修改润色，最终，将《平凡的世界》第三部复印稿子交至时任《黄河》杂志主编周山湖的手中。

据王天乐回忆：在太原期间，路遥还受到山西作家郑义的招待，《黄河》杂志编辑韩石山等人陪同。"路遥在文学界没有什么朋友，和郑义也是一般关系，但两人见面后非常友好，路遥对全国只有三四个作家比较看重，其中就有郑义。"（王天乐《苦难是他永恒的伴侣》）

"他写完他的《平凡的世界》第三部，直接从延安出发，东渡黄河，去北京送稿，路过太原，我和我的同事们，曾在一家不错的饭店宴请他。他的弟弟陪着他，我们向路遥敬酒，都被这位憨直的弟弟挡驾了。"（韩石山《在斯德哥尔摩西郊墓地的凭吊》）

5月29日　路遥赶赴北京。上火车前，由于路遥的钱包落在了宾馆。路遥与弟弟王天乐商定，路遥先去北京，王天乐回宾馆取钱包，然后赶下一趟火车到达。

"我是一路站着到北京火车站的，一路上没有任何空间让你转身，衣服因出汗而发臭。在北京和路遥会师后，两人好像十年没见面，因为那是我第一次去北京，路遥怕我走失，就在火车站一个唯一出口处站了八小时。……在北京风风火火跑了半个月，才把他有关《平凡的世界》所有的事宜办完。"（王天乐《苦难是他永恒的伴侣》）

5月30日　在火车站出站口与王天乐会合后入住中国文联出版公司的招待所。

6月1日　路遥按时将《平凡的世界》第三部手稿送到中央人民广播电台叶咏梅的手里。当晚，叶咏梅在自己的家里招待了路遥和王天乐，她和李野墨发现路遥的神情有些疲惫，望着一桌饭菜没有食欲，只是慢慢地吃了几口豆腐青菜，慢慢地扒了一小碗龙须面便打住了……

叶咏梅后来看到路遥撰写的《我与广播电视》，她才了解了当时的真实情况：

小说前两部在电台播出的时候，我还带病闷在暗无日光的斗室中日夜兼程赶写第三部。在那些无比艰难的日子里，每天欢欣的一瞬间就是在桌面那台破烂收音机上收听半小时自己的作品。对我来说，等于每天为自己注射一支强心剂。每当我稍有委顿，或者简直无法忍受体力和精神折磨的时候，那台破收音机便厉厉地提醒和警告我：千百万听众正在等待着你如何做下面的文章呢！我不得不一次又一次面对那台收音机庄严地唤起自己的责任感，继续往前走。按照要求，我必须最迟在一九八八年六月一日将第三部完成稿交到中央人民广播电台。五月二十五日，我才在陕北甘泉县招待所用激动得像鸡爪子一样的手为六年的工作画了句号。然后当夜启程，截近路从山西过黄河赶到北京，六月一日准时赶到中央台。当我和责任编辑叶咏梅以及只闻其声而从未谋面的长书播音员李野墨一起坐在中央台静静的演播室的时候，真是百感交集。我没有想到，这里已经堆集了近两千封热情的听众来信。我非常感谢先声夺人的广播，它使我的劳动成果及时地走到了大众之中……

给中央人民广播电台送完稿子以后，路遥将《平凡的世界》第三部手稿送到中国文联出版公司李金玉编辑手里。

在京期间，路遥还与中央电视台有关人员进行接触，他们想把《平凡的世界》改编成电视连续剧，通过电视剧这种方式将《平凡的世界》传播到普通大众那里去。

6月13日　中国作家协会陕西分会召开了纪念柳青逝去10周年、获奖作家优秀编辑颁奖大会。陕西省委副书记牟玲生出席并讲话。

6月25日　给中国人民广播电台文艺中心"长篇连续广播"节目编辑叶咏梅写信。（叶咏梅《中国长篇连播历史档案（上卷）》）

咏梅：

你好！

感谢在京期间你的热情关照和亲切相待，在现今生活中，已经很少有这种感受了。同时，你对工作的认真负责态度，也使我十分感动。这一点，也正是我所最为看重的，在这点上，我们完全是相同的，正因为如此，我觉得我们的合作特别愉快。

回来后，忙于各种事，才抽出点时间给你写信，主要的意思是再次感谢你为我的这部书所做的令人永远难以忘怀的工作。

另外，请代问野墨同志好，他的质朴和才华，以及很有深度的艺术修养给我留下深刻的印象，他是一个视野很开阔的人，这在北京很不容易。恕我直言，许多北京人以为天安门广场就是世界上最大的地方。最大的地方其实是人的心灵。

先唠叨这几句。请问李唯及小女儿好，你们的和谐的家庭真令人羡慕。

祝你们愉快！诸事顺利！

路遥

1988年6月25日

6月 《平凡的世界》第三部刊于《黄河》杂志1988年第3期。

7月 与电视剧《平凡的世界》导演潘欣欣赴陕北体验生活。中国电视剧制作中心组织工作组，拟将《平凡的世界》改编为连续剧，作为新中国成立40周年的重点献礼片。

"1988年7月中旬，我为了拍摄根据路遥同志长篇小说《平凡的世界》而改编的同名电视连续剧，自北京出发去陕西找路遥。他是陕西省中国作家协会陕西分会的副主席，于是我先到西安，在西安仅作短期逗留便与路遥一同去了陕北。车一进黄陵县就感觉到，接待的人们更加热情，路遥的话也随之多了起来，一山一水，一草一木地给我介绍着。我来的目的就是体验生活，了解陕北，有路遥陪同，不虚此行。"（潘欣欣《忆路遥》）

抵达延安以后入住延安宾馆。路遥的老师、时任延安大学党委副书记的申沛昌回忆：

我正在忙着筹备延安大学成立五十周年校庆活动，路遥的三卷百万巨篇《平凡的世界》也全部完稿，正好来到延安。我们有机会在延安宾馆进行了一次亲切而坦率的交谈。俩人主要交谈了各自工作和事业方面的情况。路遥则主要讲他创作《平凡的世界》的艰难过程。交谈中我直率地问他："听到有些人说，你现在成名了，不愿承认自己是延大中文系的学生吗？我是不相信，但社会上一直在流传着，到底是怎么回事？"他听后很激动地对我说："申老师，你应该知道，我从上大学前开始直到现在，一直有人告状、诬陷，这十几年，我就是在一些奸佞小人的诽谤和攻击中走过来的，用这种卑鄙下流的手段毁人名誉实在是无耻之极，好在我已习惯。说我不认延大，这只是个小谣言而已，绝无此事。我们不是一直在来往联系吗？"接着我就说："那好，现在学校马上要举行首届校庆，你给学校题个词，到时候回来参加校庆活动，并给中文系师生作一场文学创作的专题报告。"他当即爽快地答应了，并且全部落到实处。他给延大的题词是："延大啊，这个温暖的摇篮……"这个题词现在珍藏在延安大学档案馆。

　　8月2日　126集的《平凡的世界》在中央人民广播电台播送结束，历时四个月有余。

　　中央人民广播电台以特殊的方式制作了长篇小说连播《平凡的世界》，第一部用的是出版作品，第二部是二校清样，第三部用的则是路遥手稿复印件。《平凡的世界》在中央人民广播电台播出后，随后浙江、新疆、内蒙古、陕西等十几个省市的电台又陆续重播，引起轰动。电台收到了数以万计的听众来信，其中有学生、教师、工人、农民、军人、离退休干部及待业青年等。中央人民广播电台《长篇连播》的文学编辑叶咏梅回忆："回想当初，《平凡的世界》第一部问世时，它静静地躺在书店的书架上，也许因平凡而很少有人问津；可一经电台连续播出，叩动了千百万听众的心，竟使作品供不应求，又进行再版……"

9月22日 路遥参加"延安大学50周年校庆"活动。期间给延安大学中文系做专题文学报告。

11月3日 《人生》被译成俄文在苏联出版，写《致苏联青年近卫军出版社》："你们优秀的文学传统曾对我的生活和创作产生过重大影响，由此，我始终对你们的国家怀有一种特殊的感情。我的小说《人生》被你们译成俄文出版，我深感荣幸。借此机会，我谨向闻名于我国的青年近卫军出版致以崇高的谢意。许多中国读者都知道，H·奥斯特洛夫斯基著名的小说《钢铁是怎样炼成的》，正是在这一出版社出版的——这本书对我们来说极其珍贵。你们可以想到，此时我的心情非常激动。"

秋 路遥打电话给正在西北大学作家班上学的海波，让他去商量要事。海波见到路遥才知道是合伙做生意的事。路遥说自己有一个飞行员朋友，能从广东、福建那边往西安捎牛仔裤，要海波在西安登记一家店铺，路遥说："进货的本钱和运输全不要你管，你只管去卖；有风险我们承担，有利润咱们均分。"当时一心想当作家的海波反问路遥："你把我看成做生意的人了吗？"路遥无奈地看着海波，好半天不说话，只是深深地叹气。这样，路遥想与海波合伙卖牛仔裤的计划就黄了。

12月16日 蔡葵《〈平凡的世界〉的造型艺术》刊于《光明日报》。

文章中肯定了《平凡的世界》的文学价值。

12月31日　给蔡葵复信。信中路遥感谢蔡葵对《平凡的世界》的评价与认可。路遥强调，国内文学界对这类"现实主义"作品的冷淡没有使他放弃努力创作。信中路遥做了一个有趣的比喻，"当别人用西式餐具吃中国这盘菜的时候，我并不为自己仍然拿筷子吃饭而害臊。"并表明了对"现实主义"的理解与态度。在《早晨从中午开始》中路遥说："现实主义在文学中的表现，绝不仅仅是一个创作方法问题，而主要应该是一种精神。"信全文如下：

蔡葵同志：

　　您好！

　　我刚从外地回来，见您信，十分高兴，同时也拜读了《光明日报》您评拙作的文章。非常感谢。这部小说至今除镇南写过一篇有分量的文章外，您这篇是最重要的一篇。我反复读了好几遍，现在也还在手头带着。虽然我也看出来您的文章是被"剪裁"了的，但文章的论述使我很激动。您公正地用了一些大胆的褒词肯定了我的努力。您应该看得出来，我国文学界对这部书是冷淡的。许多评论家不惜互相重复而歌颂一些轻浮之作，但对认真努力的作家常常不屑一顾。他们一听"现实主义"几个字就连读一读小说的兴趣都没有了。好在我没有因此而放弃我的努力。六年来，我只和这部作品对话，我哭，我笑，旁若无人。当别人用西式餐具吃中国这盘菜的时候，我并不为自己仍然拿筷子吃饭而害臊。

　　您对小说提出的意见是有道理的。其实，这部作品还存在着许多不足。您知道，尽管我们群起而反对"现实主义"，但我国当代文学究竟有过多少真正的现实主义？我们过去的所谓现实主义，大都是虚假的现实主义。应该说，我们和缺乏现代主义一样缺乏（真正的）现实主义。我是在这种文学历史的背景下努力的，因此仍然带有摸索前行的性质。不过，我的确是放了胸魄，一丝不苟完成这部作品的；它的不足既是我的不足，也是中国现实主义的不足。对我个人来说，最重要的是它总算完成了。我记起托马斯·曼的一篇特写（也可看作小说）《沉重的时刻》，是为纪念席勒逝世一百周年写的，文中写席勒创作那部史诗《华伦斯坦》时的心理状态，其中有这样的话：终于完成了……它可能不好，但是完成了；只要能完成，它也就是好的。这也正是我目前的心境。当然，我也期待着我国评论家来实事求是地认识这部作品（包括它的不足）。至于我本人，我将尽量默不作声。我国文学界真正意义的自由争论还未形成，我认为这一原因主要是我国文学界自身造成的。比如，一张全国性的文艺报纸，仅仅发表几个编辑所持观点的文章，怎么可能真正形成百花齐放的局面呢？鉴于我国文学界的状况，你只能用作品来"反潮流"，不可能去用其他文章去论争，他们可以发表你的文章，但会安排在被审判的位置上，把你弄成浑身武力而未用尽的那些人的"靶子"。何必呢，老蔡，人一生有多少精力去扯这种闲淡，我已经孤独惯了，宁愿一个人躲在那些荒山野舍里；这样的时候，我才感到能更好地回到深远的历史和博杂的现实生活中去，也才可能使自己的心绪漫游在深广的宇宙中和人生意义的无尽的思虑之中。地球会爆炸，会消失，伟大与平凡将一起泯灭；生命是如此短暂，应该真正做点自己愿意做、也力所能及的事。一切不必要的喧嚣和一时的人生风光都没有什么意义。

扯得很远了。我十分愿意再能看见您对拙作的意见，我将能在其间看见您和我的一种心灵的交流，仅这一点就令我激动不已。

　　致

深切的敬意！

（您很忙，不必回信）

路遥

一九八八年的最后一天

12月　中国作家协会党组决定筹备评选第三届茅盾文学奖。

本月　同王愚、白描等中国作家协会陕西分会代表，在西安出席大西北文学研讨会，李存葆、莫言等出席，会后合影。

在这次会上，路遥与莫言第一次见面。早在中篇小说《人生》发表时，正在部队服役的莫言曾给路遥写去长达三千字的长信，探讨人生问题。

同月　应老朋友、《中外纪实文学》主编徐岳邀请，与莫申去汉中采访、撰写报告文学。

徐岳主办的《中外纪实文学》面临生存危机，他想借路遥的大名为刊物打开一条生路，路遥慨然应诺。于是，路遥和徐岳、莫伸三人到汉中后，始住汉中制药厂专家楼，并与制药厂领导搞了座谈会。住到第五天，路遥一行去汉中的消息传出，汉中文友与地区领导拜访，这样他们再搬到地区招待所住。当时，路遥还采访了时任汉中行署专员的赵世居。采访中赵称："我们要把汉中建设成陕、甘、川、鄂四省的一个经济中心点，同时还有进一步增大汉中的经济辐射度，汉中的历史有这个传统，新中国成立后隔断了。现在开放了，我们应该把汉中搞成这样一个经济中心……省上把关中作为经济发展的重点，但我认为应该加上关中和汉中一体化"。（路遥《汉中盆地行》）这篇文章是一篇文笔与思考俱佳的随笔，看不出应景作文的痕迹。

在汉中期间，他们还参观了武侯墓，路遥特意用身体贴着墓碑拍了一张照片。作家朋友王蓬还专门在剧院组织了一场针对文学青年和爱好者的文学讲座，路遥讲了一个多小时。

从汉中回来后，路遥专门躲在西安电影制片厂大酒店，很认真地完成了《汉中盆地行》。

| | 1989年（己巳）40岁

2月17日　中共中央发出《关于进一步繁荣文艺的若干意见》。《意见》认为，坚持文艺"为人民服务、为社会主义服务"的方向，坚持"百花齐放，百家争鸣"的方针，是长期稳定地发展我国社会主义文艺事业的根本保证。党的领导机关要充分尊重文艺的特点和规律，对具体的文艺作品和学术问题，要少干预、少介入。

2月28日　中国小说学会、《小说评论》编辑部，召开新的年度里第一次在陕理事暨编委扩大会议，回顾1988年工作，研究1989年开展工作的重点。中国小说学会在陕理事、《小说评论》编辑委员、部分文学评论家，以及中国作家协会陕西分会的领导同志和《延河》文学月刊、《文化艺术报》的负责同志参加了会议并做发言。

5月15至18日　苏联最高苏维埃主席团主席、苏共中央总书记戈尔巴乔夫对中国进行正式访问。16日上午，邓小平在人民大会堂会见戈尔巴乔夫，正式宣布中苏两国关系实现了正常化。18日，《中苏联合公报》发表。

5月　《钟山》杂志从第3期开始，开辟"新写实小说大联展"，倡导"新写实小说"。

同月　刘建军①的文学论著《换一个角度看人生》，由陕西人民出版社出版。收作者20世纪80年代以来的文学评论24篇，分为两个部分，第一部分是作者对于新时期文学以及当代主要作家作品的讨论或评论；第二部分大多是关于文艺理论的专题研究，对陈忠实、贾平凹、王吉呈、李小巴等的作品作了中肯的评介。

　　6月23至24日　中共十三届四中全会在北京举行。

　　7月6日　中共中央宣传部在京召开文艺座谈会。会议一致认为繁荣发展社会主义文艺必须坚持四项基本原则，反对资产阶级自由化。

　　11月　《小说评论》（1989年第6期，总第30期）刊出王汶石、王愚、玉果、李星、张沼清、董墨、魏钢焰的《〈月亮的环形山〉②七人谈》，专栏"小说家创作谈"刊出李天芳的《正负零工程》。

　　12月　中共中央任命林默涵为全国文联党组书记，孟伟哉为党组副书记。任命马烽为中国作家协会党组书记，玛拉沁夫为党组副书记。

　　本年　和谷《无忧树》、贾平凹《爱的踪影》获得新时期全国优秀散文奖。

------

　　①　刘建军，笔名江流。陕西蒲城人。中共党员。历任西北大学中文系讲师、副教授、教授，中文系主任。陕西省作协常务理事，中国小说学会副会长。1958年开始发表作品。著有短篇小说《似真似幻》，专著《文艺美学》（合作）等。专著《论柳青的艺术观》（合作）获中国首届当代文学研究会文学研究表彰奖，《文学与生命》（合作）获1995年陕西省社会科学优秀著作一等奖，论文集《换一个角度看人生》获1996年陕西省作协505文学奖。

　　②　《月亮的环形山》，长篇小说，李天芳、晓雷合著，作家出版社1988年出版。

本年　畅广元著的文论集《主体论文艺学》由中国社会科学出版社出版，同时被列入国家"七五"重点项目"文艺新学科丛书"。

1月1日　（元旦）急就《汉中盆地行》于西影大酒店。

1月5日　写作《业务自传》《个人小结（草稿）》①。

业务自传

青少年时期大量阅读了中外文学名著和哲学、政治经济学以及传记文学，并开始热心文学创作。先写了一些不成熟的诗歌、歌剧之类的作品在报刊上发表；并与谷溪、陶正等人合编出版了诗集《延安山花》（此书同时在香港出版）。

一九七三年开始小说创作。一九七三年进入延安大学中文系读书。同年在《延河》复刊后的《陕西文艺》创刊号上发表第一篇小说。大学期间，较为系统地学习了文艺理论，中外文学史，阅读了大量的文学著作。大学毕业后，于一九七六年进入《延河》编辑部小说散文组搞编辑工作，并担任过副组长。在编辑期间，由于大量阅读、修改业余或专业作者的作品，在扶持文学新人的同时也提高了自己的艺术审美水平和创作能力。

---

①　冯建斌先生收藏路遥4份7页手稿，手稿书写在印有"陕西省文艺创作研究室"的16开稿纸上，内容包括《个人小结》《本人对目前专业设想建议》《业务自传》和《著作论文登记》，分别写于1989年1月5日、6日，8日对5日的《个人小结》做修改。这几份手稿是路遥写给上级部门的汇报材料。

一九八〇年发表第一部中篇小说《人生》，引起了读者和文学界的广泛反响，作品得到了各种形式的转载，改编，被许多大专院校编入教材，并再一次获全国（第二届）优秀中篇小说奖；由本人改编的电影《人生》也获得广泛影响，获得第八届大众电影百花奖最佳故事片奖以及其他几项奖。其后转入专业性文学创作。其间结集了中篇小说《人生》、中短篇小说集《当代纪事》《姐姐的爱情》以及《路遥小说选》。从一九八二年开始，用六年时间准备和写作长篇小说《平凡的世界》三部曲。此书于一九八八年夏天全部完成。小说陆续发表出版后，已引起读者和批评界的关注。第一部已获《花城》文学奖。全书还由中央人民广播电台在四个月又二十天时间里播出，目前，电台、出版单位和作者本人已收到听众和读者来信达五千封。同时，中央电视台确定改编为大型电视连续剧，作为建国四十周年的重点献礼片，目前已投入拍摄。

今后准备继续深入到生活之中，同时集中一段时间，更深入地研究中国历史和世界历史，广泛地研究西方现代派艺术的源流，在此基础上确立自己的"第三段创作"。

路遥

1989年元月5日

个人小结（草稿）

我的创作历程是艰苦地摸索前行的历程。几乎每走一步都要付出身心方面的巨大代价。我认识到，文学创作从幼稚趋向于成熟，没有什么便利的捷径可走。因此我首先看重的不是艺术本身那些所谓技巧，而是用自我教育的方式强调自身对这种劳动持正确的态度，这不是"闹着玩"，而应该抱有庄严献身精神，下苦功夫。

我也极注重自己独立的创作个性，不愿盲目地趋赶潮流（不管这种潮流多大）。好多情况下，我正是因为对某种潮流感到不满足，才唤起了一种带有"挑战"意识的创作激情。我在学习研究各种流行的艺术流派的时候，力求不尾随，不被淹没，而使这些营养溶化在自己创作个性的血液之中。

我认为，作家如果没有深厚的生活基础，或者有了生活，而又不能用深邃的目光洞察它，作品就都将会是无根的草或不结果的花朵。我要求自己，在任何时候都不丧失一个普通劳动者的感觉，要永远沉浸在生活的激流之中。

所有这些我都仍将坚持到底。

路遥

一九八九年元月五日

同日 写《本人对目前专业设想建议》："就个人来说，要更深入地投入社会急骤变革的大潮中，同时力争将这一历史进程放在人类历史的大背景上思考、体察和理解，以求写出更有深度和广度的作品。"（武一平《路遥手稿现西安》）

1月6日 写《著作论文登记》。

1月8日 修改《个人小结》。将《个人小结（草稿）》中的第一段："我认识到，文学创作从幼稚趋向于成熟，没有什么便利的捷径可走。因此我首先看重的不是艺术本身那些所谓技巧，而是用自我教育的方式强调自身对这种劳动持正确的态度……"改为："我认识到，文学创作从幼稚趋向于成熟，没有什么便利的那些所谓技巧，而是用自我教育的方式强调自身对这种劳动持正确的态度……"

1月　为《三原报》[①]题字"龙桥"二字，刊登在《三原报》试刊第3期。

3月4日　与陈忠实等参加陕西省委宣传部、中国作家协会、文联召开文艺家兼职深入生活座谈会。

3月上旬　在陕西省图书馆进行文学讲座。

3月24日　由中国电视剧制作中心导演潘欣欣执导，鲁文浩、晏唐改编的14集电视连续剧《平凡的世界》在陕北延安市枣园乡庙沟村开机。

4月1日　在西影大酒楼给海波小说《农民的儿子》写序：

"海波和我是同乡，又是同学，少年时期一块在故乡陕北延川的城关小学、县立中学读书。那时我们都属家境极端贫苦的农民子弟，活像一对乞丐，除过内心的尊严，几乎一无所有。以后，海波的道路尤为艰难，年复一年为起码的生存在凄风苦雨中不停奔波。一般人在他那种情况下，恐怕早已垮掉了，但顽强的海波没有听凭命运的摆布，他内心的理想之火一直在熊熊燃烧。这部凝结着他血泪的小说就是他人生态度的一个证明。"

同日　给阳春明写信，谈求医治病之事。

5月18日　路遥"去医院照看孩子，回机关路过作协游行队伍时，跟着前往新城广场游行队伍游行一次，沿途没有呼什么口号。对此清查清

---

① 《三原报》，中共三原县委机关报。1956年10月1日创刊，8开2版，5日刊。

261

理中，曾多次作过检查，认识较好"。①

6月 《小传》《出自内心的真诚》收入由洁泯②主编的《当代中国作家百人传》，该书由求实出版社出版。

7月11日 与诗人尚飞鹏③在黄河壶口边邂逅。

"1989年7月11日，我只身一人去壶口看瀑布，在那里与路遥巧遇，才有幸听路遥唱陕北民歌。其情其景，至今还深深地印在脑子里，那是一种享受，也是一种痛苦，甚至是折磨……记得那天天气十分好。老远，我就看见几个人，从河畔上走下来了，我很高兴，因为他们不管是谁都能成为我战胜恐惧的帮手。他们慢慢走近了，我首先认出了路遥，路遥也很惊奇，能在这里相遇实在是不容易，我和路遥的两只手紧紧握在一起。从壶口返回宜君的路上，路遥首先唱起了陕北民歌，他的声音并不大，

---

① 见"路遥档案"中《路遥同志考察材料》，陕西作家协会存。

② 洁泯，原名许觉民，江苏苏州人。1937年在上海及各地生活书店工作，1949年后历任上海三联书店副经理、上海军管会新闻出版处办公室副主任，北京三联书店总管理处秘书处副主任，北京人民文学出版社经理、副社长兼副总编辑，北京图书馆参考部主任，中国社会科学院文学研究所副所长、所长，研究员。中国文艺理论学会理事会顾问，中国作家协会名誉委员等。1960年加入中国作家协会。著有专著《人生的道路》《洁泯文学评 论选》《当代文学的社会 - 历史批评》《今天将会过去》，散文集《人面狮身》《眼睛》《人间风景》《读而未竟》《风雨故旧录》等。2000年获上海文汇报《笔会》年度奖。

③ 尚飞鹏，1954年生于陕西省榆林市绥德，曾任《艺术界》常务副主编。1984年开始发表诗歌作品，并多次获奖。中国作家协会会员。现为陕西省艺术研究所研究员。

但又粗又厚。"（尚飞鹏《民歌的路遥》）

8月23日　推荐党永庵加入中国作家协会，为其写了简短而又热情的推荐语并签名："党永庵同志三十年间发表出版了大量诗歌和歌词作品，在全国产生了广泛影响，成绩非常突出，希望能被总会接收为全国会员。"（党永庵《我记忆中的路遥》）

9月　写《无声的汹涌——读李天芳、晓雷著〈月亮的环形山〉》。

10月1日　《平凡的世界》第三部由中国文联出版公司出版发行。

11月7日　与李天芳、王愚在中国作家协会陕西分会"创作之家"为中国作家协会鲁迅文学院的三十余名学员做了系统的文学知识讲座。

11月27日　给陕西省教育学院做文学讲座。活动后，应时任"九月枫"文学社社长厚夫请求，路遥给文学社题词："有耕种，就有收获；即使没有收获，也不为此而悔。"

|| 1990年（庚午）41岁

1月5至10日　中共中央宣传部、文化部在北京召开全国文化艺术工作情况交流座谈会。李瑞环在会上做《关于弘扬民族优秀文化的若干问题》的讲话。

4月24日　李天芳与晓雷合作的长篇小说《月亮的环形山》作品座谈会在西安召开，李天芳、晓雷、李星、王仲生以及西安师专中文系学生参加座谈会。

5月3日　首都青年举行纪念五四运动七十一周年报告会。

8月14日　中共中央发出《关于进一步加强和改进知识分子工作的通知》，下达近日中央政治局常委会议和政治局会议讨论进一步加强和改进知识分子工作问题的精神。《通知》要求各级党委和政府对知识分子要做到政治上充分信任，工作上放手使用，生活上关心照顾，同时积极引导、严格要求，使他们更好地承担起工人阶级的历史使命。

9月　韩望愈①的文论集《美的愉悦》由陕西人民出版社出版。该集收作者从1957—1989年间一些有代表性的评论文章。其中有对老一代作家、艺术家柳青、王汶石、赵望云、石鲁、方济众等创作思想的评论，也有对青年作家陈忠实、路遥、贾平凹、邹志安、赵熙早期作品的研究评述。

1月11日　在西安为刘仲平散文小说集《黄河潮》②写了800字的序言——《六弦琴的歌词》。

1月27日　在延安宾馆见画家陈幼民③。

"那是一九九〇年的春节，我在北京待得憋闷，就跑到延安去散心。正值放假，偌大的延安宾馆里空空荡荡。突然听说路遥也住在这里，真有点'他乡遇故知'的喜悦，忙跑去见他。……我觉得他苍老了许多，神情疲惫，甚至带有一丝沮丧。意外的相逢，使两个人都很高兴，他向我了解北京的事，谈到了完成不久的《平凡的世界》，我则更多地询问他的健康情况。"（陈幼民《忆路遥》）

1月　为王蓬纪实文学讨论会发去贺电。

汉中地区文化局与汉中群众艺术馆联合举办王蓬纪实文学讨论会，陈忠实、李天芳、徐岳等人参加会议。路遥以中国作家协会陕西分会的名义发出贺电："值此王蓬同志作品讨论会召开之际，特此表示热烈祝贺！

---

①　韩望愈，笔名寒柏、何田，陕西乾县人。中国作家协会会员。著有报告文学《人的正名》《慈善鸟》，文论集《美的愉悦》。

②　《黄河潮》，陕西旅游出版社，1992年8月出版。

③　陈幼民，生于北京，中国工人出版社副总编辑、副审，长期从事中国人物画创作及理论研究。

祝贺王蓬同志长期坚持深入生活第一线，密切联系群众，热忱关注普通人的劳动和创造，近年创作成绩丰硕优异。祝再接再厉，争取更大收获！"

（王蓬《王蓬文集（四）》，第481页）

2月 给作家王安忆写下一捆"路条"，王安忆凭此"路条"进行了一次难忘的陕北之旅。

王安忆在《黄土地的儿子》一文中回忆："去陕北是我难忘的经历。我手里捏着一捆路遥给我的'路条'，然后乘上风尘仆仆的班车，就这么上路了。那是在1990年的初春，陕西电视台正在播放根据路遥长篇小说改编的电视连续剧《平凡的世界》。我们走到哪里都能听见人们在议论《平凡的世界》。每天吃过晚饭，播完新闻，毛阿敏演唱的主题歌响起，这时候，无论是县委书记，大学教师，还是工人，农民，全都放下手里的事情，坐到电视机前。假如其时我们正在与某人说话，这人便会说：等一等，我要去看《平凡的世界》。"

王安忆去陕北的路线是路遥策划的，先乘班车到黄陵，找到县委书记，然后他会送王去延安，再到延安大学找到校长，校长再安排去安塞、绥德、米脂，然后到榆林。路遥写好了一封封信，临别告诉王安忆说有了这些信就不用发愁了。后来证明王安忆的行程果如路遥所说，到了任何地方，只要出示路遥的信，都受到热情的接待。"他们中间大多是一些基层的干部，与文学无关，对于他们来说，全世界的作家只有一个，那就是路遥。他们是以那种骄傲又挚爱的口吻说：我们的路遥。"

王安忆称，当时陕西"中国作家协会院子"里兴算命，为了和陕西文学界接轨，王安忆称他们出题算命方式带有洋务派的面目。路遥接受这测试是出于不使王安忆扫兴，带有捧场的意思。王安忆回忆，路遥的脸上带着温和宽容的微笑，像一个听话的好学生，一一回答我们的提问，然后耐心地等待我们破译。当我们说到第三个动物的形容词其实意味着实际上的自己的时候，路遥不由"哦"了一声，脸上的笑容消失，眼神变得严肃了。"我记得路遥第三个想到的动物是牛，他形容牛用了沉重、辛劳一类的字眼。"（王安忆《黄土地的儿子》）

3月 根据路遥的长篇小说改编的电视连续剧《平凡的世界》，由中国电视剧制作中心拍摄播放，导演及主要演员来陕与评论界三十余人座谈。

《平凡的世界》导演潘欣欣回忆："十六七年来，中央台播出不下五六回吧，当时收到一些观众来信，谈观后感……首播前后我被陕西省作家协会邀请到西安，参加了由中国作家协会陕西分会负责人王愚主持的《平凡的世界》电视剧研讨会，会议从该剧的观摩到研讨用了一周时间，路遥首先发言，充分肯定了这部电视剧作品，其他专家也从不同角度对作品进行了分析，褒奖成功。《平凡的世界》获当年长篇连续剧飞天荣誉奖。"

春 与海波说，"找个挣钱的事做，写报告文学也行。"当时，海波正筹划一部电视剧，出资方是汉中市西乡县人民政府。副县长与海波关系很好，海波就把此事告诉这位副县长。副县长说西乡县有位在全国奥林匹克物理竞赛中获得第一名的高中生，如果路遥能写写这个学生，对县里教育事业肯定有促进作用。路遥答应了，但要求海波与他同去。海波那时很忙，专门抽出时间买好火车票准备出发时，路遥却后悔了，说他不愿意去，"觉得别扭"。海波只好连劝带逼把路遥领到西乡县。西乡县对大作家的到来自然十分重视，县长天天陪着吃饭，副县长几乎全程陪同采访。采访很顺利，谁知路遥回去后又后悔了，坚决表示不写，要海波撰写。海波只好向副县长道出实情，这件事才算不了了之。作为好友的海波当时得出的结论是：路遥非常需要钱。（厚夫《路遥传》）

4月4日　给王巨才①写信。

4月　电视剧《平凡的世界》开始在中央电视台二套播放。

6月5至10日　以中国作家协会副主席身份，参加陕西省写作学会承办的中国写作学会第五届学术年会。

6月　《小说评论》1990年第3期刊出李星的《新的崛起在传统的长河中——陕西作家论之二》，件埂的《追寻与受难——读路遥的〈平凡的世界〉》。

7月　职称调整为创作一级（即正高职称），根据1989年陕西职改办一号文件精神，工资标准为艺术1级10档，从176元（基础职位工资160元、地区工资补贴8.5元、工龄津贴7.5元）调整为197元（基础职位工资180元、地区工资补 贴9.5元、工龄津贴8.5元）。

9月下旬　大学同学王双全到访。

"我与他在他家聊天，他当时精神状态很好。当我们谈到党风和社会治安问题时，路遥说：'社会在变革时期，一些人不能把握自己，难免要被历史淘汰。'"（王双全《我们的班长》）

本年　在闻频的稿纸上写下一首《题红石峡》的小诗。

同年　据同事晓雷回忆，从1990年起，路遥把阅读的兴趣转向中国历史和世界历史："前年开始，他把阅读的兴趣转向历史，他读《新唐

---

①　王巨才（1942—　），陕西省延安市子长县人。曾任中共延安地委副书记、延安行政公署专员，中共陕西省委常委、宣传部部长，中国作协党组副书记、书记处书记。出版有《退忧室散稿》《退忧室散记》《退忧室散集》等。

书》《旧唐书》，读《资治通鉴》，他专门买了豪华型版本的《二十四史》，要随时查阅。谈到兴奋激动的时候，就要向我推荐，他说《万历十五年》这本书对中国官场的摹写和对政治改革的剖析达到了难以企及的程度，他惊异一个美国人何以把中国的历史研究得如此精到和透辟。他说柏杨的《中国人史纲》是一部非常独到的历史著作，他说柏杨的杂文并没有引起他多大兴趣，而读了他的这部史书，才深知他是一位大家……他如此如饥似渴地贪婪地穷经探史，是想建立他自身的思想深度和广度，进而构筑他的未来作品的深度和广度……"（晓雷《雨霏霏兮天垂：路遥离去的时刻》）

|| 1991年（辛未）42岁

1月12日　国务院发出《关于调整粮食购销政策有关问题的通知》，指出：为了保持政策的稳定性和连续性，1991年至1992年度，国务院对各省、自治区、直辖市的粮食包干指标，按1990年度计划略加调整，继续执行两年。

2月25日至3月1日　国务院在北京召开全国经济体制改革工作会议。会议讨论了《经济体制改革"八五"纲要和十年规划》，以及1991年经济体制改革的要点。

3月　《文学评论》等单位在京举行"新写实主义"问题座谈会。

4月10日　《小说评论》编辑部在咸阳召开王海小说集《鬼山》研讨会。

7月17日　延安窑洞大学举行开学典礼，来自西安、北京、上海等十七所高校的七百多名大学生入校就学。

10月27日　作家杜鹏程在西安逝世。

10月31至11月2日　中国作家协会陕西分会召开杜鹏程创作学术讨论会。陕西省有关方面领导同志支益民、刘力贞、魏明中、孙武学、王巨才、邰尚贤、胡采、王汶石等文学界人士共八十余人参加了开幕式，来自北京、上海、陕西等地的四十余位专家、学者、评论家、作家参加了正式讨论。这次讨论会在筹备期间，杜鹏程同志原本打算参加会议并准备了发言。然而，在会议召开前四天（10月27日），杜鹏程同志不幸因病逝世。在这样的时刻举行研讨会，大家都怀着沉痛的悼念之情，与会人员回顾了杜鹏程同志的生活道路和创作生涯，对杜鹏程从各方面进行了高度评价。

本年　贾平凹、杨争光、高建群获得中国作家协会主办的"庄重文学奖"。

1月20日　给商子雍、朱文杰等签赠《平凡的世界》（第二部、第三部）。

1月23日　给作家、文学评论家白烨写信[①]：

白烨兄：

您好。

大札早已收读，本想及早复信，结果病了一场，加之有许多紧急家务事，拖至今日，十分抱歉。

感谢您为我的事做了许多工作. 您是一个实在人，相处一起很愉快。上次因急着去咸阳，吃饭未陪完您，很感内疚，有机会回西安，咱们再好好聊聊。

评奖一事，我尽量不使自己抱太大希望，今日中国之事，随处都是翻云覆雨，加之我这人不好交往人，只能靠作品本身去争取。朱寨、蔡葵、老顾等人虽交往不多，但我相信和信任他们，他们是凭学识和水平发言的，我内心对他们都很尊重。至于其他人，我大部分都不熟悉。在北京

---

① 　此信由延安大学路遥文学馆收藏，未刊。

方面，我主要靠雷达和您"活动"了。另外，望兄考虑一下，见了阎纲和周明以及炳银、抒雁等老陕，也请他们也能帮做点工作。这就靠你跟他们说说，我虽然和他们关系都要好，但不好直接说，相信他们在评委中各有一些熟人，评委原十六人，现看报道，康濯已死了。

尽管中国是这个样子，但这个奖对我还是重要的。另外，也想给西北和老陕争点光，迄今为止，西北还未能拿这个奖，这一届作品中，凭良心说，我的作品还是具备竞争力的。

您什么时间还回陕西？请能及时告知，这里或陕北老家有什么事需要帮助，尽管说，当会全力以赴的。希望您能看开的，不必为处分之类的事多虑，都是过来人了，这些并不能限制人，反而会促使人换个角度去生活和奋斗，说不定有种豆得瓜之欢愉呢！

致敬意！

路遥

一九九一年一月二十三日

关于第三届茅盾文学奖的评选，白烨后来专门撰文回忆：

那一届茅盾文学奖的评选，因为文学的和非文学的种种原因，竞争十分的激烈。《平凡的世界》能不能最终获奖，朋友们都在心里捏了一把汗。我记得在评委们刚投完票，有了结果之后，先是蔡葵从评奖会场出来给我打了一个电话，轻声告我刚刚投完票，《平凡的世界》评上了。稍后，朱寨又出来给我打电话，说《平凡的世界》得票第二高，获奖没问题了。我说，不会有什么变化吧，他说还要报中宣部审批，一般不会有问题。我说那我就告诉路遥了，他说当然可以，并代我们致贺。于是，我即刻从单位骑车赶到附近的地安门邮局，兴冲冲地去给路遥打电报。记得电文是这样写的："大作获奖，已成定局，朱蔡雷白同贺。"这里的"朱"是朱寨，"蔡"是蔡葵，"雷"是雷达，"白"是本人。这个电报当天下午就到了陕西中国作家协会，据路遥事后说，那天下午，他在家里坐卧不宁，总觉得有什么事，便到中国作家协会院子溜达，走到门房，看见门口的信插里有一封电报，觉得可能跟自己有关，拿到手上一看，正是我发给他的报喜电报。他兴奋地要跳了起来，想找人分享这份喜悦，可那时的作协大院一片寂静，连个过路的都没有。他只好把这份喜悦收在心底，独自品味。（白烨《是纪念，也是回报》）

同日　给画家孙光题写"有耕种才会有收获"。

1月　应邀参加陕西新华书店新库房落成暨陕西省新华书店建店40周年大会，与吴三大、修军一同写了好多条幅。

本月　路遥赠给连环画画家李志武一套《平凡的世界》，让他用于改编和绘画。创作中，路遥曾三次观看李志武的画稿，在病榻上写下了授权书，并称李志武所画的《平凡的世界》让自己很满意。

早春　出席陕西人民出版社举办的有关文艺书籍出版计划的座谈会。

会上，李星坐在路遥的右边。陈忠实晚到，坐在路遥左边的空位上。在路遥背后，李星对着陈忠实凑过来的耳朵，告知路遥获奖的消息。李星回忆："陈忠实说好事好事。要向路遥表示庆祝。过一会，我又伸过头去，你（陈忠实）的长篇小说怎么样了？你要是今年还写不完，就从这7楼跳下去。"

同期　在病中写《〈刘凤梅小说选〉序》于西安。

273

该文是路遥为自己同乡刘凤梅的小说集《春夜静悄悄》写的序。"我和本书的作者是同村人，住家一河之隔，父母同为农民，大的生活走向也相似，都是从黄土高原那个小小的山村启程，然后来到城市上学并加入了城市居民的行列，连同后代都成了城里人。……实际生活中巨大的矛盾引发了痛苦，引发了危机，于是艺术的冲动便出现了。当代中国的许多作家都出现在这个生活的断层上。刘凤梅就是其中的一个。"

同期　于西安写《乔维新的中国画》。

在概括乔维新[①]画作特点时，路遥谈道："从根本上来说，他的画仍然是典型的中国画。西洋画的技巧强化了中国画的艺术感染力，而并没有改变中国画本身的特质，这是无可置疑的。"

同期　写《惠怀杰的摄影艺术》一文。

路遥以为惠怀杰的摄影作品与陕北生活有着深刻的关联："惠怀杰在表现陕北生活方面，有他自身的优势。他是陕北人，对陕北的土地和劳动群众有着深层次的理解，不同于一些专意到这块土地上'寻找艺术'的匆匆过客，立刻被这里的大自然和人的表面现象所迷惑，抓住点什么就惊喜若狂。"

春　在《延河》编辑部路遥为石竹、陈丽仙夫妻分别写了"汹涌无声""人仁忍韧"八个大字。（石竹《感念路遥》）

3月9日　第三届"茅盾文学奖"评比揭晓，路遥《平凡的世界》、凌力的《少年天子》、孙力与余小惠的《都市风流》、刘白羽的《第二个太阳》

---

①　乔维新，宁夏中卫人，中国美术家协会会员。任中国书画艺术家协会副主席。

以及霍达的《穆斯林的葬礼》五部作品获奖。

3月10日　《人民日报》刊发消息《茅盾文学奖评选揭晓5部作品、6位作家获奖》，报道长篇小说《平凡的世界》荣获"第三届茅盾文学奖"的消息。

同日　给蔡葵写信。路遥证实《平凡的世界》获得茅盾文学奖后，第一封想写的信就是感谢蔡葵给予这部作品自始至终的支持与关怀。信中路遥谈到："我想未来我写作的精神自由度会更大一些。这个奖与其说是一种收获，还不如说是一种解脱。"信全文如下（路遥《致蔡葵》）：

蔡葵同志：

　　您好！

　　茅盾文学奖的最后结果，我深感意外。消息经官方报纸证实后，我第一个写信给您，感谢您在这部作品从一开始直至今天所给予的令人永生难忘的支持与关怀。只有我自己知道，我的漫长而寂寞的努力，只有为数不多的几个人能够理解，您是最充分的一个。在这一时刻，我的确深深地感激您却不能找到更多的词语。我想到北京以后还能见面，并准备和您及几位朋友聚一聚。

　　一切都已经在昨天结束了。我想未来我写作的精神自由度会更大一些。这个奖与其说是一种收获，还不如说是一种解脱。

　　我一两年中一直读书和思索一些文学问题。从全人类目前的发展来看，我们所处的社会生活有许多不确定的因素。对作家来说，所谓现实，同时也就是未来，也就是历史，因此，必须有更具深度的思考，才有可能进入真正有价值的劳动。我想我不会匆忙地投入创作，除非那确实是内心的一种真实要求。

此信主要表达的是我对您的深深地感谢。

致春天的问候！

路遥

一九九一年三月十日

3月14日 用了三天的时间，撰写成题目为《生活的大树万古长青》的一千四百字的发言稿，准备在颁奖大会上致辞。路遥在这篇发言稿中，着重强调自己"把笔磨秃了写"的理念，在其中用平实但又耐以琢磨的语言传达自己的文学思考。

3月16日 《文艺报》刊发消息《茅盾文学奖评选揭晓"平凡的世界"等5部作品获奖2部作品获荣誉奖》。

同日 《文艺报》发表蔡葵等七人的署名文章《主题重大题材广泛风格多样——众评委高兴地评说第三届茅盾文学奖》。

约3月中旬 赴京前，中央电视台新闻中心委托陕西电视台新闻部，采制一条反映路遥深入生活的三分钟新闻片，供《新闻联播》播出。路遥在柳青深入生活的长安县皇甫村接受陕西电视台近三个小时的采访与拍摄。

3月25日 赴京领奖。

路遥没有钱去北京领奖，在登上去北京的火车前一个小时，弟弟王天乐凑到了5000元送到了火车站。在火车站，王天乐笑着对路遥说："今后不要再获什么奖了，如果拿了诺贝尔文学奖，我可给你找不来外汇。"（王天乐《苦难是他永恒的伴侣》）

3月30日　在北京国际大饭店参加第三届茅盾文学奖颁奖大会。

　　路遥在颁奖大会上的致辞没有选用之前准备的稿件《生活的大树万古常青》，而是用了只有500字左右的《在茅盾文学奖颁奖仪式上的致词》：

　　非常感谢评委们将本届茅盾文学奖授予我们几个人。本来，还应该有许多朋友当之无愧地接受这一荣誉。获奖并不意味着作品的完全成功。对于作家来说，他们的劳动成果不仅要接受当代眼光的评估，还要经受历史眼光的审视。

　　以伟大先驱茅盾先生的名字命名的这个文学奖，它给作家带来的不仅是荣誉，更重要的是责任。我们的责任不是为自己或少数人写作，而是应该全心全意全力满足广大人民群众的精神需要。我国各民族劳动人民创造了辉煌的历史壮丽的生活，也用她的乳汁养育了作家艺术家。人民是我们的母亲，生活是艺术的源泉。人民生活的大树万古常青，我们栖息于它的枝头就会情不自禁地为此而歌唱。只有不丧失普通劳动者的感觉，我们才有可能把握社会历史进程的主流，才有可能创造出真正有价值的艺术品。因此，全身心地投入到生活之中，在无数胼手胝足创造伟大历史、伟大现实、伟大未来的劳动人民身上领悟人生大境界、艺术的大境界应该是我们毕生的追求；因此，对我们来说，今天的这个地方就不应该是终点，而应该是一个新的起点。

　　在京领奖期间，路遥宴请了长期关心他的文学界朋友。后来白烨回忆："他来北京领奖，到北京的傍晚就给我打来电话，我约了雷达赶到他下榻的华都饭店，三人不坐沙发，不坐床榻，就在地毯上席地而坐，促膝畅谈，那种率性、土气又亲切的场面，我至今记忆犹新。那个时候的茅盾文学奖，奖金只有五千元。领完奖，路遥约了在北京文学界的陕西乡党在台基厂附近一家饭店聚餐庆贺，因不断有人加入，一桌变成两桌，两桌又变成三桌，结果一顿饭把五千元奖金吃完了。"（白烨《是纪念，也是回报》）

3月 垄耘的《开掘着的人生系列——路遥初论》在《小说评论》刊出，同期刊出的还有王仲生的《从与农民共反思走向与民族共反思——评陈忠实80年代后期创作》。

4月初 路遥是西北作家中荣获"茅盾文学奖"的第一人，他从北京返回西安的那天，时任中共陕西省委副书记牟玲生、副省长孙达人及路遥女儿、陕西省作协的同事们在火车站欢迎载誉归来的路遥。

4月11日 陕西省委宣传部、中国作家协会陕西分会、省文联联合发出《关于表彰〈平凡的世界〉作者路遥同志的决定》。

决定中说："在全国第三届茅盾文学奖评选活动中，《平凡的世界》名列榜首。这是路遥同志的荣誉，也是我省文艺界的荣誉。为了鼓励路遥同志文学创作中继续做出新贡献，激发广大文艺工作者深入生活的热情，促使更多更好的作品问世，发展繁荣社会主义文学创作，决定对路遥同志予以表彰，并发给奖金5000元。"。

贾平凹后来曾在文章中提道："路遥领奖回来说，你猜我在获奖台上想啥呢？我在想：我把他们都踩在脚下了。"

4月15日 陕西省委宣传部、省文联、省中国作家协会联合召开表彰大会，省委副书记牟玲生、副省长孙达人、省委宣传部部长王巨才、文化及新闻部门负责人、作家代表等各界人士300余人出席。会上，宣布了《关于表彰〈平凡的世界〉作者路遥同志的决定》，授予路遥表彰证书、纪念花瓶和5000元奖金。路遥致答谢词：

"我省文艺界有光荣的过去，有辉煌的历史，我是在文艺前辈的关怀下成长起来的，我个人是微不足道的，荣誉属于陕西文艺界。我作为陕西文艺界这个整体的一员，今后更要发扬陕西文艺界的优良传统，谨慎、努力，写出更好的作品来。"

表彰会结束后，路遥把北京和省里给他的奖金，以孩子的名义存进银行。两笔奖金不多不少，恰是一万元整。这一万元，也成了他身后留下的唯一一张存单。

5月24日　与王蓬在西安见面。临行，路遥签赠了一套《平凡的世界》。

6月1日　到宝鸡做文学讲座。签送李凤杰精装本《平凡的世界》（第二、三部）。

6月初　肖云儒完成了《路遥的意识世界》。

6月5日　给业余作者讲课。

"在讲台上，他一支接一支地抽烟，讲自己苦难而辛酸的童年，讲对文学执着地热爱和追求，讲一个普通人的彷徨和梦想。那天他讲得十分精彩，激起了听众热烈的掌声，许多人找他签名题字。见到我，路遥很高兴，握着手很实在地建议大家合影留念，他的留言更是朴实得令人感动——'脚踏实地'四个字，既是他对生活的理解和看法，又是他人生态度的概括和写照。"（祁念曾《路遥，就这样风雨兼程》）

6月10日　应邀到西安矿业学院讲课，从下午两点十分开始，五点多结束，路遥畅谈文学、社会与人生，受到青年学生的热烈欢迎。讲话中，路遥谈起了自己青少年"爬下水沟"看电影的一次经历："我想起小时候有一个情节在脑子里印象很深，就是爬下水沟，这也是我整个童年、青少年时期的一个象征。那时候在县体育场的土场子上放电影，一毛钱的门票也买不起，眼看着别的同学进去了，我们几个最穷的孩子没有票，只有从小水道里往进爬，黑咕隆咚的，一不小心手上就会抓上一把狗屎（笑），但是为了看电影，手在地上擦几下还要继续往里爬。谁知刚进洞子，就被巡查员一把从帽盖子上抓住，抓着头发又从大门把你送出去。我们两眼含着泪水，只得灰溜溜地离开这地方。"

西安矿业学院这次讲课的录影带，后被张伯龙获得，他根据录音整理成《文学·人生·精神》，题目系整理者张伯龙拟。（路遥《文学·人生·精神》）。

6月18日 给李金玉写信。再谈《平凡的世界》封面。

6月 何志铭开始拍摄《路遥，一个普通的劳动者》电视片。这个电视片15分钟，据何志铭回忆，一周时间，他和路遥与西安电视台毛安秦走长安皇甫村，上铜川，下煤矿；唱陕北民歌、哼俄罗斯歌曲，感受到了路遥极富温情的一面。

7月1日 与贾平凹、金铮出席在西安古都大酒店举办的《女友》杂志创刊三周年活动。

据贾平凹回忆："我认识金铮的时候，是一次会上，那天我和路遥在一起，我穿了一件大红T恤衫，路遥穿了一件深黑的T恤衫，金铮则一头如雪的白发，我们三人都跑到会场外吸烟，金铮就左右搂了我们说：'颜色多好！要摄影师拍照。'"（贾平凹《怀念金铮》）

7月11日　写《〈箫煥画集〉序》于西安。

8月21日　在西安地质学院报告厅为《女友》杂志社主办的"'91'之夏文朋诗友创作笔会"做报告《写作是心灵的需要——对文朋诗友的讲话》。

路遥在报告中讲道："文学对于每个人来说，不同的人有不同的道路。当代文学的现实中最大的缺憾是，将人物分成两种：好人或坏人。这样，就将文学推到了极端，甚至连3岁的小孩也可以分辨清哪些是好人，哪些是坏人。所以，我在写作时，对这种文学现象进行了挑战。……每个作家对于文学的认识、追求、成就，都是独立的。别人的经验、方法，都只能是一种启示。"（路遥《写作是心灵的需要——对文明诗友的讲话》）

8月　李星写作的评论《在现实主义道路上——路遥论》刊于《文学评论》1991年第4期。

9月16日　填写出国审查表，作为中国作家代表团团长出访泰国。后为了集中精力和时间完成《早晨从中午开始——〈平凡的世界〉创作随笔》最终放弃了这次出访。

9月20日　回清涧县，受到清涧县委、县政府盛情接待。

9月21日　在清涧南坪大礼堂作文学创作报告。正在赶集的群众知道是路遥回来了，便纷纷拥来想看一看路遥。围观的群众越来越多，路遥在街道被围两个多小时。

10月18日　写《艺术批评的根基》于西安，后作为《序》收入李星的作品集《读书漫笔》。

"我敢说就目前而言，李星对陕西文艺作品的评论要明显高出一筹。

他已出版的评论集《求索漫笑》就是一个证明。在这本书中，他几乎对陕西所有有影响的作家以及全国一些相似的作家有过出色的论述，并且最先提出"农裔城籍"作家这一著名概念。对于生活的敏感和深沉的思考方面，李星绝不亚于作家和诗人。只有积极地给予生活，才有权评说生活，只有对生活深入地体察，才能对作品作深刻的论断。李星的文艺批评之所以在很大的程度上使被批评和读者信服，正在于此。"（路遥《艺术批评的根基》）

10月22日 给蔡葵复信。（路遥《早晨从中午开始·致蔡葵（四）》）

老蔡：

您好！

首先向您道歉，先前两信均收读，但因我家里出了一些事，心绪极不好，无心顾及其他，加之身体不好，又要四处奔波一些烦乱事，未能及时回信，十分内疚，只有请您看在老友面上，能予谅解。

写文章一事，我极想完成您的要求，只是心情不好，集中不起精力，因此在时间上只能求您宽限。两年中身体不好，一直未动笔，手很生，而这类文章要求严密，深感力不胜任。不过，我想能集中一段时间认真考虑。

我要再次感谢您对我的关心和支持，这是永生难忘的。我也欢迎您和朱寨同志（问他好！）能来西安转一转。

在创作方面，我有一些想法，也做了许多新的准备，但现在还不能投入。如果不具备一定的价值，就不写。对我来说，写作不是自娱，而是一件相当沉重的事，除非心中的块垒不吐不行方可考虑。现在的问题是体力不支，一旦激动就透不过气来。

如果方便，不知是否能寄一本刊物？我们机关很少见到。

问朱寨同志好！

路遥

一九九一年十月二十二日

同日　给白烨致信 [①]：

白烨兄：

近好！

7月及不久前的信均收读，本来早应复信，但身体近段极差，加之内外有许多难言之苦，心绪不佳，杂事繁乱。几个月不坐在桌前写一字，今天急忙回复，已太晚，只能请你谅解，好在朋友之间，想必能理解，有机会见面再详述原因。

两篇大作均细细阅读，十分赞赏，看来你是真正理解了我，也理解了我的创作。尤其是最近这一篇好到令我拍案而起！分析准确，行文相当漂亮（简练而讲究，又有深度），论断自信，《平》书评论中最好也是最重要的一篇，这篇文章完全穿透了作品内核，猜到了我当时的心理机制。由此我看到了你评论的广阔前景。某个时候应该是白烨的时候！

雷达兄的文章也写得很不错，具有大家的功夫，只是我还不满足，本应更放开一点，又想到这是《求是》，因此也就不能苛求了。

换届一事仍拖着，已有一年，都已麻木，当今世事，就是如此，不

---

① 此信由延安大学路遥文学馆收藏，未刊。

必认真。重要的是我们不仅能庄严地生活，也能玩世不恭，因此不会有什么大影响……

最近心很烦乱，放任自流。十二月四日去泰国，还是个团长，估计十一月底去京，到时再和你联系。问老蔡、老朱好。

雷达处请向他问好！

路遥

一九九一年十月二十二日

10月26日 出席延川县县级机关干部职工大会。

当时，延川县委、县政府召开县级机关干部职工大会，热烈祝贺路遥长篇小说《平凡的世界》荣获全国第三届茅盾文学奖，并对路遥载誉重返故里表示热烈欢迎。当日下午2点30分，延川县委宣传部邀请路遥在县委五楼会议室作文学创作辅导报告，后根据录音整理成《在延川各界座谈会上的讲话》。其间，路遥重返母校延川中学参观。

路遥在《在延川各界座谈会上的讲话》中说："在我很小的时候，朦胧中产生过一个想法，诺贝尔文学奖的获奖作家，大部分的代表作，都是四五十岁完成的，诗人更早，一般都是二三十岁就把一生中最重要的作品完成。我如果要接这一行的话，我就要再提前，在四十岁以前，最少要完成我一生中最长的作品，至于说是不是最好的一部作品，那难说，最起码敢于在四十岁以前写一生中最长的作品。"（路遥《在延川各界座谈会上的讲话》）

10月27日 杜鹏程病逝于西安，终年70岁。

11月7日　给高玉涛①、苏剑②写信。(高玉涛:《一首歌·一句题词·一生的敬畏》)

玉涛、苏剑:

　　二位好!

　　遵嘱写了两段歌词，发寄你们，请琢磨一下并可征求一点意见，等见面后再确定。如你们认为可以，也可打个招呼，我即可找赵季平让他谱曲。我年轻时曾写过一些歌词，后来再没写过。这次"重操旧业"，把自己都逗笑了。

　　祝好!

路遥

九一年十一月七日

11月　写作《杜鹏程:燃烧的烈火》。

　　路遥在这篇文章中说，有两位作家对他影响很大，一位是柳青，另一位就是杜鹏程。"他的自我折磨式的伟大劳动精神，都曾强烈地影响了我。我曾默默地思考过他，默默地学习过他。现在，我也默默地感谢他。在创作气质和劳动态度方面，我和他有许多相似之处。当他晚年重病缠身的时候，我每次看见他，就不由想到了自己的未来。我感到，他现在

---

① 高玉涛，陕北靖边人，时任西安汉城饮料厂厂长，现任《收藏界》杂志社社长。

② 苏剑，时为高玉涛的合伙人。

的状况也就是我未来的写照。这是青壮年时拼命工作所导致的自然结果。但是，对某一种人来说，他一旦献身于某种事业，就不会顾及自己所付出的代价。这是永远无悔的牺牲。""杜鹏程是少数属于敢踏入'无人区'的勇士，并敢在文学的荒原上树起自己标帜的人物。他是我们行业的斯巴达克斯。这一切首先体现在他的史诗《保卫延安》之中。这部书使他声名远播，也给他带来过无穷的灾难。而属于巨人的灾难不也是另是一种勋章吗？"（路遥《杜鹏程：燃烧的烈火》）

路遥在《杜鹏程：燃烧的烈火》中对杜鹏程给予非常高的评价与肯定："他在半个世纪中构成的巨大内容需要一代人乃至未来历史给予详尽诠释。"

同月 与李星、田奇、和谷等人在铜川耀县水泥厂参观。参观完之后，在厂办大楼门前合影留念。面对这座六十年代号称亚洲第一的大型水泥厂的流水生产线，路遥说："这个地方不错，左边有漆水河，右边有药王山，再加上现代化的工厂，环境好，我下一个长篇就在这里写。"（郑文华《相遇在耀县》）

秋 与中国作家协会同事去华山脚下一个部队参观，晚上住华山脚下的华山宾馆，在一极其简陋的卡拉 OK 屋唱歌至凌晨十二点多。

同期 写《我与广播电视》。

初冬 开始写作《早晨从中午开始》。

12月3日 应邀为汉城饮料厂五百多名职工做了文学报告。

12月5日 给高玉涛复信。（高玉涛《路遥的影响——一封尘封了20多年的往事》）

玉涛：

信收读，很感慨。我知道你和苏剑创业的艰难。在这世界上干成任何一件象（像）样的事都不容易，更何况在目前中国的背景下。不过，你和你的战友们已经走过了漫长而艰辛的道路，并且跃上了一个新的台阶，那就应该咬紧牙关走完这最艰险的一段。正如登山一样，当你站在山顶再回头远望走过的崎岖之路，你会有另一番欣慰。在一些事业的紧要关头，谁都有撑不住的感觉。当然，退路是熟悉而轻松的，退下来也容易，但要是这样，丧失的不是此种事业的本身，而在于整个人生的失落。由此而论，一个人的综合素质只有在重大关头才能得到检验，成功与失败常常在这种地方的毫发之间。要忍受，主要是忍受痛苦，正如那天我想到德国古典作家托马斯·曼的话：痛苦难道是白忍受的吗？它应该使我们伟大。这应该是一个生活强者的精神写照。

随便写了以上一些话，相当空洞，应该理解我的心情是希望你们成功。我一介书生，某些方面手无缚鸡之力，不能给予你们具体的帮助，但内心满怀真挚的感情希望自己喜爱的朋友在不同的角度创造出惊人的业绩。

至于目前的社会情况，只能随俗入乡，以保障事业的发展。整个中国处于大转型期，这一进程中所有的"把戏"都可视为正常。它有负面的东西，但也会造成许多可以通融的机会给有才华的人提供驰骋的天地。我相信你们完全可以把握自己的命运——你们已经是这个社会中成熟的果实。

厂歌一事请放心，我已将原歌词交赵季平，他刚接任省歌舞剧院院长，较忙乱，但极其热情地接受了这件事。过几天我再去和他联系，一

287

块商量个别词句的改动。一旦完成，即交你们，如有不妥，还可改进。

我埋头写那个随笔，也间或应付一点杂事，因个人私生活的原因，心情不是很好，只能是走到哪里再说哪里的话。身体状况也不好，时有悲观悲伤悲痛之情默然而生。自己祝福自己吧。

苏剑不另。祝你们一切顺利！

路遥

一九九一年十二月五日

12月7日　为高玉涛的惠普集团谱好了厂歌《惠普之歌》。

12月31日　由陕西省委、省政府有关机构评审通过，作为陕西有突出贡献的专家，开始享受政府特殊津贴；同时获得国务院颁发的"国家有突出贡献专家"荣誉证书，享受国务院规定的特殊津贴。

12月　出席"西安事变"书画展。

冬　于西安写作《〈塞上雄风〉序》《少年之梦——为〈少年月刊〉而作》。

"临近发稿日期，还不见路遥寄稿来。我着急了，便亲临路遥家催稿。我敲开门，路遥热情地迎出来，看样子，他十分疲倦，也许是他写得很苦，写得很累，连着多少个夜晚没有休息好，但精神却十分好。他像接待多年的老朋友，盛情地接待了我。我怕打扰他太久，便开门见山地说：'我是代表咱省700万少年儿童来的，想约你为《作家与小学生》专栏写一篇稿子……'说到这儿，路遥说：'晓梅已经给我说过了，这个稿子我一定写！'我说：'听说你最近很忙……''是很忙，不少刊物约我写稿，我都推卸了，唯独给孩子们写稿，推卸不得，因为孩子们代表未来，代表

希望啊！'听到这儿，我心里非常激动，路遥对孩子们、对祖国的下一代怀着一颗多么诚挚的爱心啊！"（王宜振《忆路遥》）

本年　给周至青年文学社《青春》杂志题词："脚踏实地，目光远大"。据陈月浩回忆，路遥的题词字写得龙飞凤舞，当时陈忠实也在场，笑着说路遥的字自成一家，谁也仿不来。路遥连声说："我的字不行，是我字体。"

||1992年（壬申）逝世

1月18至2月21日　邓小平在视察武昌、深圳、珠海、上海等地时，发表著名的"南巡讲话"。

1月14日　中宣部文艺局、文化部政策法规司、《人民日报》文艺部、《光明日报》文艺部等单位，在北京联合举办"关于建设有中国特色的社会主义文化问题"系列研讨会第三次会议。

1月29日　农历辛未年腊月二十五日，陈忠实完成了《白鹿原》的全部创作。

3月26日　邓小平"南巡讲话"在《深圳特区报》刊发。

5月16日　中共中央政治局会议通过《中共中央关于加快改革，扩大开放，力争经济更好更快地上一个新台阶的意见》。

8月1日　中国作家协会陕西分会主席团委员、《延河》原副主编余念病逝。

9月24日　中共陕西省委任命赵熙为中国作家协会陕西分会党组副书记、雷前进为党组成员。

9月　贾平凹主编的散文月刊《美文》在西安创刊。

10月30日　赵熙正式到中国作家协会陕西分会上任。

11月7日　中国作家协会陕西分会召开主席团会议。会议决定，分会书记处停止工作，任命雷进前为秘书长；同时，成立换届筹备领导小组，组长为王汶石，副组长为路遥、赵熙，成员有杨韦昕、刘成章、雷进前。

11月　《收获》第6期发表余华的中篇小说《活着》。

12月18日　中国作家协会陕西分会党组调整《延河》编辑部领导班子，由陈忠实任主编，徐岳任执行主编。

12月20日　《白鹿原》（上）刊载于《当代》1992年第6期。

1月10日　陕北籍作家刘仲平购买了30套三卷本的《平凡的世界》，开出一个长长的名单，请路遥签名。（刘仲平《像灯塔一样照耀在前方》）

1月17日　《早晨从中午开始》完稿。在最后一节中，路遥坦露撰写此文的内在原因：

从最早萌发写《平凡的世界》到现在已经快接近十年。而写完这部书到现在已快接近四年了。现在重新回到那些岁月，仍然使人感到一种心灵的震颤。正是怀着一种对往事祭奠的心情，我才写了上面的一些文字。

无疑，这里所记录的一切和《平凡的世界》一样，对我来说，都已经成了历史。一切都是当时的经历和认识。随着时间的流逝和社会生活以及艺术的变化发展，我的认识也在变化和发展。许多过去我所倚重的东西现在也许已不在我思考的主流之中；而一些我曾轻视或者未触及的问题却上升到重要的位置。

一个人要是停留在自己的历史中而不再前行，那是极为可悲的。

但是，自己的历史同样应该总结——只有严肃地总结过去，才有可能更好地走向未来。

正因为如此，我才觉得有必要把这一段经历大约地记录下来。

促使我写这篇文章的另一个原因是，许多报刊根据道听途说的材料为我的这段经历编排了一些不真实的'故事'，我不得不亲自出面说一说自己。

可以说，这些文字肯定未能全部记录我在写作这部书时的生活经历、思想经历和感情经历，和书中内容平行漫流的曾是无数的洪流。我不可能把所有的那一切都储蓄在记忆里；尤其是一些稍纵即逝的思想火花和许多无名的感情溪流更是无法留存——而那些东西才可能是真正有光彩的。不过，我总算把这段经历的一个大的流程用这散漫的笔调写在了这里。我不企望别人对这些文字产生兴趣，只是完成了我的一个小小的心愿而已……

1月　《杜鹏程：燃烧的烈火》，刊于《延河》1992年第1期。

2月4日　农历春节。春节过后的一天，《陕西日报》记者刘春生去路遥家串门，发现路遥正为肝痛而痛苦地呻吟着。此次见面，路遥央求刘春生去医院为他买最好的药物。次日，刘春生为路遥买了"护肝片"，几天后，当刘春生再遇见路遥时，路遥说吃了以后，肝疼减轻了，托刘春生再买一些。"那天，路遥格外兴奋。倒不是由于他的病情有所好转，而是他看到邓小平'南方谈话'的内部文件了。他说：'邓小平还是那么清醒，一点不糊涂，他的思想比我们还解放，真是英明啊……'之后，刘春生

为路遥买了够吃两个月的'护肝片'"。(刘春生《永别了，人间——路遥的人生之旅（续篇）》)

2月上旬 春节过后，路遥打电话叫来曾当过西安电影制片厂《大西北电影》杂志发行部经理的翻译家孔保尔，为他描绘陕西作协换届后的蓝图：作协要成立一个公司和五个委员会。五个委员会为：文学创作委员会、翻译文学委员会、散文文学委员会、诗歌创作委员会、报告文学创作委员会。每个委员会实行秘书长制，文学创作委员会秘书长由王观胜来当，翻译文学委员会秘书长由你来当。每个委员会每年搞一次大奖赛，要吸引全国的文学爱好者来参加这几个大赛，光参赛报名费每年就能挣不少钱。作协公司搞三产，专门搞发行，聘请你来当经理，搞这你是内行，作家们出书就不艰难了。作家们最痛苦的是辛辛苦苦写出来的书发行量上不去，没人看，劳动成果得不到社会的认可。搞一个公司，作家们谁出了长篇小说你都给咱铺天盖地发行到书摊上，不求挣钱，挣钱靠批发书和出版发行市面上流行的畅销书，这样作协就活了。这个发行公司你给咱好好干，都能挣钱，让作协的每个职工都过上好日子……孔保尔回忆路遥："脸上绽开笑靥。说笑靥，根本不够分量，简直就是笑逐颜开……"（孔保尔《常人路遥》)

2月23日 申晓、王作人来家聊天，三人长谈。

王作人回忆："和路遥最后一次长谈是在1992年2月23日，我对这一天记得特别清楚，是因为我回家就记了长达几十页的日记。"（王作人《难忘路遥》)

2月 散文《少年之梦》刊于《少年月刊》1992年第2期。

"我在少年时期，也有过许多梦想。想象长大后，当一名国际刑事侦查，既神秘又刺激，进这个国家，出那个国家，在火车站和飞机场与犯罪分子展开枪战，最后把明晃晃的手铐戴在坏人的手腕上。或者去当一名研究国际问题的学者，在风云变幻的国际局势中为政府提供多种咨询性的选择方案。也有些时候，梦想变成了一种胡思乱想，曾异想天开地试图将来驾一艘宇宙飞船，到遥远的太空去活捉一个'外星人'，并把他交给联合国。某一天，我梦想将来要当一名作家，写出厚厚的书让人们去阅读。这在很大的程度上是因为我小时候爱学语文，也爱做作文。我常常被课本中那些美好的故事、美好的思想和美好的语言所吸引，所感动。我暗暗思忖过，我将来能不能也写出美好的文章去感动别人呢？我梦想长大后去当作家。"（路遥《早晨从中午开始》）

早春　在《延河》美术编辑办公室，路遥看到了正在试穿新西服的郑文华，他看到路遥后说：你也试试吧！路遥一试，挺合适。两人哈哈大笑。路遥对郑文华说：文华，你给我拍几张照片吧！于是，郑文华给路遥拍摄一组早春中的照片。这组照片是路遥最后一组春天里的照片。

3月27日　给王蓬复信。路遥在信中谈到《路遥文集》与有关《平凡的世界》的创作随笔（《早晨从中午开始》）的出版之事，表露出自己在经济上遇到了一些困难。

王蓬兄：

　　您好！

　　先后两信都收读，因许多无法启齿的原因耽误了复信，请能原谅。我是一个较为内向的人，有时很难在口头或行为表述自己内心激越的情绪。但和您，莫伸这样一些人待在一块感到自在，因为我们真的超越了一些局限。

294

三本书①出得都不错，我因身体不太好，需要一些时间才能阅读完，我一定会用文字说说您，只是在时间上尽量宽容我。就目前而言，您是陕西最有冲劲的作家，您诸事备齐，只待东风，成功是肯定的。有人已成强弩之末，您正箭在弦上。干吧！

为聂震宁写稿一事，现在有这么个情况：我手头编了一本文论性质的集子，名曰《作家的劳动》约十五六万字，包括以前的一些文学言论（七八万字）和有关《平凡的世界》的一篇大型随笔（六万多字）。

本来，此书可以不出，因陕人社拟出我五卷文集。这些东西也将会包括进去，但我觉得这些东西淹没在小说中有点儿痛心，因此单集了一本，一则我看重这些文字，二则也想多拿几千元稿酬，就我目前及今后一段时间来看，因身体差，写作拿点钱很不容易了，现在，想请你出面同聂震宁联系一下，看能不能在漓江出这本赔钱的书。因为我目前遇到难以言传的苦衷（经济上），也许您以后会恍然大悟。

莫伸不久前来过，我们又谈起上您那里去逛一圈，但他日前走不开，又只能等到下一次了。

西安目前很"乱"，穷人富人都在谈论如何赚钱，想必汉中也一样，这一回，应该是有智慧的人赚点钱了，有机会咱们还可以好好论证一下，先写这些。

祝好！

路遥

一九九二年三月二十七日

---

① 三本书指的是作家王蓬一九九一年十一月由中国文联出版公司出版的长篇小说《水葬》、传记文学《流浪者的奇迹》和漓江出版社一九九一年十月出版的中篇小说集《黑牡丹和她的丈夫》。

3月 《早晨从中午开始》完稿后在《铜川矿工报》率先发表。

"在1991年冬到1992年初春创作的随笔《早晨从中午开始》，一完稿就交给了《铜川矿工报》副刊首发，当时，铜川百里矿区一时刮起'洛阳纸贵'的旋风，可见报纸刊载路遥的随笔深受矿工和家属的喜爱。"

"1985年秋天，路遥就住进陈家山煤矿医院，开始了《平凡的世界》的创作，于当年岁末写完了作品的第一部。1987年秋，当《平凡的世界》写到第三部，也就是大量涉及煤矿章节时，路遥又来到鸭口煤矿采煤五区体验生活。在《平凡的世界》中，从'大亚湾煤矿'到矿工'孙少平'等情景和人物中到处留下了鸭口煤矿的影踪，这让铜川人特别是鸭口人和陈家山人感到分外亲切。路遥第一次下井到工作面升井后，把安全帽从头上拿下来，往地上一放，坐在井口就走不动了。他对矿上陪同的人说：凡是下过井的人，生活在太阳底下就应该知足了。在陈家山矿医院创作《平凡的世界》的日子，他的早晨都是从中午开始的。"（剑熔《路遥在铜川矿区的日子》）

本月 陈泽顺提出为路遥编辑出版《路遥文集》。

陈泽顺说："我非常小心地向路遥提出，为他编选和出版一套包括到目前为止全部作品的《路遥文集》。……这次，他不但爽快地答应了我的要求，并且表现得十分兴奋。他甚至对我说：编辑和出版这套文集，是我前半生的重大事件。我们一起在我的书房里商定了编选原则。他不让我沾手，他说这正好是一种休息，一定要亲手编选。"（陈泽顺《路遥逝世十八周年祭》）

曹谷溪回忆："当时，对于一个年轻的作家，'文集'还不是一个能够被使用的概念，陈行之（陈泽顺）为了争取上选题做了艰苦的努力，最后终于如愿以偿。"

春 在西北大学做报告。

春 完成《〈路遥文集〉后记》。

路遥在《后记》里写道："这五卷文集可以说是我四十岁之前文学活动的一个基本总结。其间包含着青春的激情、痛苦和失误，包含着劳动的汗水、人生的辛酸和对这个冷暖世界的复杂体验。更重要的是，它包含了我对生活从未淡薄的挚爱与深情。至此，我也就可以对我的青年时代投去最后一瞥，从而和它永远告别了。"

4月2日 作家叶广芩从日本回来后，在《延河》编辑部子心的陪同下去看望路遥。

叶广芩祝贺路遥得了"茅盾文学奖"。路遥笑了笑说："奖金一万块，还没有到北京，一半就请了客。"叶广芩说："这奖金还没有我在日本打工刷碗挣得多，但是我刷碗没你得奖有名。"路遥和在座的朋友都笑了。路遥说："回来好，咱们搞文学，不能老在外国待着，那样就没有根了，飘着。"（叶广芩《清涧路上》）

当日，路遥给叶广芩签赠《平凡的世界》一套。

4月6日 将《路遥文集》交给陈泽顺。

当日，路遥抱着一个巨大的提包，将夜以继日整理剪贴好的《路遥文集》书稿送到陈泽顺的办公室。据陈责顺回忆："当我从他怀里把包接过来时，他几乎站不稳了，靠在墙上说：'我累得不行。'"当时，路遥脸色苍白，双手微微颤动着捧着茶杯喝水。路遥临走前说："出版这套文集是我前半生的一个重大事件。"

本月 与来作家协会办事的曹谷溪长谈。

当时，曹谷溪在省作家协会招待所住了三个晚上，路遥与他有三个晚上的通宵长谈。这次深谈，路遥几乎将他的生命历程，做了一次系统的回顾和梳理。路遥病逝后，曹谷溪回忆："当时，我对路遥的这一次交谈感到惊讶。他为什么要对我讲那么多事情呢？也许，是他对自己生命终结时刻，有了某种可怕的预感！"

5月1日 给何志铭写信，委托其帮助张世晔（航宇）。

5月22日 中国作家协会陕西分会举行首届"双五"文学奖颁奖大会，路遥与贾平凹一起获得突出贡献奖。

5月26日 给李金玉写信。谈及创作随笔《早晨从中午开始》的出版事宜。

5月 《早晨从中午开始》开始在《女友》第5期连载，至第10期结束。

本月 委托邢小利去采访来辉武，后合作完成报告文学《东方新传奇》。

约5月 用家里仅有的现款去排队买股票。后来路遥在住院的时候对朋友说："我现在是有股票的人啦，我买了某某公司的股票……"实际上，他当时买的所有股票的总值为2500元。

作家李天芳回忆，陕西省人民广播电台的郭匡燮当时给省作协的朋友们捎话说，他们单位已买到某某公司的法人股，分在他名下的那部分他买不完，哪位朋友愿要赶快来买。路遥自然也拿了家里仅有的现款，第二天随大家高高兴兴地去了。中途他还去出版社找了老同学，替朋友代买一份。他平日最受不了排队拥挤的场面，那天竟老老实实地坐下等待，只是一支支地抽着烟。缴款手续办得缓慢而复杂，收银员怕收了假钞，凡大面值者均一一登记编号，这样足足折腾了一上午。中午他听说后边的事还多着哩，什么认购证、身份证，什么领表填表，少说也得跑几次，一下就望而生畏，再也忍耐不住了，急忙求李天芳替他代办后面的事。哪知这股票拿到手，已是三四个月后，其时路遥已重病缠身，卧床不起了……（李天芳《财富》）

6月5日 完成《序言一篇》，收入航宇主编的报告文学集《你说黄河几道道弯》。

6月25日 接受中共陕西省人民政府颁发的"优秀共产党员专家"荣誉证书。

6月底 女儿路远通过小学毕业考试，后半年就要上初中了。林达办好调动北京的手续，把女儿接到北京的外婆家过暑假。路遥和林达已经达成离婚协议，女儿归路遥管，林达准备放弃西安的一切财产，只身回京工作。女儿要跟自己生活，为了给女儿创造一个好的环境，让孩子今后在心灵上能平衡一些，路遥开始着手装修房子……

7月中旬 发烧，体温高达39.7度。被航宇（张世晔）、徐志昕、李国平送至商业职工医院。医院给路遥注射了一针退烧针，没有细心诊断。后路遥又返回作家协会家属院。海波后来回忆：

我清楚地发现他病得不轻，是在他去延安住院之前不久。那天天气很热，我在作协附近办事。办完事后去找他，想和他说会话。敲了半天门，敲不开；正准备离开，听见一个微弱的声音说："你是谁啊？"那声音不是来自他家，而是来自对门；仿佛是他的声音，但又不像。我说："你是谁啊？我找路遥！"他告诉我说："门没关，你自己进来。"这回我听清楚了，他确实是路遥，但也确定不在家里，真的在对门。

一进门，我大吃一惊。那是一间很小的房子，最多五六个平方；屋里堆满了杂物，靠墙放一张小床；路遥躺在小床上，脸色铁青，身子比原来小了许多。我急忙问："你怎么成了这种样子，为什么不去医院，为什么住在这里？"他说："家里正搞装修，临时借了这个房子；病了好几天了，治了感冒拉肚子，治了拉肚子又感冒，现在软得动也动不了了。"我说："赶快去医院，可不是有什么大病啊。我来照看你。"他说："医院去了，大夫说不要紧。作协有人照顾，你住得远，来回跑不合算。"之后，他给我说了他出文集的事，说着就睡着了，我只好退出来。

现在想，他当时的病已经很重了。只是不知道，他没去住院，真是医院误诊了，还是他知道自己得了不治之症，故意压在心里不说，"抢"着装修房子和出文集。这之后不久，他就病倒在延安了。（海波《我所认识的路遥》）

7月　房子装修完毕，请同事李秀娥[①]陪同去文艺路布匹市场为新装修的房间配窗帘。

8月1日　给北京的几位朋友王蒙、阎纲、刘茵、周明、白烨等连写五封信，请求他们为马治权提供办刊帮助。

当时，马治权为筹办杂志《各界》，去北京约稿。临行前，路遥说："北京我有许多朋友，我给你写几封信，你带着信找他们，能方便一些。"共

---

① 李秀娥，陕西绥德人，笔名木子。著有报告文学《黄土地里的歌》《深深的脚印》，散文集《昨夜星辰昨夜风》。

写了五封信：王蒙、阎纲、刘茵、周明、白烨。马治权回忆，路遥把信交到他手中时说："北京这几位朋友，周明的活动量最大，人也热情，你先去找他，让他把其他人叫在一起，吃顿饭，就把问题解决了。"（马治权《与路遥最后的交往》）路遥给白烨的信件现保存在延安大学路遥文学馆，此信应视为路遥的最后书信①：

白烨兄：

　　您好，久不通信，不知近况如何？

　　现介绍马治权同志来找您。他现正筹办一份杂志《各界》（由省政协主办），现来京想得到各方支持，我特让他来找您，希望能给予大力支持和帮助。具体事宜由他向您面述。问雷达兄好。我面临许多棘手事，等理顺后再和朋友们联系。

　　祝好！

路遥

一九九二年八月一日

8月3日　贺抒玉在作协大院遇见路遥，发现路遥瘦了，问路遥怎么瘦成这样？路遥说："我拉了一个月的肚子。"贺抒玉回忆，当时路遥避开话题，没有直接回答。

8月4日　请航宇帮忙买去延安的卧铺票，计划"在延安休息十天就回来"。（航宇《路遥在最后的日子》）

---

①　此信由延安大学路遥文学馆收藏，未刊。

8月5日　到航宇房间取票。

当晚，路遥看着火车票说："刚才我从泽顺家回来，泽顺真的去不了延安。"航宇说："要不，咱俩去。"路遥说："你现在还不能去。家里有些事还没搞完，我走了，你看看给我把家里收拾好。"（航宇《路遥在最后的日子》）

当天，王天乐给邢小利打电话，让邢小利给路遥传话，"一切都已安排妥当，明天只管去。"

8月6日　赴延安。

当日早晨，晓雷、李星在作协院子里看见路遥，问去哪儿？路遥兴冲冲地说："回去，回陕北。"路遥包里仅仅装有几件换洗的衣服和中国作家协会会员证，再就是两瓶矿泉水了，其余什么也没有。（邢小利《从夏天到秋天——路遥最后的岁月》）

火车上的路遥感觉不适，下午到延安时，没有力气从火车上走下，接站的李志强[1]爬上火车，搀扶着路遥下了火车。据《平凡的世界》连环画作者李志武[2]口述："路遥到达延安住进延安宾馆北楼205房间后。延安文联艾生[3]便通知李志武带着刚刚创作完成的《平凡的世界》连环画稿来到路遥的房间。路遥感觉身体状况很差，便说改日再看。李志武到副食商店为路遥买了些白糖等食品。艾生叫来他的朋友赵世雄医生到宾馆给路遥看看病情，赵大夫在客房简单问询路遥病情后，便到走廊向艾生建议送路遥到医院进行诊断治疗。艾生又与延安地区人民医院住院

---

[1]　李志强，延安报社工作人员。

[2]　李志武，《平凡的世界》和《白鹿原》连环画作者。

[3]　艾生，画家，《平凡的世界》小说首版封面画作者。

部主任取得联系之后，便和李志武一同陪路遥徒步到距宾馆仅一马路之隔的延安地区人民医院。在往医院的途中，李志武发现路遥不时看自己的手掌，并用另一只手搓按手掌发红的位置，路遥说从手掌看自己可能是肝上的病。由于医院已是下班时间，艾生便托熟人关系把路遥直径安排在干部病房一个单间住下。因未做具体检查，值班大夫仅开了几瓶常规点滴药。艾生安顿好路遥后便离开，李志武留下来坐在病床边的沙发上陪路遥吊针。期间，路遥和李志武聊了很多话题，在聊到自己状况时路遥显得十分沉重。输液到子夜时分才结束，之后李志武又将路遥送回至宾馆。"

8月7日　路遥感觉身体状况好了很多，加之星期天医院不便做全面检查，路遥便让李志武把画稿带到宾馆。李志武把创作完成的《平凡的世界》连环画画稿一批一批在床铺上展开请路遥观看。路遥情绪不错，对画稿非常满意，看完画稿后路遥还主动提议说："等出版时我好好写个序"。一同在场的还有张春生 [①] 和李志强"。[②]

8月9日　　第三次昏倒。延安地区医院三次会诊，诊断路遥患肝炎、肝硬化、乙型活动性半腹水形成，病情比较严重。

8月11日　张子良、张弢赶到延安，在延安宾馆一落脚就打听到路遥住南二楼，两人立即赶到路遥房间。张子良回忆，他们一进门，看见路遥与时任延安地区政协筹委会主任的冯文德并排坐在沙发上。路遥没有挪动身子，疲惫地抬抬手，表示欢迎。

[①]　张春生，《平凡的世界》连环画脚本改编者。

[②]　据《平凡的世界》连环画作者李志武口述。

8月12日 住进延安地区人民医院传染科18床。据航宇回忆，当时他看到的路遥病例是这样记录的（航宇《路遥在最后的日子》）：

路遥，1992年8月8日检查，怀疑患了肝炎。

12日，由原延安地区人民医院副院长陈宏如给路遥做B超检查证实，为肝硬化腹水，收到传染科病房住院治疗。

……

路遥诉说他乏力两年余，加重伴腹胀一月。

医院查体，一般情况尚可，神清巩膜黄染，心肺C，腹膨隆，肝肋下未及，脾肋下3.0CM后中偏硬，纯钝，纯光滑，腹水征阳性。肝功异常，入院诊断，肝炎后肝硬化。最后诊断：

1. 乙型肝炎后肝硬化活动型伴腹水形成。

2. 肝右叶点状钙化灶。

3. 腹腔占位性病变未确定。

8月15日 航宇携带十套《平凡的世界》到路遥在延安地区人民医院传染科的病房。

8月16日 中共陕西省委常委、宣传部部长王巨才知道路遥病在延安的消息后，专门派陕西省委宣传部干部处处长杨学义与省作协办公室主任王根成前去延安探望路遥，并让捎去一封亲笔信：

路遥同志：

我今天去兰州开会。听说你因病住院治疗，特请我干部处长杨学义和作协王根成前来看望，你有什么困难尽可能告知他们解决。我知道你是太累了。在延安抑或西安治疗休养更好，还望与他们商量决定。

祝早日康复！

王巨才

8月16日

8月17日　杨学义与王根成赶到延安后，动员路遥回西安治疗，路遥坚持留在延安，待病情稳定好转之后，再考虑回西安医治的问题。（航宇《路遥在最后的日子》）

8月中旬　见贾平凹。

病中的路遥想见贾平凹。张子良和张弢几经打问，才知道贾平凹在耀县桃曲坡水库附近住着——没有电话也没有人知道具体地址。情急之下，决定派一辆车去耀县，把贾平凹接来。马治权曾回忆："贾平凹见路遥，也只是默默地看着天花板。当代中国两大文豪，平时写作起来才如泉涌，此时却搜肠刮肚，不知从何说起……路遥先开了口：'你看我这副熊样子，你要多保重啊！'贾平凹与路遥得的是一种病，此时正在创作《废都》，夜以继日，熬油点灯，面色蜡黄，十分难看。他听了路遥的话，黯然神伤地点了点头，从房间退了出来，一个人走到楼外，蹲在拐角，放声号啕起来——涕泪俱下，其伤心的激烈程度让身边的其他人莫不唏嘘潸然。"（马治权《与路遥最后的交往》）

8月20日　中共陕西省委宣传部印发了一份《关于路遥同志病情的通报》，迅速分送给省委、省政府、省人大、省政协等有关领导传阅。

8月21日　中国作家协会陕西分会派王观胜、李国平、徐志昕来延安看望路遥。路遥在输完液体后，主动提出要去杨家岭旧址看看。路遥想出去走走，同事们不好强迫，请示医院同意后，把路遥扶到车上，驱车前往杨家岭。一路上，路遥兴致勃勃地给同事们讲母校延安大学、延安卷烟厂和杨家岭旧址的有关情况。到杨家岭旧址后，路遥坐在一块石条上，让同事们自行参观。返回的路上，路遥很疲惫，似乎一点力气都没有了……

8月28日　下午3时，失眠七天七夜的路遥病情突然恶化，高烧39.8度，疼痛得在床上翻滚。下午5点30分，航宇接作协办公室李秀娥从西安打来的长途电话，航宇告诉了路遥病情严重的消息。

8月下旬　省委组织部部长支益民同志和省委宣传部部长王巨才同志以及高建群等人，赶到延安地区人民医院，看望病中的路遥。

8月30日　一份"关于路遥同志的病情通报"送到省委、省政府。

9月1日　中共陕西省委书记张勃兴同志在百忙之中看了省委宣传部印发的《关于路遥同志的病情通报》，立即在通报上批示：

请卫生厅党组关心一下，是否派专家会诊，可同延安地区商量，如回西安，可安置在条件较好的大医院精心治疗护理，以使尽快恢复健康，并问候路遥同志。

张勃兴

1992年9月1日

同日　白描在北京给路遥发电报，希望路遥鼓起勇气信心战胜疾病。

9月2日　延安地委副书记张志德和秘书长张连义前往医院看望了路遥，转达了省委领导的意见，并了解了路遥的病情和治疗情况。鉴于路遥病情较重，延安医疗设备和技术有限，并根据路遥的意见，决定转西安诊治。

9月4日　路遥最小的弟弟王天笑（九娃）看望路遥，兄弟俩抱头大哭。路遥说："哥不行了，哥照顾不了你们了。"

9月5日　早晨七时，清洗干净脸和胡子，吃了一碗小米稀饭。8时，延安地区政协的冯文德，延安行署的樊高林，地委宣传部的白崇贵，延安报社的李心达、李志强，延安文联的曹谷溪、高其国、杨明春，延安艺术馆的王克文等近百名干部群众在医院大院聚集，为转院的路遥送行。

到火车站后，路遥被朋友们扶着朝站台上走去，几位执勤的铁路警察飞快跑向路口，拨开了一条通道。上了火车以后，路遥坐在紧挨窗口的床铺上，嘱咐航宇："世晔，把窗门打开。"路遥看着为他送行的人群，眼泪扑棱扑棱淌了出来。车厢里，延安地区人民医院的马安柱大夫和护士高洁，急忙开始收拾药物，准备输液。列车在人们的悲切声中启动了，路遥伏在车窗上，泪流满面地朝送行他的人群频频挥手告别……（航宇《路遥在最后的日子》）

本日　下午18时30分，林达、霍绍亮、杨韦昕、王根成、李秀娥、邢小利、晓雷、王天乐等亲友到西安火车站迎接路遥。在王天乐与晓雷的搀扶下，路遥艰难地走下火车，抬起手，向人们招手致意。

同日　19时03分，路遥入住西安西京医院传染科七号病房。医生康文臻担当了路遥的治疗工作和住院生活任务。

康文臻回忆："当时他肚子胀的高高的，脸黄的发亮，滴水不入，经常昏迷。我第一次进他病房时，他还清醒，我对他说，我姓康，是你的主管医生，他点点头。问他病情，他讲了，但是思路混乱，讲不清楚，他病得太重了。"路遥住院以后，康医生生活中最重要的一个人就是路遥。她是接触路遥最多的医生，性情温和的康医生，只有26岁，不仅要负责路遥的治疗工作，还要忙于自己的研究生实验课题。

西京医院传染科护士长魏兰萍回忆路遥刚进医院的情景："路遥大约是天黑时到的吧。我那天接夜班，见到他时，他精神很不好。整个人处在衰竭状态，脸特别黄，而且有点浮肿，头发又长又乱，身上穿着一件老式运动衣。我当时想，这个人不像个有名的作家，倒像个普通的农民。"

9月6日　上午10时，收到"病危通知"。

午饭时，护士宇小玲为路遥端来一碗柳叶面，面里配了菜叶，青青白白的。宇小玲对不想吃饭的路遥说：你看这面多可爱呀，我都想吃了呀！路遥被护士宇小玲柔声细语哄小孩吃饭的语气逗笑了。多日来的坏情绪见了晴天。吃过了饭，宇护士又为好久没有洗澡的路遥做生活护理。

9月7日　关于路遥的一份申请划拨医疗费的请示报告送给副省长徐山林，五万元医疗费随即落实。

9月8日　下午，省委宣传部副部长郑尚贤前往医院探望路遥。因抢救及时，病情减轻。据大夫说，治好了他还要工作。

9月9日　省长白清才驱车前往医院看望路遥。

当日，路遥精神好转，能坐起来说话。白清才省长说："拿出写《平凡的世界》的精神来，把病治好。"路遥微笑着说："一定，一定。"问路遥想吃啥，路遥说想喝陕北的小米汤。一句话，道出了路遥的陕北情。白清才省长在楼道给医护人员说："你们想尽一切办法，一定要把路遥的

病治好。"（航宇《路遥在最后的日子》）

9月10日　中午12时以后，路遥突然感到烦躁不安，再度昏迷。

同日　省人大常委会副主任牟玲生前去看望，路遥醒过来了，一句话也不能说。医生办公室的黑板上写着路遥的病情变化，医生正在进一步讨论治疗方案。路遥四五年前可能已经肝硬化了，没有及时治疗，已到了肝硬化晚期。

9月11日　12时05分，路遥病情突然加重，神智渐渐不清，处于昏迷状态。医院立即组织人员进行紧急抢救。

同日　下午3时，省委组织部部长来医院探望；4时50分，省人大常委会副主任牟玲生同志和他的秘书山振兴赶到医院探望路遥；7时45分，路遥从长达七个多小时的昏迷中苏醒过来。

9月13日　省人事厅郭开民副厅长和专业技术人员管理处专家服务中心的四位同志赶到医院探望路遥。

9月17日　下午3时，政协陕西省委委员会副主席李森贵和秘书张魁冒雨赶到医院，探望病中的路遥。其间，路遥情绪稳定，腹水渐渐消除，食欲略有好转，但唯有黄疸指数仍在逐渐上升。

同日　孙豹隐与霍绍亮等冒雨去医院看望路遥。路遥在讲述自己病情后，突然提高了声音说："悲剧，一场悲剧。"

9月18日　稳定了十多天的病情，突然加重。

9月19日下午　孙豹隐与韩望愈等冒雨去医院看望路遥。路遥在回答孙豹隐询问病情时，再次说："悲剧，一场悲剧。"

同日　给晓雷留一便条："晓雷，请将写××大楼那壹仟元稿费领出交给林达。"

晓雷回忆："初看此条，已记不起这在哪一年，但一注意字迹，我就判断出可能是那个不幸的年头。用圆珠笔写在随意撕下的一页条据纸的背面，笔画虽不潦草却歪歪斜斜。潦草不是路遥的书写习惯，歪歪斜斜难道是病中所为？果然，没过多久，我翻检出了林达在9月21日写的领条：'今领路遥写××稿费壹仟元正。'这月日前写明了1992年，证实了我的感觉。"（晓雷《破碎的借条》）

9月20日 上午10时，省委宣传部长王巨才再次来到西京医院传染科看望路遥，并转达了省长白清才同志的指示："省长好选，人才难得。要他安心治疗，等出院后，可同贾平凹商量下，是一块儿出去疗养，还是单独出去，省上再困难，也要拨出专款，让他们到中国最好的地方去。"

9月22日 林达离开西安回北京上班。路遥住院期间，林达来医院看望路遥。原本计划找路遥商谈离婚的事，因为看到当时路遥的病情，却无法开口提出协商离婚。

作为与路遥、林达一起在延川这块土地上生活过多年的两人的共同朋友海波，对他们从恋爱到步入婚姻殿堂，再到后来的出现裂痕，有个明确的认识：

我认为路遥和林达的不愉快，主要责任在路遥，而不在林达。当年作为未婚妻时，林达为路遥付出了能够付出的一切：在路遥最困难的时候和他订婚，为了供路遥上大学，使出了所有的力气；婚后甘当陪衬，勤勉地维持着这个小家庭；路遥去世后，面对许许多多的不理解，始终保持着高贵的沉默。毫不夸张地说，如果没有林达的支持，路遥不会有如此成就；如果有，也会付出更多艰辛。

我同时认为，在总体上讲，路遥也没有辜负林达对他的爱，他用惊人的毅力、忘我的劳动和世人瞩目的成就实现了给林达的承诺（如果有承诺的话），用事实证明了林达是一个有眼光的女人。他是一个和平年代的传奇英雄，一个值得男人学习、女人爱的英雄。和他的巨大人格魅力和非凡的创造能力相比，他的缺点是那样次要和微不足道。像一座雄伟的大山一样，在阳光下他雄劲壮丽，高大巍峨，但也难免有阴影。令人感叹的是，他把最好、最大、最本质的一面献给了社会、献给了读者，而把阴影留给了他的亲人，特别是他的爱人林达。（海波《我所认识的路遥》）

9月23日　中午1点左右，吃了灶上送来的一条小鱼，朋友带来的六块带鱼、一小块饼与二两米饭。两小时后，突然感觉到肚子有胀痛之感，叫来医生，经B超检查，又患了中型腹水。

9月24日　中共陕西省委任命赵熙为中国作家协会陕西分会党组副书记、雷前进为党组成员。

9月25日　捎话要见邢小利。

9月29日下午　因诸多事情，情绪异常糟糕，饭也不吃，悲苦地流着眼泪。

9月　高建群的《最后一个匈奴》由作家出版社出版。

10月1日　向陕西创作之家写一借条："今借到创作之家壹仟元整。"

晓雷回忆："比之于上一个条据，这张借条的字迹已明显看出路遥的身体更加虚弱，力不从心。除却字形歪歪扭扭，笔画有气无力，一撇一捺，都已无法控制，笔尖好像一直在纸面上打滑，就像他此刻正拖着病体跌跌撞撞、颤颤巍巍地移向一个黑色的对岸，实实在在显示出生命行将结束时难以支撑的悲凉步履。十天前领了也许是一生中最后一笔稿费；

十天后，也许是留下了一生中最后一张借条。生活是在怎样描画着一位蜚声遐迩的作家的命运轨迹呀！"（晓雷《破碎的借条》）

10月11日上午　朱合作带着十来斤苹果，早早地来到了西京医院看望路遥。

朱合作从早上9点，一直陪路遥坐到12点。据朱合作回忆："这中间，还来了三四起看望路遥的朋友们。其中有一个年轻后生（李志武——引者注），操着延安口音，他说，他来一方面是看路遥来了，一方面是想把《平凡的世界》改编成礼品式（盒装）连环画，经费问题已基本落实，是想让路遥写个便函，便于他出去和出版社联系。路遥被扶着斜坐在了病床上，找了片纸，但找不到笔；正好我身上带着笔，就脱下笔套递给了他。路遥一边写信，一边还几次对我说：'这（人）画得好。'路遥的身体很虚，几行字写的一行比一行更向右边偏去，但落款写'路遥'两个字时，还基本上保持了他平时签名时那种很潇洒的气势。那位年轻的画家，等路遥把信写完了，又说，希望路遥在正式出书时，再写个序言。路遥说：'序写不成了。我手筛得连笔也捉不牢了。到时候，就题上个词。'我听罢，心里忍不住又是一阵沉重。"（朱合作《看望病中的路遥》）

同日　远村与郑文华带着路远来医院探视路遥。

10月12日　在医院要了一台电视，收看中共十四大新闻。

10月中旬　延安大学校长申沛昌前去看望路遥，他给路遥带去一个好消息：学校订购价值五万元的《路遥文集》，资金已经汇入陕西人民出版社账户。路遥在延安住院时，申沛昌校长在日本访问。回校得知情况后，专门召开校党政会议解决了此事。路遥听到结果后很是激动，连声说："谢谢！……"

10月27日　托朋友从西安地方医院请来个老中医，给他开了十几服中药。

10月28日　腹泻。

10月29日　出现肝性昏迷，经抢救后，病情虽略有好转，但不久又进一步恶化。

11月1日　白描回西安去医院看望路遥。白描回忆，路遥见到他第一句话就是："白描，拜托你，茗茗（路远——引者注）要到北京了，拜托你照顾她！"（白描《对路遥最大的支持》）

11月7日　中国作家协会陕西分会召开主席团会议，会议决定分会书记处停止工作，任命雷前进为秘书长；同时，成立换届筹备领导小组，王汶石任组长，路遥、赵熙任副组长。

11月10日　开始拒绝输液，拒绝治疗。路遥说："如果生命只剩下苟延残喘，既忍受痛苦又给大家带来麻烦，那活着还不如死了。"经过医护人员的再三劝说，路遥勉强同意继续输液，但改为两天一次。

11月11日　勉强吃下一碗面，之后任谁劝说也没有再进一口食物。医院通知路遥的四弟王天乐，转告路遥单位，希望来人做协助工作，希望能配合治疗。

11月12日　洪章去医院看望路遥。

据洪章在文章《黄土地的儿子》中说，路遥很怀念故乡陕北。路遥说等他病情脱离危险，就出院疗养，回到陕北老家，让母亲再照料一段时间，就完全恢复了。

11月13日　上午，路遥弟弟王天笑（九娃）到中国作家协会陕西分会，告诉新任领导路遥病情危险。

下午五时左右，作家厚夫专门从延安赶到西京医院的肝病治疗中心看望路遥。厚夫的印象非常深：星期四的下午5点左右，赶到西京医院传染科病区的路遥病房。那时的路遥，跟夏天回延安养病时的情形简直是判若两人。他已经又瘦又小，满脸焦黑，在病床上蜷曲着……

同日　在邢小利职称评定意见栏里签字。

"他欣然摸索出笔来，颤抖着签下他的名字。虽然那两个字在他写来已相当吃力，但仍然显出了他的一丝不苟，我也决然没有想到，这竟会是路遥此生所办的最后一件公务，那两个颤颤巍巍的签名竟成了他的绝笔……"（晓雷《雪霏霏兮天垂——路遥离去的时刻》）

11月14日　见时任陕西省文化厅厅长的霍绍亮。路遥要求见霍绍亮，霍绍亮赶到医院，路遥说："我已经在医院躺了两个月了，病情不见减轻，能不能想点别的办法治疗，或者转院。"

同日　赵熙、姜洪章、李秀娥去医院看望路遥。

同日　路遥给航宇讲过去的事情：从贫穷与饥饿的少年时代，讲到如何让父亲过继给延川大伯为子的艰辛路程；从年轻时期的恋爱，讲到现实的婚姻；从这次患病的朋友帮助，讲到朋友的友谊；还讲对同事邹志安病情的同情，讲与好朋友、诗人闻频的早年交往；他甚至与航宇一一核对了所欠别人的债务……

同日　晚7点多，北京解放军总后勤部的六位实习女兵带了一盆黄菊花，并要求与路遥合影。路遥答应了，抚摸着菊花十分高兴，与这些实习女兵的合影竟成了路遥的绝照。

11月15日　情绪变得越来越坏，脸上气色十分难看，腹部有烧灼感，躺在病床上痛苦地呻吟、沉思着。睡醒来时哭了，他不知不觉尿了床。

路遥情绪越来越坏的原因竟是主治医生康文臻因课题需要，由临床转回实验室，把病情复杂的路遥交给了主管医生仇燕琴。康医生虽然交了班，但每天依然到病房看望路遥一次。其实，当时路遥的肝功能已经全部衰竭，完全丧失新陈代谢作用，维持他生命的只是滴着血浆与白蛋白的皮管。

11月16日 路遥失去了自我控制的能力。当日，他问弟弟九娃（王天笑）："今天是星期几？"下午7时，冥冥之中的路遥，呼喊着他的亲人们，不一会儿就昏迷了过去。6时，基本上失去了知觉，不省人事。晚上12点，路遥肚子疼，难受地不停地折腾，躺下又坐起来，医生打针。

同日 下午，中国作协陕西分会新任党组副书记赵熙在秘书长晓雷（雷前进）陪同下看望路遥。此时的路遥已经平静下来，能躺在病床拉话。主治医生向赵熙、晓雷介绍了路遥的病情，将路遥的病历给他们看，厚厚的像一部巨著。医生说，路遥是积劳成疾，病得严重，要准备打持久战，这需要路遥的配合……路遥听明白了。赵熙是路遥的老朋友，早在1970年时就熟识。路遥妻子林达就是赵熙从延川调到西安的。

赵熙与晓雷离开病房时，路遥抓着赵熙的手，低微而殷切地说："生活太残酷了，我一定要站起来……"

同日 晚上12点多，在病魔折磨下的路遥无望地给陪护他的小弟弟王天笑提出一点希望，让他赶快给好友、陕西省政法委书记霍世仁打电话，让他马上赶来，尽快转院。王天笑跑到护士办公室，挂了好长时间没有挂通电话。痛苦的路遥在床上打滚，一声声地呼喊："九娃，快救救我，快救救我……"王天笑抱着路遥，泪流满面，却毫无办法。

11月17日 当日凌晨四点，弟弟九娃给路遥揉肚子，感觉不对，肚子里面全是血。凌晨5点，路遥开始昏迷，弟弟王天笑开始找大夫抢救，接着插氧气抢救。路遥在病床上痛苦地抽搐和呻吟，缩成一团，临终前给守候在身边的弟弟九娃（王天笑）说：爸爸妈妈可重要哩……爸爸妈妈可亲哩。

清晨，关中飘起了雪花。

8点20分，路遥心脏停止跳动。医生不甘心，仍然不放弃他们最后的努力想尽一切办法抢救路遥，想让路遥心脏重新跳动起来。在路遥的心脏已经停止跳动后医生们依旧抢救了七十多分钟。9点35分，医生宣布：路遥死亡。（金铮《写给〈路遥在最后的日子〉的读者》）

9点30分，在路遥的心脏已经停止跳动以后，天使们仍然不放弃她们最后的努力。参与抢救的晓雷目睹了全部抢救过程：他们推来一架仪器靠近病床，除颤器伸出两条电缆，电缆前端连着两只皮碗，一位女大夫用两只手举起两只皮碗，摁在那已酣睡不醒的胸脯，就像伸出两只手去打捞一个奄奄一息的溺水者。医生命令所有的人后退，离开铁床，霎时间通电，两只皮碗举起，路遥的胸脯上留下两个碗形的灼烫过的伤痕，但他依然长眠不醒。这是最后的也是最危险的最有希望的抢救措施了。随着天使们黯然而失望的神情，我挤在心电图仪前凝视荧屏，那平缓的不再大起大落的线条告诉我，即使用最危险的通电措施，我的朋友再也无法唤醒了，我的眼泪无法抑止地滚滚而下……

9点35分，这是个永远叫人揪心而绝望的时刻。天使们默默地推走氧气筒，推走输液架，推走除颤器，推走心电仪，拔掉路遥四肢和躯体上所有的电线和他鼻孔、嘴中的插管。病床上仍然留下一个有机体，但这个有机体却在刹那之间就变成无生机无意识无生命的了。此时，西安城

里雪花飞舞，天地一片苍茫。天地动容，草木含情；悲我路遥，魂魄长存！……（晓雷《雪霏霏兮天垂——路遥离去的时刻》）

本日 新华社发了路遥英年早逝的通稿："新华社西安11月17日电，以小说《人生》《平凡的世界》而享誉文坛的著名作家路遥，今天被无情的病魔夺去了年轻的生命。长期艰辛的创作使他积劳成疾，终因肝硬化腹水引起肝功能衰竭，于今晨8：20分在西安西京医院猝然离世……"

11月18日 《西安晚报》刊发短讯：《"人生"竟这般短促，路遥，你走的太早了！》，这是最早报道路遥病逝的新闻通讯稿。

路遥去世的消息传到全国，从全国发来的唁函、唁电有一尺多厚，像雪片一样。巴金从上海发来唁电："惊悉路遥病逝，不胜哀痛。"中国作家协会副主席马烽、中国作家协会党组副书记玛拉沁夫从北京发来唁电："猝悉路遥同志逝世，不胜悲痛，路遥同志逝世是我国社会主义文学事业的重大损失，我们无比沉痛。"诗人公刘从合肥发来唁电："不该走的人偏倒走了，痛哉！请收下后死者的迢念，请相信永生者的纪念。"作家张贤亮从银川发来唁电："文星殒落，痛失良友，贤弟先行，吾随后到。"

当日，路遥去世的消息登报了，路远的中学同学都知道了，有同学问路远："你看见报上登的吗？"远远莫名其妙，弄不明白，追问同学："你们都说报上登，登的啥？"同学们吓得脸色都变了，不敢说实情。就在这一天，路远上街买了音乐卡，准备给爸爸过生日，想着那美妙的时刻，想着父女团聚的情景。（王兰英《哭路遥》）

11月18日 晚9点，林达乘飞机从北京抵达西安机场。

11月19日 路远与林达去医院看路遥遗容。

同日 上海《文学报》刊发消息《著名作家路遥英年猝逝》。

317

11月20日　在户县写作的贾平凹乘车返回西安。

11月21日　上午，陕西各界人士在西安三兆公墓向路遥做最后诀别。

陕西省委副书记牟玲生、陕西省副省长徐山林、陕西省委组织部部长支益民等陕西省委、省政府领导参加了追悼大会。遗像正前方，摆放着一幅长长的挽联，上面书写着"路遥：你若灵魂有知，请听一听我们的哀诉。妻林达、女儿路远泣敬"。林达在亲友的搀扶下走到路遥遗体边，无限悲戚。女儿路远已经哭成泪人，悲痛欲绝。她手里拿着一张制作精美的生日贺卡，拼命挣脱开扶她的人，发疯地扑向路遥，边哭边喊："爸爸呀，你不是好好的吗？你回来吧，你再看看我吧。我还等着在家给你过生日呢……"亲友搀扶着路远，路远极力地挣脱着："不嘛！你们为什么不让我看，他是我爸爸呀！求求你们，我求求你们了，让我再看看他吧！爸爸，再过几天就是您的生日了，这是我给您亲手做的生日贺卡，您睁眼看看呀！"在众人的帮助下，掀起有机玻璃外罩，让路远将生日贺卡放在路遥遗体的胸前。

追悼会由中国作家协会陕西分会党组书记赵熙主持，介绍路遥生平。时任中国作家协会陕西分会副主席的陈忠实致悼词："一颗璀璨的星从中国文学的天宇殒落了！一颗智慧的头颅中止了异常活跃异常深刻也异常痛苦的思维。这是路遥。他曾经是我们引以为自豪的文学大省里的一员主将，又是我们这个号称陕西作家群的群体中的小兄弟；他的猝然离队将使这个整齐的队列出现一个大位置的空缺……路遥短暂的'人生'历程中，躁动着炽烈的追求光明追求美好追求健全社会的愿望，他没有一味地沉默也不屑于呻吟，而是挤在同代人们中间又高瞻于他们之上，向整个社会和整个世界揭示这块古老土地上的青春男女的心灵的期待，因

318

此而获得了无以数计的青春男女的欢呼和信赖。他走进了他们的心中。路遥的精神世界是由普通劳动者构建的‘平凡的世界’。他在中国当代作家中最能深刻地理解这个平凡世界里的人们对中国意味着什么。他本身就是这个平凡世界里并不特别经意而产生的一个，却成了这个世界人们的精神上的执言者。……我们深沉的惋惜正是出自对一个文学大省一个国家和民族的文学事业的无法弥补的损失。”（陈忠实《悼路遥》）

10点40分，路遥遗体告别结束；10点55分，路遥遗体进行火化；11点27分火化结束，王天乐、王天笑接过了路遥的骨灰盒；11点45分，路遥的骨灰被放置在三兆公墓骨灰室1109的小木格橱柜中。（金铮《写给〈路遥在最后的日子〉的读者》）

王天乐特意为哥哥留下两盒“红塔山”香烟。然后，神情疲惫到极致的天乐、天笑兄弟俩，相互搀扶着走出骨灰堂。刚跨出门槛，兄弟俩就悲恸难忍地哭倒在地……

同日　北京《文艺报》刊发消息《著名作家路遥逝世》。

12月15日　史铁生作《悼路遥》。

12月30日　王巨才作《路遥在最后的日子〈序言〉》。

12月　《早晨从中午开始》由西北大学出版社出版。

本月　航宇完成书稿《路遥在最后的日子》。

本月　郑文华的摄影作品《著名作家路遥》刊于《女友》1992年第12期，摄影作品《路遥的生与死》，获陕西省1992年度新闻摄影大赛一等奖。

附录1：1993—2019年 逝后

1993年1月 五卷本《路遥文集》与《路遥中篇小说名作选》由陕西人民出版社出版。

1993年2月 航宇写的《路遥在最后的日子》，由陕西师范大学出版社出版。

同月 肖云儒《文始文终记路遥》刊于《延河》1993年第2期。肖云儒在文中说："我感到，纠缠在路遥心中的大痛苦主要是两点：第一，历史发展性的规律和个人文化心理、伦理感情之间的冲突痛苦着他。第二，精神劳动所需要的漫长的孤独和他强烈的参与意识之间的冲突造成的痛苦。一个路遥要求在艺术的模拟中最大限度地完成精神的自我。一个路遥则要求在社会实践中最大限度地完成现实的自我。"

1993年5月 《早晨从中午开始》由中国文联出版公司出版。

1993年5月25日 《光明日报》刊登记者韩小惠的文章《陕军东征》。

1993年6月 晓雷、李星编《星的殒落——关于路遥的回忆》，由陕西人民出版社出版。

1993年8月 赵伯涛作品《骑手倒下，路便死去了——路遥之死札记九题》，刊于《天涯》1993年第8期。

1993年8月 郑文华的摄影作品《作家路遥》(摄影)刊于《河南画报》1993年第8期。

1993年11月13日 郑文华的散文《我知道的路遥》刊于《西安晚报》，并获1993年度最佳作品奖。

1993年11月17日　《女友》编辑部召开纪念著名作家路遥先生逝世一周年座谈会，决定将已举办四届的"未来作家征文大奖赛"更名为"路遥青年文学大奖赛"，以路遥的精神激励广大文学青年。据统计，首届"路遥青年文学大奖赛"有十多万名参赛者投稿参赛。

1993年　《路遥文集》责任编辑陈泽顺调回北京，在华夏出版社工作。

1994年5月15日　郑文华的摄影作品《作家路遥》刊于《新报》。

1994年10月　《平凡的世界》由华夏出版社出版。

1995年1月　赵学勇专著《生命从中午消失——路遥的小说世界》，由兰州大学出版社出版。这是第一本关于路遥研究的专著。同月，张春生改编、李志武绘的《平凡的世界（连环画）》，由陕西师范大学出版社出版。

1995年4月　在时任中共陕西省委常委、省委宣传部部长王巨才同志的亲切关怀下，延安大学校长申沛昌、省人大原政法委主任霍世仁、原铜川市政协主席张史杰、原延安地委副书记冯文德、原榆林地区人大工委副主任赵国新、《延安文学》总编曹谷溪等同志和路遥的生前好友，在西安止园饭店开会。会议决定，一是在延安大学成立"路遥纪念馆"，筹委会主任由延安大学校长申沛昌同志担任；二是征得路遥亲属的同意后，把路遥的骨灰迁回延安大学后山安葬；三是在路遥逝世三周年纪念之际，举行隆重的路遥骨灰安葬暨悼念活动。

1995年6月　《路遥小说名作选》由华夏出版社出版。

1995年10月　《首届路遥青年文学奖获奖作品集》由漓江出版社出版发行。

1995年11月17日　路遥逝世三周年。来自北京、西安、延安的各界人士200多人汇聚在延安大学文汇山举行路遥骨灰安葬与路遥纪念馆奠基仪式。

1997年6月6日　林达与太白文艺出版社签订《图书出版合同》，同意出版《路遥全集》。

1997年9月　《路遥获奖小说精选·人生》由经济日报社出版。

1997年10月　邢仪拎着画布和油画箱，奔赴延川县为路遥的养母画像。半个月后，她返回北京，带回三幅画、一沓速写，还有一本记录她行踪和感受的日记。

1997年12月　王西平、李星、李国平合著的《路遥评传》由太白文艺出版社出版。

1997年　时任汉中市委书记的白云腾听说路遥生前十分喜欢汉中市西乡县大巴山的白皮松并准备移栽两棵到省作协大院的故事后，深受感动，当即协同西乡县人民政府为延安大学路遥陵园捐赠了两棵白皮松。这两棵白皮松，亦给延安大学文汇山"路遥陵园"增添了一道亮丽的色彩。

1998年1月　《第二届路遥青年文学奖获奖作品集》由女友杂志社出版。

1998年3月　《中国当代作家选集·路遥集》由人民文学出版社出版。

1998年9月　《第三届路遥青年文学奖获奖作品集》《第四届路遥青年文学奖获奖作品集》由女友杂志社出版。

1998年　中国科学院生态环境研究中心国情研究室受中央电视台"读书时间"栏目委托，进行了"1978—1998大众读书生活变迁调查"，《平凡的世界》在"现在为止对被访者影响最大的书"中排名第6位，是调查公布的前28部作品中唯一一部"新时期"以来当代小说。

1999年4月6日　林达与太白文艺出版社签订《关于增加〈路遥全集〉稿酬的补充合同》，稿酬由原来的千字30元上调为千字40元；林达同意太白文艺出版社与其他出版社联合出版的建议。

1999年4月16日　太白文艺出版社与广州出版社签订了关于联合出版《路遥全集》的协议。

1999年5月10日　林达致函广州出版社及太白文艺出版社，同意广州出版社和太白文艺出版社联合出版《路遥全集》，并同意广州出版社力争以优质水平在1999年10月31日之前出版该全集。

1999年　连环画《平凡的世界》在第九届全国美展中获得铜奖。

2000年3月　宗元专著《魂断人生——路遥论》由上海文艺出版社出版。

2000年7月　《平凡的世界》（百年百种优秀中国文学图书系列）由中国青年出版社出版。同月　《小说评论》刊出龙云的《永远的路遥——路遥作品重读论》。

2000年8月　《人生》由时代文艺出版社出版。

2000年9月　广州出版社和太白文艺出版社以"全集"的命名的方式出版《路遥全集》，这在国内属于首次。

2000年10月　姚维荣专著《路遥小说人物论》由新加坡文艺出版社出版。

2000年11月17日　路遥逝世八周年纪念日。出席"陕西省作家协会会员代表大会"的延安、榆林市的代表会员，集体给路遥扫墓。

2001年11月　《路遥全集》荣获中国版协城市出版社工作委员会三届

一次会议暨第十四届全国城市出版社社长年会优秀图书一等奖。

2002年8月　《平凡的世界》由贵州人民出版社出版。

2002年9月6日　日本路遥研究专家安本实来延安访问，延安文艺界举行座谈会。

2002年10月　由张春生改编、李志武绘画的连环画《平凡的世界》（上下册）由人民美术出版社出版。

2002年11月17日　由延安大学、延安市人民政府、榆林市人民政府、陕西省作家协会共同举办的"路遥逝世十周年纪念大会暨学术报告会"在延安大学举行。同日，"路遥研究会"成立并召开了首届会员大会。

同日　陕西师范大学邀请省文学艺术界、新闻界人士举办纪念路遥逝世十周年会议，路遥的女儿路茗茗出席纪念会并发言。同日，清涧县委、县政府为纪念路遥将清涧县图书馆更名为"路遥图书馆"。

2003年8月　榆林路遥文学联谊会编《不平凡的人生》，内部印行。

2003年9月10日　林达与路茗茗签订《遗产继承协议书》，林达放弃对路遥生前所有作品著作权的继承权，由路茗茗全部继承；协议生效后，林达不得再行使对路遥生前作品著作权的任何处置权。

2003年12月　广州出版社与太白出版社出版的《路遥全集》进行了第4次印刷。

2004年2月　路遥的养母李桂英去世。

2004年3月　《人生（连环画）》由人民美术出版社再版。

2004年5月　《平凡的世界》（茅盾文学奖系列丛书）由人民文学出版社出版。

2004年　刑仪作品《知青·陕北速写集》，由中国电影出版社出版。内容多以陕北风俗为主。其中收有《路遥的婚礼》《路遥头像》两幅。

2005年3月24日　作家李若冰因病医治无效在西安去世，享年79岁。作家白描在纪念李若冰的文章中，记述过李若冰对路遥的精心呵护："路遥在成长道路上遇到过更大的危机，在路遥寝食不安的日子里，若冰给了他最宝贵的支持，帮他度过了山重水险的人生关口和阴霾密布的精神危机。那一段时间（20世纪80年代初——引者注），若冰成了路遥的精神支柱……若冰知道，这个从陕北山沟沟里一路打拼出来跻身著名作家行列的青年，如果不给予呵护，那精神系统里自尊和自卑复杂交织、雄心和疑惑相互纠缠、强悍和脆弱一并兼有的基本平衡，即刻就会倾斜颠覆，整个人也就毁了。事后路遥曾不止一次地对身边好友讲：若冰在他心里，就是他的精神支柱，是他的精神教父。"（白描《在故乡种棵树》）

2005年3月　《小说评论》刊出黄建国的《沉郁、雄浑、壮丽的崇高感——路遥小说的美学风格》、贺智利的《路遥的宗教情结》。

2005年5月　《路遥文集》（五卷本）由人民文学出版社出版。

2005年6月　贺智利专著《黄土地的儿子——路遥论》由中国文联出版社出版。

2005年7月30日　路遥研究会在延安召开了2005年"路遥研究会工作会议"。会议主题有4点：一，进一步加强路遥的学术研究力度；二，加大路遥研究的宣传力度；三，积极培养路遥研究的后备人才；四，积极筹建"路遥纪念馆"。

2006年1月　由路遥研究会与延安大学文学研究所共同策划，马一夫、梁向阳共同主编的《路遥研究资料汇编》由中国文史出版社出版。

2006年3月　《小说评论》第2期（总第128期）刊出贺智利的《路遥的个性心理》。

2006年4月6日　中国作家协会、中华文学基金会、陕西省作家协会与延安大学联合举行了路遥汉白玉雕像揭幕仪式，王巨才、白描、陈忠实、白烨、何西来、王天乐、路茗茗等人参加了揭幕仪式。次日，在延安大学校园内举行了路遥汉白玉雕像落成仪式与扫墓活动。

2006年4月　廖晓军专著《路遥小说的艺术世界》由三秦出版社出版。

2006年5月　李文琴编选的《路遥研究资料》，由山东文艺出版社出版。

2007年4月　路遥胞弟王天乐患肝硬化腹水去世。

2007年5月　路遥胞弟王天笑患肝硬化并出现轻度腹水。

2007年7月17日　路遥生父王玉宽去世。

2007年7月26日　家人及村民们为路遥的父亲王玉宽举行葬礼。

2007年11月15日　"怀念路遥"图片展暨《守望路遥》首发式在西安建筑科技大学隆重开幕，展出路遥生前照片200余幅。图片展的绝大多数作品均由路遥好友、陕西省作家协会《延河》文学月刊社编审郑文华拍摄。同时，由申晓主编的《守望路遥》纪念集也举行了首发式。

2007年11月17日　延安大学路遥文学馆开馆。由延安大学、陕西省作家协会、榆阳区人民政府、清涧县人民政府、延川县人民政府共同主办的"纪念路遥逝世十五周年大会暨全国路遥学术研讨会"在延安大学举办。

同日　路遥文学馆举行了开馆揭牌仪式，路遥文学馆馆名由王蒙题字。路茗茗专门发来感谢信《瞭望父亲精神的窗口——写在延安大学路遥文学馆开馆之际》。新华社专门发稿对本次活动进行了报道。

2008年4月8日　　八集大型人物纪录片《路遥》在西安亮宝楼召开新闻发布会。本片是由路遥文学联谊会组织发起，由陕西荣禾文化传媒有限公司投资，陕北绥德籍青年导演田波执导。

2008年4月10日　　《路遥》摄制组在清涧县王家堡村正式开机。

2008年5月　　实业家潘石屹专程拜谒路遥墓冢，并在路遥文学馆题写："走出高原，每当我遇到困难，您的作品总是给予我力量。"

2008年6月　　阎慧玲专著《路遥的小说世界》，由中国文联出版社出版。

2008年8月　　由张春生改编、李志武绘画的连环画《平凡的世界》（上中下册）由人民美术出版社出版。

2008年9月　　马一夫、梁向阳、宋学诚主编的《路遥再解读》由陕西人民出版社出版。

2008年10月　　新浪网"读者最喜爱的茅盾文学奖获奖作品"调查，《平凡的世界》以71.46%的比例高居榜首。

2009年3月12日　　北京十月文艺出版社与中国现代文学馆联合举行了纪念路遥座谈会。

2009年6月　　杨阳导演的电视剧《人生》在延川开机。

2009年9月7日　　纪录片《路遥》在延安大学文汇山路遥墓地杀青封镜。

2009年9月　　杨庆祥等著的《文学史的多重面孔：八十年代文学事件再讨论》由北京大学出版社出版。其中，收入《路遥的自我意识和写作姿态——兼及1985年前后"文学场"的历史分析》。同月，王维玲著的《岁月传真：我和当代作家》由首都师范大学出版社出版。收入《路遥，一颗不该早殒的星》。

2009年11月　石天强专著《断裂地带的精神流亡——路遥的文学实践及其文化意义》，由北京大学出版社出版。

2009年12月16日　上午10时，路遥纪念室建成揭牌仪式在路遥母校延川中学举行。

2009年12月　李继凯等著的《20世纪中国文学的文化创造》由中国社会科学出版社出版。在第六章第三节以《会通中西的文学创作取向：以路遥为中心》为标题做了专门的论述。

2009年　《平凡的世界》入选中国社会科学院文学研究所所做的"六十年与六十部"共和国文学档案。同年，《人生》入选《中华读书报》评选"六十年六十书"。

2010年1月　《路遥全集》由北京十月文艺出版社出版。推出了长篇小说《平凡的世界》（三卷本），中短篇小说集《人生》《一生中最高兴的一天》及散文、剧本、诗歌集《早晨从中午开始》。

2010年1月17日　由榆林市作家协会、榆林市路遥文学联谊会主办的"永远的路遥——纪念作家路遥六十周年诞辰"活动在榆林举行。

2010年5月25日　八集纪录片《路遥》完成后期剪辑制作。

2010年9月　吴妍妍专著《现代性视野中的陕西当代乡土文学》由人民出版社出版。其中，第三章第一节为《路遥：乡村怀恋与现代性渴望》。

2010年10月　冯肖华专著《文学气象与民族精神：20世纪陕西地缘文学审美形态》由中国社会科学出版社出版。其中，第九章第二节为《"路遥模式"的精神承载》。

2010年11月20日　八集纪录片《路遥》被剪辑成45分在香港凤凰卫

视《我的中国心》栏目播出，这是《路遥》纪录片首次在公开的电视台播放。

2010年12月　叶咏梅编著的《中国长篇连播历史档案》由中国广播电视出版社出版。收入《路遥与他的平凡世界》《〈平凡的世界〉人生之思》。

2011年1月　王蓬专著《中国的西北角：多位学人生涯的探寻与展示（上下）》由西安出版社出版。下册收入《路遥的生前与身后》。

2011年3月24日　由中国作家协会、中共陕西省委宣传部、陕西省作家协会等数家单位联合主办的大型人物纪录片《路遥》新闻发布会在西安举行。

2011年3月26日　路遥生母马芝兰因患突发性脑出血救治无效，于20时18分在清涧县石咀驿镇王家堡去世，享年80岁。

2011年3月28至30日　纪录片《路遥》改编为上、中、下三集由中央电视台科教（中央10台）频道《人物》栏目播出。

2011年4月11至14日　八集纪录片《路遥》广播在陕西人民广播电台《世界了解中国，从陕西开始》栏目连播。

2011年5月　"五月·延川，我们追寻路遥"大型文化活动在延川县举办。

同月　李建军著《文学的态度》由作家出版社出版。书中收入三篇关于路遥的文章：《路遥何曾妖化河南人？》《作诗无古今，唯造平淡难——论路遥的才华及其特点》《文学写作的诸问题——为纪念路遥逝世十周年而作》。

2011年6月11至12日　"路遥与八十年代文学的展开"国际研讨会在北京友谊宾馆召开，该研讨会由中国人民大学文艺思潮研究所和美国哥伦比亚大学东亚系联合举办。参加会议的人来自上海大学、复旦大学、北京大学、中国人民大学等著名高校的学者。

2011年9月11至18日 八集人物纪录片《路遥》完整版首次在中央电视台纪录片频道《时代写真》栏目播出。

2011年9月 由傅博创作的电影文学剧本《路遥》在《电影文学》（半月刊）2011年第18期刊发。

2011年10月11日 第七届中国纪录片国际选片会评奖结果出炉，纪录片《路遥》获得"年度十大纪录片"大奖。

2011年12月3日 路遥诞辰62周年纪念日，路遥纪念馆在清涧县石咀驿镇王家堡村开馆。路遥纪念馆总占地面积5332平方米，建筑面积1006平方米，馆内展厅分困难的日子、山花时代、大学生活、辉煌人生、平凡的世界、永远的怀念六部分，共展出和收藏路遥生前生活用品、手稿、信函、照片、音频视频等珍贵实物及资料600余件（张）。

2011年12月 冯肖华专著《现实主义文学的时代张力：20世纪中国文学主潮的诗学价值》由中国社会科学出版社出版。在第十七章以《"路遥现象"与当下的价值呈现》为题，进行了专题论述。

2012年1月1日 武一平《路遥手稿现西安》，刊登于《西安晚报》2012年1月1日第13版。

2012年1月 徐刚的《"交叉地带"的叙事镜像：试论十七年文学脉络中的路遥小说创作》在《南方文坛》（双月刊）2012年第1期发表。

2012年2月 山东大学文学院在全国十省市进行"茅盾文学奖获奖作品"阅读调查，读过路遥《平凡的世界》的读者占被调查者的38.6%，位列所有茅盾文学奖获奖作品第一位。

2012年5月15日　程光炜的《文学年谱框架中的〈路遥创作年表〉》在《当代文坛》（双月刊）2012年第3期发表。

2012年5月　高松元专著《中国文人的非正常死亡》由光明日报出版社出版。其中有《路遥：平凡一生，透支生命》讲述了路遥透支生命献身写作的一生。

2012年7月　李遇春专著《西部作家精神档案》由商务印书馆出版。在第四编"路遥·红柯·李锐"中以《焦虑的踪迹——路遥小说创作心理嬗变论》为题论述了路遥创作心理方面的内容。

2012年11月15日　延安大学路遥研究会和文学院共同主办的纪念路遥逝世20周年系列活动在该校举行。

2012年11月16日　陕西省作家协会、榆林市文联和清涧县委、县政府联合在清涧县举行纪念路遥逝世20周年活动。

2012年12月1日　由中国当代文学研究会、鲁迅文学院和《收藏界》杂志等单位主办的"中国文学回望与思考——纪念路遥逝世20周年座谈会"在北京中国现代文学馆举行。

2012年12月19日　北京十月文艺出版社携手北京师范大学，邀请延安大学路遥文学馆馆长厚夫与北京师范大学400多位学子一起缅怀路遥。

2013年3月　张艳茜专著《平凡世界里的路遥》由陕西人民出版社出版。

2013年5月　程光炜、杨庆祥主编的《重读路遥》由北京大学出版社出版。《重读路遥》收入近年来最重要的路遥研究论文十余篇，从不同的角度，围绕路遥年谱、路遥的写作发生学、路遥的影响史、路遥与现实主义的建构、路遥与八十年代社会等展开深入的知识考古式的分析讨论，试图展示一个充满了文学症候学意味的"路遥研究学"。本书作者均来自海内外一流的高校，在当代文学史研究领域成果卓著，另有一批"80后"学者加入，提供了别样的研究思路。

2013年12月16日　《文艺报》推出"经典作家·路遥研究"专版。

2014年2月　海波专著《我所认识的路遥》由长江文艺出版社出版。

2014年3月　王刚编专著《路遥纪事》由北京时代华文书局出版。

2015年1月　厚夫专著《路遥传》由人民文学出版社出版。

2015年2月26日　根据路遥小说改编的同名电视剧《平凡的世界》在东方卫视等电视台开播。

2015年5月　《当代》2015年第3期"往期"栏目刊发了《从〈延安山花〉》到〈山花朵朵〉》《路遥的爱情》《那个陕北青年——路遥》《我所知道的路遥》《追思与路遥相处的日子》等文章。

2015年5月25日　由中共清涧县委、清涧县人民政府举办的纪念路遥《平凡的世界》创作完成27周年暨路遥精神研讨会在西安召开。同日，由清涧县路遥纪念馆主办的《路遥》杂志宣布创刊。

2016年1月　段建军主编的《路遥研究集》，由西北大学出版社出版。

2016年6月　《路遥·2016年春夏卷》出版，收录了26篇纪念与评价路遥以及路遥作品的文章。

2016年8月6日　路遥胞弟王天笑（九娃）因病在清涧县王家堡村去世，时年48岁。王天笑，生于1968年，他比路遥小近二十岁。路遥成为名作家时，他还是个中学生。路遥去世以后，他有一个心愿，要为路遥拍摄一部反映路遥的纪录片。2008年，王天笑、吴建荣（王天笑好友，《路遥》纪录片总制片人）筹资拍摄纪录片《路遥》，2010年完成全部制作，之后在凤凰卫视、中央电视台等先后播出。王天笑生前曾就纪录片《路遥》接受媒体采访时说，有点遗憾，这部纪录片尽管拍得不错，受到业内人肯定，但大众所知不多。

2016年9月　由张春生改编、李志武绘的连环画《平凡的世界》（上下册）由十月文艺出版社出版。

2017年11月17日　由延安大学、陕西作协、中共延川县委、延川县人民政府和延安市文学艺术界联合主办的"纪念路遥逝世25周年学术研讨会"在延安大学举办，来自全国各地60余名专家学者共同缅怀路遥。

2017年12月12日　《光明日报》刊发王刚的《〈人生〉发表的前前后后》。

2018年7月　杨晓帆专著《路遥论》由作家出版社出版。

2018年10月　由张春生改编、李志武绘的连环画《平凡的世界》（上中下册）入选"纪念改革开放40年专题系列连环画——春天的画卷·春风篇"，由连环画出版社出版。这部作品自出版以来，因其鲜明的地域特色、真实的人物形象深受读者喜爱。作品深受传统文艺风格影响，黑白对比强烈，人物形象生动饱满，完美再现了原著风貌，配图文字精练概括了小说主要的故事脉络和人物特征，使读者能够感受到文学经典作品和艺术佳作的双重魅力。连环画家李志武在接受媒体采访时表示："《平凡的世界》里孙少平的经历，就是他的经历。他就是生长在陕北，不论情感上，距离上，都是很熟悉的。"

2018年12月18日　庆祝改革开放40周年大会召开。中共中央、国务院授予全国100名杰出人物改革先锋称号，颁授改革先锋奖章，以表彰他们在改革开放40年中所做出的贡献，作家路遥入选。路遥被誉为："鼓舞亿万农村青年投身改革开放的优秀作家。"

2019年7月 《路遥的时间》由人民文学出版社出版。本书作者航宇是路遥的同事，在路遥生命最后的两年，见证了路遥最后的时间。同月，关于路遥的长篇回忆实录《路遥人生》由广东人民出版社出版。本书作者海波在书中追忆了路遥的人生"花絮"和难以归类的故事。

2019年10月22日 由中国社科院文学研究所、陕西省作家协会、人民文学出版社联合主办的"卅年重聚说路遥——纪念路遥诞辰七十周年"座谈会在中国社会科学院文学所第一会议室召开。阎纲、周明、白描、白烨、李炳银、李国平、施战军、邢小利、厚夫等评论家，程光炜、王兆胜、赵勇、鲁太光、吴俊等学者，以及李建军、田美莲、周瓒、陶庆梅、杨早等中国社科院文学所当代室全体研究人员参加了本次会议。

2019年11月30日 由延安大学、新华出版社、中共延安市委、延安市人民政府和陕西省作家协会主办，延安大学承办的"纪念路遥诞辰70周年暨《路遥与延安大学》"首发座谈会在延安大学举行，来自全国多地的60多名专家、学者、路遥大学时期的同学，以及延安大学师生代表参加了首发座谈会。《路遥与延安大学》由新华出版社出版，全书共27万字，收录各类文章79篇，刊登不同时期图片60幅。本书包括"路遥的大学时代"及关于路遥和路遥作品研究的文章与成果介绍、机构设立等内容。

2019年12月1日 路遥诞辰70周年，北京十月文艺出版社推出典藏版《路遥全集》，以表达对路遥的追怀与敬意。路遥女儿路茗茗、中国作家协会副主席李敬泽、作家格非、小说演播家张震到场与读者分享体会。典藏版采用了编年体例，以体裁分卷，共计6种8册200余万字，囊括路遥20余年创作生涯，收录其小说23部、散文62篇、戏剧2种、诗歌14首、书信56封，增加了此前未被收录的篇目，如路遥的自作小传，以及他在上世纪80年代至90年代间写给《当代》杂志主编何启治的书信等，是迄今最完备的路遥作品集。

2019年12月3日　第二届《山花》现象与路遥精神研讨会在北京举办。研讨会由中国作家协会创作研究部、中国当代文学研究会、陕西省作家协会、陕西省文艺评论家协会、中共延安市委宣传部、中共延川县委和延川县人民政府共同主办。与会专家就《山花》现象和路遥精神如何在新时代传承进行了专门探讨。

附录2：路遥自传

我于1949年12月2日生于陕北山区一个贫困的农民家庭。在农村长大并读完小学，以后到县城读完高小和初中。青少年期间的大部分时间是在农村和县城度过的。17岁之前没有出过县境。中学毕业后返乡劳动，并教过农村小学，在县城做过各式各样的临时工作。1973年进入延安大学中文系读书。1976年大学毕业后来到省城的文学团体工作。1982年成为专业作家。我的生活经历中最重要的一段就是从农村到城市的这样一个漫长而复杂的过程。这个过程的种种情态与感受，在我的身上和心上都留下了深深的印记，因此也明显地影响了我的创作活动。

我的作品的题材范围，大都是我称之为"城乡交叉地带"的生活。这是一个充满矛盾的、五光十色的世界。无疑，起初我在表现这个领域的生活时，并没有充分理性地认识到它在我们整个社会生活中所具有的深刻而巨大的意义，而只是通常所说的，写自己最熟悉的生活。这无疑影响了一些作品的深度。后来只是由于在同一块土地上的反复耕耘，才逐渐对这块生活的土壤有了一些较深层次的理解。

我在几年前的一篇文章中说过："由于现代生产力的发展；又由于社会经历了持久广泛的大动荡，城市与城市，农村与农村，地区与地区，行业与行业，尤其是城市与农村之间相互交往日渐广泛，加之全社会文化水平的提高，尤其是农村的初级教育的普及以及由于大量初、高中毕业生插队或返乡加入农民的行列，使得城乡之间在各个方面相互渗透的现象非常普遍。这样，随着城市和农村本身的变化和发展，城市生活对农村

336

生活的冲击，农村生活对城市生活的影响，农村生活城市化的追求倾向，现代生活方式和古老生活方式的冲突，文明与落后，新的思想意识和传统观念的冲突等等，构成了当代生活的一些极其重要的内容。这一切矛盾在我们社会的政治、经济、文化、思想意识、道德观念等方面都表现出来，是那么突出和复杂，可以说是立体交叉桥上的立体交叉桥。"

无疑，我国当代现实生活迅猛而巨大的发展，使得以上所说的一切都变得越来越突出，越来越复杂。伟大的社会改革，已经使中国的农村和城市再不是各自封闭的天地了。它们还将会在更大的程度上交叉在一起。而且在未来某个时候，它们的界线甚至会变得模糊不清。试想，假如黄河和长江交汇在一起奔流，那会是一种什么样的景象呢？这会是一条新江河。这里既有黄河，也有长江，但这无疑会是一条既非黄河也非长江的新的更加宽阔而汹涌的江河。我们所面临或将要面临的生活的总面貌也许就是这个样子。

面对澎湃的新生活的激流，我常常像一个无知而好奇的孩子。我曾怀着胆怯的心情，在它回旋的浅水湾里拍溅起几朵水花，而还未敢涉足于它那奔腾的波山浪谷之中……什么时候我才能真正到中水线上去搏击一番呢？

（选自《路遥小说选·自序》，青海人民出版社，1985年版）

参 考 文 献

基 本 资 料

《路遥文集》，路遥，陕西人民出版社，1993年。

《路遥全集》，路遥，北京十月文艺出版社，2010年。

《路遥研究资料汇编》，马一夫、厚夫主编，中国文史出版社，2006年。

《路遥研究资料》，雷达主编，李文琴编选，山东文艺出版社，2006年。

年表与年谱

《杜鹏程年表》，舒其惠，《湖南师范学报》，1982年第4期。

《路遥纪事》，王刚，北京时代华文书局，2014年。

《柳青年谱》，邢小利、邢之美，人民文学出版社，2016年。

《陈忠实年谱》，邢小利、邢之美，陕西人民出版社，2017年。

回忆、回忆录与传记

《哭路遥》，王兰英，《文学报》，1992年12月10日。

《回首电视剧〈平凡的世界〉》，郭秀君，《文艺报》，2006年第67期。

《人所未知的路遥》，张翼，《中国经营报》，2009年4月27日。

《路遥手稿现西安》，武一平，《西安晚报》2012年1月1日。

《困难的日子纪事——上大学前的路遥》，高歌，《延安文学》，1993
年第1期。

《在斯德哥尔摩西郊墓地的凭吊》，韩石山，《文学自由谈》，2003年第2期。

《忆路遥》，陈幼民，《博览群书》，2006年第11期。

《记得当年毁路遥》，周昌义，《文艺理论与批评》，2007年第6期。

《十五年后忆路遥》，申沛昌，《延安文学》，2007年第6期。

《一首歌·一句题词·一生的敬畏》，高玉涛，《收藏界》，2012年11期。

《路遥的影响——一封尘封了20多年的往事》，高玉涛，《收藏界》，2012年11期。

《在苦难的烈炎中涅槃——关于路遥与申易的回忆》，曹谷溪，《收藏界》，2012年11期。

《路遥致谢望新的一封信》，许建辉，《文艺报》，2013年12月16日。

《在王家堡路遥家中》，朱合作，榆林地区群众艺术馆编《信天游》，1993年。

《路遥在最后的日子》，航宇，陕西师范大学出版社，1993年。

《星的殒落——关于路遥的回忆》，晓雷、李星编，陕西人民出版社1993年。

《漂泊的语言》，王安忆，作家出版社，1996年。

《路遥评传》，王西平、李星、李国平，太白文艺出版社1997年。

《作家路遥》，郑文华，陕西人民出版社，2002年。

《不平凡的人生》，榆林路遥文学联谊会编，内部资料，2003年。

《知青·陕北速写集》，刑仪，中国电影出版社，2004年。

《守望路遥——六十位著名作家讲述路遥身后的故事》，申晓主编，太白文艺出版社，2007年。

《路遥十五年祭》，李建军编，新世界出版社，2007年。

《路遥纪念集》，马一夫、厚夫、宋学成主编，人民文学出版社，2007年。

《岁月传真：我和当代作家》，王维玲，首都师范大学出版社，2009年。

《平凡世界里的路遥》，张艳茜，陕西人民出版社2013年。

《我所认识的路遥》，海波，长江文艺出版社2014年。

《路遥传》，厚夫，人民文学出版社2015年。

《柳青传》，刘可风，人民文学出版社，2016年。

《柳青传略》，蒙万夫、王晓鹏等，陕西人民教育出版社1988年。

《陈忠实画传》，邢小利，陕西师范大学出版总社有限公司2012年。

《鬼才贾平凹》（第一、二部），孙见喜，北岳文艺出版社1994年。

《贾平凹前传》（第1—3卷），孙见喜，花城出版社2001年。

《陈忠实传》，邢小利，作家出版社，2018年。

《吴天明艺术画传》，陈非，陕西师范大学出版总社，2018年。

大 事 记 与 地 方 志

《陕西省作家协会1954—1993年纪事》，《陕西省作家协会1954—1993年纪事》编写组，《陕西文学界》，1994年第2期。

《六十年文艺大事记（1919—1979）》，第四次文代会筹备组起草组，文化部艺术研究院理论政策研究室，1979年。

《陕西省作家协会大事记（1954—2014）》，陕西省作家协会编，太白文艺出版社，2014年。

《中国长篇连播历史档案》，叶咏梅编著，中国广播电视出版社，2010年。

《延安时期统一战线研究》，中共延安市委统战部组编，华文出版社，2010年。

《陕甘宁边区财政经济史料摘编·农业》，陕甘宁边区财政经济史编写组、陕西省档案馆第2编，陕西人民出版社，1981年。

《延川县志》，延川县志编纂委员会编，陕西人民出版社，1999年。

《中国教育年鉴》（1949—1981），中国大百科出版社1984年

《山花现象研究资料汇编》，延川山花杂志社内部出版，2017年。

《陕西文学大事记》，邢小利、邢之美著，陕西人民出版社，2018年。

论文与专著

《论抗战时期陕甘宁边区的社会变迁》，黄正林，《抗日战争研究》，2001年第3期。

《路遥的初期文艺活动——以"延川时代"为中心》，[日]安·本实，《路遥研究（资料汇编）》，中国文史出版社，2006年。

《鬼方：殷周时代北方的农牧混合族群》，唐晓峰，《中国历史地理论丛》，2000年第2期。

《新中国中篇小说史稿》，王万森，山东文艺出版社，1992年。

《神秘黑箱的窥视》，畅广元主编，陕西人民出版社，1993年。

《生命从中午消失——路遥的小说世界》，赵学勇，兰州大学出版社，1995年。

《秦地小说与三秦文化》，李继凯，湖南教育出版社，1997年。

《中国当代文学史》，洪子诚，北京大学出版社，1999年。

《魂断人生——路遥论》，宗元，上海文艺出版社，2000年。

《陕西当代作家与世界文学》，韦建国、李继凯、畅广元等著，中国社会科学出版社，2004年。

《陕北文化研究》，吕静，学林出版社，2004年。

《黄土地的儿子——路遥论》，贺智利，中国文联出版社，2005年。

《路遥小说的艺术世界》，廖晓军，三秦出版社，2006年。

《陈忠实研究资料》，雷达主编，李清霞编选，山东文艺出版社，2006年。

《贾平凹研究资料》，雷达主编，梁颖编选，山东文艺出版社，2006年。

《路遥评论集》，李建军、邢小利编选，人民文学出版社，2007年。

《乡土中国》，费孝通，上海人民出版社，2007年。

《路遥的小说世界》，阎慧玲，中国文联出版社，2008年。

《断裂地带的精神流亡》，石天强，北京大学出版社，2009年。

《三个人的文学风景》，梁颖，人民出版社，2009年。

《文学气象与民族精神》，冯肖华，中国社会科学出版社，2011年。

《重读路遥》，程光炜、杨庆祥，北京大学出版社，2013年。

《横断面：文学陕军亲历纪实》，王蓬，西安出版社，2016年。

《陈忠实的蝶变》李建军，二十一世纪出版集团，2017年。

《路遥论》，杨晓帆，作家出版社，2018年。

《路遥的时间：见证路遥最后的日子》，航宇，人民文学出版社，2019年。

后　记

年谱作为写作和研究的一种体例，在中国历史上由来已久。《路遥年谱》通过追溯路遥一生的历程，来探索当代中国文学的另一面。

大概是2012年，笔者在完成本书初稿的书名下面又加了一行字："文坛苦行僧和他的文学时代"，最后出版社没有采用这个副标题，但这个副标题一直保留在笔者心里，可以说这是笔者对于这本书最初、也是最基本的一个诠释。

为路遥撰述一部学术年谱，是路遥研究的需要，也是路遥研究领域取得实绩的一个说明。笔者相信，为文学界还原一个真实的"文学的路遥"，用年谱这种方式研究路遥，将会为重返20世纪"80年代"发挥一定的作用。

几年前，此书初版面世时，一些报刊曾刊登过一些书评，笔者也曾在《光明日报》（"光明悦读·出书者说"）发表了《我们为什么还要重读路遥》一文。笔者曾在文章中这样写道："为了还原或者展现一个更真实、更立体、更本真的作家路遥，笔者开始了多年的漫漫追寻，前后历时五年，多方调研走访数十位相关人士，钩稽辨析各类文献史料，最终完成了这部《路遥年谱》。"八个月后（2017年9月4日），还是在《光明日报》上，我看了中国人民大学程光炜教授的文章——《当代作家年谱的编撰拖延不得》。在文章中，他说："《路遥年谱》给研究者提供了丰富的路遥的人生世界，然而当代文学一些重要作家的年谱仍未问世，不能说不是一个遗憾。"程先生呼吁当代作家"抓紧做些年谱撰写的准备工作，积累第一手资料"。

不久之后（2017年11月20日），南开大学李润霞也在《光明日报》发表了一篇名为《作者隐身 史实开口——我看当代作家年谱的写法》的文章。在文章结尾，她写道："作为作家研究中的基础研究，史料史实是年谱写作的学术生命线……让位于史实本身开口，这才是年谱的真正写法。"

本书从初版到再版，再到修订版，历时约十年。十年间，出现了不少新的资料。于是，借路遥70周年诞辰之际，笔者将书稿修葺一过，增补了一些新内容，也将有误之处做了订正。《路遥年谱》在广泛的一手材料的基础上，加以考辨，理清当下表面存在的热闹现象，纠正某种重复徒劳的研究，为不记日记的路遥还原出了一部经得起推敲的生活与创作史。

本书对路遥研究界师友著作有借鉴、吸收。程光炜教授、李建军教授、梁向阳教授、赵学勇教授、杨晓帆博士、王璐博士、程帅博士、曹谷溪先生、海波先生等都提供了不少有用的资料，并给予鼓励。另外，还要感谢谭华、王水、刘艳老师所做工作及给予的鼓励与支持，感谢本书编辑的精心编校，在此一并致谢。

笔者深知学识有限，书中难免存在一些不足和失误之处，恳请读者、专家批评指正。

2020年7月7日于西安